Die Kunst des spirituellen Alltags

Thubten Chodron

Die Kunst des spirituellen Alltags

Buddhistische Lebensführung als Quelle des Glücks

Aus dem Englischen übersetzt
von Jochen Lehner

Lotos

Die Originalausgabe erschien 2004 unter dem Titel »Taming the Mind« im Verlag Snow Lion Publications, Ithaca, N. Y., USA.

Lotos Verlag
Lotos ist ein Verlag der Verlagsgruppe Random House GmbH.

ISBN 3-7787-8175-8

1. Auflage 2005

Einbandgestaltung: Mittelpunkt Werbeagentur, Hamburg
Herstellung: Helga Schörnig
Gesetzt aus der Bembo bei Leingärtner, Nabburg
Druck und Bindung: GGP Media GmbH, Pößneck

Inhalt

Vorwort

THE DALAI LAMA

Ich höre mit großer Freude, dass die ehrwürdige Thubten Chodron ein weiteres Buch verfasst hat, *Die Kunst des spirituellen Alltags*. Im Laufe ihres Lebens im Westen und in Asien, wo sie den Buddhismus studierte und lehrte, hat sie ein feines Gespür für die verschiedenen Traditionen des Buddhismus entwickelt und weiß auch die Missverständnisse einzuschätzen, die sich hierzu manchmal bilden.

Dieses Buch trägt dazu bei, solche falschen Vorstellungen abzubauen, da es aufzeigt, wie man durch praktische Umsetzung der Unterweisungen, die der Buddha in seiner Barmherzigkeit gab, Frieden und Zufriedenheit findet. Thubten Chodron betrachtet eine breite Vielfalt von Situationen, die uns im täglichen Leben begegnen, und erläutert in leicht verständlichen Worten, wie man aus buddhistischer Sicht mit ihnen umgehen kann. Indem sie ihren Lesern die Möglichkeit gibt, eine Reihe von Ansätzen buddhistischer Praxis nicht nur zu verstehen, sondern darüber hinaus in ihrem eigenen Leben Nutzen aus dieser Praxis zu ziehen, leistet sie etwas für den Frieden und für die Verständigung zwischen den Menschen.

Einleitung

Nach einem Vortrag an der National University of Singapore trat eine Studentin an mich heran und sagte: »Ich habe eine Freundin, die keine Buddhistin ist, aber etwas über den Buddhismus erfahren möchte. Gibt es ein in einfacher Sprache gehaltenes, leicht verständliches Buch zur Einführung in den Buddhismus, das die Lehren des Buddha in ihren Grundzügen erklärt?«

Diese Frage war mir wohlbekannt. Ich hatte sogar selbst schon nach einem solchen Buch gesucht, aber keines gefunden. Es gibt eine Menge ausgezeichnete Literatur zum Buddhismus, aber es ist nichts dabei, was dieser Beschreibung genügen würde.

Ich wurde nachdenklich. Ein paar Wochen später wollte ein Student des Polytechnikums wissen: »Gibt es ein Buch über Freundschaft, Liebe und Ehe aus buddhistischer Sicht, etwas, womit auch junge Leute im einundzwanzigsten Jahrhundert etwas anfangen können?«

Wieder musste ich verneinen. Bald darauf entstand der Plan, *Die Kunst des spirituellen Alltags* zu schreiben.

Überblick

Dieses Buch wendet sich an alle, die sich für die Lehren des Buddha interessieren. Der erste Teil, »Ein Weltbild und eine Lebensweise«, stellt die buddhistische Philosophie und Psychologie in ihren wesentlichen Zügen dar und gibt Anhaltspunkte für ihre praktische Anwendung im Alltagsleben. Im zweiten Teil geht es darum, wie man gute Beziehungen zu anderen unterhält. Der dritte Teil, »Schlechte Gewohnheiten im Zaum halten und gute entwickeln«, gibt Hinweise, wie wir den Dharma in unserem täglichen Umgang mit der Welt praktizieren können. Im vierten Teil, »Die Ausbreitung der Buddha-Lehren«, sprechen wir von Geschichte und Entwicklung des Buddhismus und erklären den Stellenwert von buddhistischen Tempeln, Zentren, Zeremonien und Festen. Der abschließende Teil, »Buddhismus heute«, möchte zwei möglichen Fehlentwicklungen entgegenwirken: abergläubischen oder einfach irrigen Anschauungen über den Buddhismus und der religiösen Intoleranz in der Welt.

Jeder dieser Hauptabschnitte kann ganz für sich gelesen werden. Wenn es Ihnen vor allem um Ihre Beziehungen zu anderen geht, lesen Sie ruhig zuerst den zweiten Teil und erst anschließend den ersten. Am Schluss des Buches finden Sie ein Glossar der wichtigsten Begriffe und eine Bücherliste, in der Sie sich über ergänzende Lektüre informieren können.

Wenn wir unseren Geist zähmen, bekommen wir Zugang zu unserer inneren Schönheit und zu unserem menschlichen Potenzial. Dieses Buch gibt eine Vorstellung davon, wie das geschehen kann.

Sprache

Ich habe mich bemüht, kompliziertes Fachvokabular möglichst zu vermeiden und mich einer klaren und einfachen Sprache zu bedienen. Wir werden jedoch nicht ohne einige Kernbegriffe auskommen. Solche Begriffe in unsere Sprache zu übersetzen ist nicht einfach, und die Lösungen, zu denen man kommt, klingen gern ein wenig seltsam. Es braucht jedoch nur eine gewisse Gewöhnungsphase, bis diese Begriffe nicht mehr so sperrig wirken. Ihre Bedeutung wird im Text erläutert, und anhand des Glossars können Sie sich immer wieder vergewissern.

»Er/sie« als ein Versuch, das Personalpronomen der dritten Person Singular in eine nicht geschlechtsspezifische Form zu bringen, erscheint mir als eine allzu bemüht klingende Lösung. Deshalb benutze ich abwechselnd »er« und »sie«. Das ist nicht unbedingt als Verweis auf eine Person eines bestimmten Geschlechts gemeint.

Dank

Dank und Ehrerbietung gebühren zuallererst meinen Lehrern, insbesondere Seiner Heiligkeit dem Dalai Lama, Tsenzhap Serkong Rinpoche und Zopa Rinpoche. Die Menschen, die mit freundlicher Unterstützung materieller wie moralischer Art zur Entstehung dieses Buches beitrugen, sind zu zahlreich, als dass ich sie alle namentlich anführen könnte. Ein paar Namen sollen jedoch genannt werden. Die Studenten der Buddhist Societies der fünf Hochschulinstitute Singapurs gaben mir den Anstoß, dieses Buch zu schreiben. Die Mitglieder der Dharma Friendship Foundation in Seattle boten mir das geeignete Umfeld und bestärkten mich darin, dieses Buch zu schreiben. Herzlicher Dank gebührt auch Steve Wilhelm und Cindy Loth, die das Manuskript überarbeiteten, sowie Lesley Lockwood, Pua Yeow Khoon, Loh Hung Leong, Yeo Soo Hwa und Shira Lee für wertvolle Anregungen. Schließlich bedanke ich mich bei Dhammika, Jendy und Sangye Khadro, die, ihrem jeweiligen Spezialgebiet entsprechend, die Kapitel über Theravada-, Mahayana- und tibetischen Buddhismus überprüften. Alle Irrtümer und Fehler gehen zu meinen Lasten.

Zu Vesak, dem Erleuchtungstag des Buddha
Bhikshuni Thubten Chodron

ERSTER TEIL

Ein Weltbild und eine Lebensweise

Manch einer fragt sich vielleicht: »Wie bin ich hierher gekommen? Wozu bin ich geboren? Wer bin ich und warum passieren manche Sachen mir und nicht anderen? Welchen Einfluss hat mein Bewusstsein auf das, was ich erlebe?«

Um die Antworten zu finden, fangen wir an, über dieses gegenwärtige Leben hinauszublicken und unsere Gesamtsituation zu erfassen; wir weiten unseren Gesichtskreis, um Lösungen für unbefriedigende Umstände zu finden. Welches Potenzial haben wir eigentlich als Menschen? Wer kann uns anleiten, es zu verwirklichen, und welche Richtung müssen wir dazu einschlagen? So wird unser Blick umfassender und tiefer, und die Fähigkeit, unserem Leben Sinn zu verleihen, wächst mit der Entwicklung von Mitgefühl und Weisheit.

1 *Der Geist ist der Schöpfer unserer Erfahrung*

Geist geht allem Tun voraus,
alles Tun ist vom Geist geleitet, vom Geist erschaffen.
Spricht oder handelt einer mit unlauterem Geist,
folgt Leid, wie Räder dem Huf des Zugochsen folgen.

Geist geht allem Tun voraus,
alles Tun ist vom Geist geleitet, vom Geist erschaffen.
Spricht oder handelt einer mit heiter-klarem Geist,
folgt Glück so sicher wie der eigene Schatten.

Dhammapada

Nach buddhistischer Auffassung ist unser Geist der Schöpfer und Ursprung unseres Lebens und Erlebens. Das ist von tiefer Bedeutung: Da jeder einen Geist besitzt, den er bis zu einem gewissen Grade in der Hand hat, sind wir letztlich selbst für das verantwortlich, was uns im Leben begegnet. Es ist unrealistisch, anderen die Schuld für unsere Probleme zu geben, wenn diese Probleme auf unsere eigenen Energien zurückzuführen sind. Entsprechendes gilt im umgekehrten Fall: Wer Glück erleben will, muss keine äußeren Wesen günstig stimmen, sondern sich selbst in eine positive Geistesverfassung bringen und so in sich selbst die Voraussetzungen für sein Glück schaffen.

»Geist« im buddhistischen Sinne bezieht sich auf das gesamte Spektrum unserer Wahrnehmungen, Seelenregungen und Erkenntnisvorgänge. Es schließt auch das ein, was wir manchmal

»Gemüt« oder »Herz« nennen, etwa in Redewendungen wie »ein gutes Herz haben«. Geist ist nicht nur Verstand oder Intellekt oder gar das Gehirn als physisches Organ. Der Geist ist formlos, nicht aus Atomen aufgebaut und daher nicht mit wissenschaftlichen Instrumenten erfassbar.

Geist ist das, was Lust und Schmerz erlebt, was denkt, sieht, hört, riecht, schmeckt und berührt. Geist ist Klarheit und Gewahrsein, da er Gegenstände der Wahrnehmung widerspiegelt oder reflektiert und sich auf sie einlässt. Wenn hier manchmal »unser Geist« gesagt wird, ist das kein Verweis auf einen universalen, gemeinsamen Geist, sondern auf den individuellen Geist jedes Einzelnen. »Geist-Strom« bezeichnet die Kontinuität des Geistes von Augenblick zu Augenblick.

Der Geist erzeugt unsere Erfahrung, und dies vor allem auf zwei Wegen. Erstens gibt der Geist den Antrieb zu unserem Handeln, unserem Karma. Unsere Handlungen prägen sich unserem Geist-Strom auf und bleiben so erhalten. Wo solche karmischen »Abdrücke« ausreifen, schlagen sie sich in den Situationen nieder, denen wir uns ausgesetzt sehen. Zweitens deutet und sortiert unser Geist alles, womit wir in Berührung kommen, er filtert unsere Wahrnehmungen. Dadurch bestimmt der Geist, wie wir die Ereignisse in unserem Leben erfahren. Betrachten wir diese beiden Punkte einmal etwas gründlicher.

Geist als Erzeuger des Karma

Im *Reiskeimling-Sutra* erklärt der Buddha unsere verblendeten Leben im zyklischen Dasein als Ergebnis unseres Handelns, das wiederum unserem Geist entspringt. Wie geht das vor sich? Unwissenheit, hier als falsche Vorstellung von der Natur der Wirklichkeit aufgefasst, zieht immer weitere verstörende und negative Regungen nach sich, zum Beispiel Zorn, Anhaftung, Eifersucht, Hochmut und Verwirrung. Dann handeln wir aus solchen unguten Regungen heraus. Unsere Handlungen – unser Karma – hinterlassen Abdrücke in der Kontinuität unseres Geistes (Geist-Strom). Solche karmischen Abdrücke oder Potenziale sind eine Art Restenergie, die nach unserem Handeln zurückbleibt. Sie sind immateriell und werden von unserem Geist-Strom weitergetragen. Unter geeigneten äußeren Bedingungen reifen gewisse karmische Potenziale aus und bestimmen dann mit, was uns im Leben begegnet.

Das sind komplexe Abläufe. Es dauert im Allgemeinen einige Zeit, bis man sie ganz versteht. Hier eine knappe Darstellung, die Ihnen einen generellen Eindruck geben kann.

Nach buddhistischer Auffassung ist unser Geist gegenwärtig von Unwissenheit verdunkelt: Wir verstehen nicht, was wir im tieferen Sinne sind oder wie überhaupt Menschen und Phänomene existieren. Da wir nicht um unser wahres Wesen wissen, halten wir uns irrtümlich für fest gefügt und real und sehen uns als ein eigenständiges Ich. Diese falsche Einschätzung wird bei starken Gefühlsregungen offenkundig. Wenn wir zum Beispiel wütend werden, scheint es da ein reales Ich zu geben, das zu Recht aufgebracht ist. Stellen wir uns jedoch die Frage »Wer ist wütend?«, ist es gar nicht so einfach, den Finger auf dieses scheinbar eigenständige Ich zu legen. Unser Ich existiert, aber offenbar anders, als wir meinen.

Wir möchten dieses eigenständige Ich, Geschöpf unserer Fehleinschätzungen, schützen und dafür sorgen, dass es sich wohl fühlt. So heften wir uns an alles, was uns Wohlgefühl beschert, und reagieren abwehrend auf Menschen und Umstände, die unser Glück stören. Dieser von Unwissenheit geprägten Sicht unserer selbst entspringen Eifersucht, Stolz, Verwirrung, nachtragender Groll, Trägheit und ein ganzer Strauß weiterer wenig beglückender Persönlichkeitszüge. Solche »Plagen« oder »Trübungen« des Geistes, wie sie im Buddhismus genannt werden, werfen Schatten auf unsere guten Seiten und hindern uns, so zu sein, wie wir gern wären.

Nun handeln wir aus solchen Trübungen heraus. Der Begriff »Karma« bezeichnet unsere willentlichen Handlungen durch Körper, Rede oder Geist, also alles, was wir tun, sagen und denken. Unsere Handlungen entspringen unserem Geist. Zuerst entsteht innerlich eine Motivation, dann handeln wir danach. Manchmal sind uns die Motive nicht klar, und wir wundern uns selbst über das, was wir tun und sagen. Durch aufmerksames Beobachten werden wir jedoch feststellen, dass allen unseren Aktionen ein Beweggrund vorausgeht.

Wenn wir beispielsweise Kritik an einem anderen üben, ging ein Gedanke wie dieser voraus: »Der Kerl macht mich ganz unglücklich. Ich will, dass er aufhört.« Dann spricht der Ärger aus uns und wir klären den anderen über seine Mängel auf. Nach den Worten des Buddha hinterlässt diese Aktion einen Abdruck in unserem Geist-Strom, und später, wenn entsprechende äußere Bedingungen gegeben sind, reift dieses karmische Potenzial aus und bestimmt unsere Lebenserfahrung.

Wie ein kleiner Same zu einem Baum mit vielen Früchten heranreifen kann, so kann auch unsere Kritik an einem anderen alle möglichen Folgen nach sich ziehen, zum Beispiel dass wir von anderen kritisiert werden, dass wir in einem unerfreulichen Umfeld leben, dass wir uns das Kritisieren angewöhnen und schließlich mit einer wenig günstigen Wiedergeburt rechnen müssen.

Haben wir jedoch positive Beweggründe und denken selbstlos an das Wohl der anderen, werden wir auch konstruktiv handeln. Solche Handlungen hinterlassen positive Abdrücke in unserem Bewusstsein, und auch die haben ihre entsprechenden Folgen: Man wird uns mögen, wir werden in einem freundlichen Umfeld leben, und da wir gute Menschen sind, steht uns eine erfreuliche Wiedergeburt bevor.

So erzeugen wir einmal Trübungen wie Zorn, Anhaftungen und Verwirrung und ein andermal positive Gemütsregungen oder Geistesverfassungen wie Liebe, Selbstachtung, Rücksicht und

Weisheit. Der buddhistische Pfad möchte Trübungen beseitigen und eine positive Geisteshaltung aufbauen, damit wir selbst und die Menschen in unserer Umgebung Frieden und Glück finden.

Wiedergeburt

Der Buddha gelangte zu tiefer Einsicht in das Sein der Dinge, und so ging ihm auf, dass wir aufgrund unserer Trübungen und unseres Karma ein ums andere Mal wiedergeboren werden. Wenn wir als gewöhnliche Menschen sterben, halten wir innerlich an unserem Körper und unserem Leben fest. Wir haben Angst, uns von unserem Körper zu trennen und alles um uns her zurückzulassen. Wenn klar wird, dass die Zeit gekommen ist, von unserem Körper und Leben zu scheiden, haben wir den Wunsch, uns einen neuen Körper zu verschaffen.

Etwas begehren und danach greifen – diese beiden bilden in ihrem Zusammenwirken die Bedingungen, unter denen karmische Prägungen zum Zeitpunkt des Todes ausreifen. Wenn dieser Reifungsprozess einsetzt, wird unser Geist von anderen Körpern angezogen, und wir wünschen uns, in ihnen wiedergeboren zu werden. Im Falle einer Wiedergeburt als Mensch geht unser Bewusstsein in eine befruchtete Eizelle ein, nachdem wir einen Zwischenzustand zwischen einem Leben und dem nächsten durchlaufen haben. Dann entwickelt sich das, was einen Menschen ausmacht: ein menschlicher Körper und ein menschlicher Geist.

In diesem neuen Leben nehmen wir Menschen und Dinge durch unsere Sinne wahr. Auf die Wahrnehmungen reagieren wir mit angenehmen oder unangenehmen Empfindungen, und so entsteht Anhaftung, Abneigung oder Indifferenz. Aus solchen Regungen heraus handeln wir, und unsere Taten hinterlassen wiederum Abdrücke in unserem Geist-Strom, sodass wir zum Zeitpunkt unseres Todes neuen Antrieb zur Wiedergeburt in einem weiteren Körper bekommen.

Dieser Kreislauf der Wiedergeburt wird *Samsara* genannt. Samsara ist kein Ort und daher nicht einfach diese Welt. Das zyklische Dasein, wie Samsara auch genannt wird, beschreibt diesen Ablauf, nach dem wir uns gemäß unseren geistigen Trübungen und gemäß unserem Karma immer wieder neu verkörpern.

Unsere Energie ist demnach der Grund dafür, dass wir als die Person geboren werden, die wir jetzt sind, und unter den Umständen, die jetzt unser Leben ausmachen. Dennoch hat Karma nichts absolut Feststehendes und unser Leben ist keineswegs vorherbestimmt. Welche karmischen Prägungen ausreifen, hängt von unserer Umgebung und unserer Geistesverfassung ab. Außerdem können wir über unser Handeln selbst entscheiden und damit unsere Zukunft gestalten.

Das Karmagesetz beschreibt das Wechselspiel von Ursache und Wirkung in unserem Geist-Strom. Ob wir Schmerz oder Freude erleben, hängt von unserem Handeln in der Vergangenheit ab. Unser Geist gab den Anstoß zu unserem früheren Handeln, unserem Karma. Und so ist vor allem unser Geist Urheber dessen, was uns im Leben begegnet.

Gab es einen Anfang?

Manch einer fragt sich: »Wie fing das alles an? Hat unser Universum mit all seinen Lebewesen einen Anfang gehabt?«

Die äußere Evolution unseres Universums ist Gegenstand der wissenschaftlichen Forschung. Die Wissenschaft erforscht die materiellen Zusammenhänge im Universum: wie physikalische Ursachen und Wirkungen ineinander greifen und alle Dinge hervorbringen.

Alle Materie besitzt einen Ursprung, und der liegt in vorher bestehender Materie oder Energie. Unter diesen Bedingungen wird niemand annehmen, dass es irgendwann einmal keine Materie oder Energie gegeben hat. Wenn irgendwann einmal gar nichts war, woraus soll dann Materie entstanden sein? Unser gegenwärtiges Universum ist also transformierte physikalische Energie, die vorher schon existierte.

Geist besteht nicht aus solcher Materie und hat daher auch keinen materiellen Ursprung. Geist geht aus vorausgehenden Geist-Augenblicken hervor und ist Ausdruck einer Kontinuität. Wir könnten unser Bewusstsein Augenblick für Augenblick bis zur Kindheit zurückverfolgen. Unser Geist hat sich seitdem verändert, aber unser gegenwärtiger Geist hängt mit dem Geist unserer jüngeren Jahre zusammen und geht aus ihm hervor.

So ist unser Geist-Strom bis in die Zeit unserer Empfängnis zurückzuverfolgen. Das Bewusstsein, das in die befruchtete Eizelle im Schoß unserer Mutter einging, muss auch eine Herkunft haben. Das ist nach buddhistischer Auffassung ein vorausgehendes Geistmoment, nämlich unser Bewusstsein in einem früheren Leben. Und so reicht das Kontinuum des Geistes unendlich weit zurück. Es gibt keinen Anfang. Wie die mathematische Zahlenreihe keinen Anfang besitzt – man kann immer noch eine weitere hinzufügen –, so auch das Kontinuum unseres Bewusstseins.

Auch unsere Trübungen, darunter Unwissenheit oder Verblendung, haben ihre Ursachen, nämlich vorausgehende Augenblicke der Trübung. Und dieses Kontinuum ist ebenfalls ohne Anfang. Hätte es einen ersten Augenblick der Trübung gegeben, müssten wir den Finger auf seine Ursache legen können. Wenn wir anfangs rein gewesen und später unwissend geworden wären, woher kam dann die Unwissenheit? Reine Wesen, die die Realität wahrnehmen, können unmöglich später unwissend werden. Wenn jemand unwissend wird, kann er vorher nicht wirklich rein gewesen sein.

Und natürlich kann uns auch niemand anderes unwissend gemacht haben. Niemand kann unserem Geist-Strom Unwissenheit eingeben, wie man Wasser in ein Gefäß gießt.

Aus buddhistischer Sicht ist es sinnlos, nach dem Beginn unserer Existenz und dem Einsetzen unserer Trübungen Ausschau zu halten. Hier war der Buddha außerordentlich pragmatisch und machte klar, dass wir bei unserer gegenwärtigen Situation ansetzen und sie zu bereinigen versuchen müssen. Wir verzetteln uns sonst nur in nutzlose Spekulationen und verlieren die Gegenwart aus den Augen, anstatt uns hier um konkrete Verbesserungen zu bemühen.

Nehmen wir an, jemand werde von einem Wagen angefahren und liege blutend auf der Straße. Nun stellen Sie sich vor, dass dieser Mensch sagt, er werde medizinische Hilfe erst dann annehmen, wenn er über alle Umstände des Unfalls Klarheit besitze: wer ihn angefahren hat, mit was für einem Wagen und welches Baujahr dieser Wagen hat. Während man diese Informationen hastig zusammenzutragen versucht, stirbt er. Kaum jemand wird sagen, dieser Mann habe klug gehandelt. Vom Wissen über den Ursprung des Wagens kann er sich keine Heilung seiner Verletzungen versprechen. Und sein Leben wird durch solches Wissen auch nicht gerettet. Klüger wäre es gewesen, sich der derzeitigen Situation entsprechend zu verhalten, das heißt sofort Hilfe anzunehmen und wieder gesund zu werden.

So sind wir gut beraten, unsere gegenwärtigen Schwierigkeiten und ihre Gründe – unsere Trübungen – genau zu betrachten und sie zu beheben, anstatt uns in Spekulationen über einen nicht vorhandenen Anfang zu verlieren. Der Buddha sprach nicht über den Ursprung des Universums, denn solches Wissen hilft uns nicht bei der Bewältigung unseres Lebens und verschafft uns nicht mehr Lebensqualität. Stattdessen legte er dar, wie der Geist uns die Motive unseres Handelns liefert und dadurch bestimmt, was uns begegnet: Unser Handeln hinterlässt Abdrücke in unserem Geist-Strom, und die wirken sich auf das aus, was wir künftig erleben werden. Haben wir das einmal verstanden, können wir diesen Ablauf beeinflussen und zum Besseren wenden.

Der Geist deutet unsere Umwelt

Der Geist gestaltet unsere Erfahrung aber auch dadurch, dass er die von uns wahrgenommenen Dinge interpretiert. Unsere Auffassung von etwas legt fest, wie wir es erleben. Wir glauben gern, wir nähmen genau das wahr, was »da draußen« ist, doch in Wirklichkeit ist unsere Wahrnehmung durch Deutungen und Projektionen gefärbt.

Nehmen wir an, zwei Leute lernten Joe kennen. Der eine mag ihn, der andere nicht. Der eine sieht Joe als besonnen und intelligent und schätzt seinen Humor. Der andere nimmt Joe als jemanden wahr, der sich über andere lustig macht, der sich in den Vordergrund drängt und nicht viel Sinn für die Gefühle anderer besitzt. Beide nehmen an, dass sie Joe so sehen, wie er ist. Aber wenn das so wäre, müssten sie ja einer Meinung über ihn sein, und das ist eindeutig nicht der Fall.

Beide hören dieselben Worte und dieselbe Stimme, wenn Joe spricht, aber sie legen das Gesagte ganz unterschiedlich aus. Ihr Geist gelangt sehr schnell vom Wahrgenommenen – dem also, was sie über ihre Sinne an Lauten und visuellen Eindrücken empfangen – zu Schlüssen, also zu Bedeutungen, die dem sinnlich Wahrgenommenen unterlegt werden.

Der eine empfindet Joes witzige Bemerkungen als wohlwollend humorvoll und denkt: »Was für ein netter Kerl. Mit dem bin ich gern zusammen.« Von jetzt an wird er Joe, wenn er ihm wieder begegnet, als guten Freund sehen und sich auf einen kurzweiligen Austausch freuen. Der andere, der in Joes Worten nur Sarkasmus hört, denkt dagegen: »Was für ein selbstgefälliger Kerl. Den mag ich nicht.« Wenn er Joe später wieder begegnet, sieht er nur einen unangenehmen Menschen, der ihm zuwider ist.

Beide nehmen aber an, dass sie Joe ganz richtig sehen. Tatsächlich betrachten Sie Joe natürlich durch den Schleier ihrer vorgefassten Anschauungen. Der freundliche Joe und der Widerling – beide sind Projektionen der Menschen, die ihn wahrnehmen. Joe selbst ist weder das Bild des einen noch das des anderen.

Wie wir etwas sehen, so erleben wir es. Vielleicht betrachten wir unsere Mutter mit dem Gedanken: »Dauernd sagt sie mir, was ich tun soll. Sie ist so fordernd.« Und immer, wenn wir sie sehen, beschleicht uns dann ein unangenehmes Gefühl.

Oder wir denken: »Meine Mutter hat mir diesen Körper geschenkt. Sie hat mich versorgt, als ich ein hilfloser Säugling war und nicht selbst etwas für meine Ernährung tun konnte. Später hat sie mich sprechen gelehrt und mir gutes Benehmen beigebracht.« Dann werden wir unsere Mutter als gütig erleben. Wenn wir sie sehen, empfinden wir sie als gütig und unser Herz fliegt ihr zu.

Wenn wir das Verhalten eines anderen als gegen uns gerichtet empfinden, nennen wir ihn »Feind«. Und von da an erscheint er uns als Feind. Entsprechendes gilt, wenn wir andere als freundlich empfinden: Wir nennen sie Freunde, und so erscheinen sie uns fortan. Freunde und Feinde entspringen in Wirklichkeit unserem eigenen Geist. Wir erschaffen sie. Haben wir durch die Kraft unseres Geistes erst einmal Freunde und Feinde hergestellt, halten wir zu unseren Freunden und versuchen unseren Feinden zu schaden. Unsere Zuneigung oder Abneigung richtet sich also eigentlich auf etwas, was unser Geist selbst hervorgebracht hat.

Vom Läuterungsgrad unseres Geistes hängt ab, wie wir unsere Umgebung und die Menschen darin wahrnehmen. Wie das Bild, das ein verschmutzter Spiegel zurückwirft, verschwommen und entstellt wirkt, so müssen alle Dinge einem mit Trübungen und negativen karmischen Prägungen behafteten Geist verzerrt erscheinen. Derselbe Gegenstand, von einem blitzblanken Spiegel reflektiert, ist klar und schön. So ist auch alles, was ein reiner Geist gewahrt, liebenswert und schön.

Manche seelisch kranke Menschen glauben, die Leute in ihrer Umgebung führten etwas gegen sie im Schilde. Wenn solche Ängste überwältigend werden, sehen diese Menschen mitunter sogar Gespenster. Sie sind überzeugt, dass das, was sie sehen, wirklich da ist, aber wir würden die Szene ganz anders wahrnehmen. Das liegt erstens daran, dass wir in der Vergangenheit anders gehandelt haben, und zweitens an der gegenwärtig anderen Funktionsweise unserer geistigen Trübungen.

Jemand, der auf dem Weg der Erleuchtung schon weit fortgeschritten ist, erlebt diese Erde als ein reines Land. Für Menschen, die voller Zorn sind, ist sie ein furchtbares Höllenreich. Die Welt ist aber nicht als solche ein Ort der Lust oder des Schmerzes. Wie wir sie erleben, hängt von unserem früheren Handeln und unseren gegenwärtigen Deutungen ab. Die Höllenreiche und die reinen Länder, sie werden beide von unserem Geist geschaffen. Unser Geist ist der Ursprung, der Schöpfer unserer Erfahrung.

In diesem Wissen wird uns klar, dass es nur einen Weg zu dauerhaftem und vollkommenem Glück gibt: unseren Geist von verstörenden Gedanken und den Prägungen und Verunreinigungen durch unser Karma zu säubern. Es liegt in unserer Hand und wir können es. Wie es in der modernen Fassung eines Verses aus dem *Dhammapada* heißt:

Von uns selbst wird Böses getan,
durch uns selbst erleiden wir Schmerz.
Durch uns selbst lassen wir vom Falschen,
durch uns selbst werden wir rein.
Niemand außer uns selbst erlöst uns,
niemand kann es und niemand soll es.
Wir müssen selbst den Weg gehen,
die Buddhas zeigen uns nur wie.

Die Buddhas zeigen uns den Pfad, den wir gehen können. Sie kennen ihn, da sie ihn selbst gegangen sind. Die jetzt Buddhas sind, waren einst – wie wir jetzt – in Verblendung und Schwierigkeiten verstrickt. Doch sie folgten dem Weg, sie läuterten ihren Geist und entwickelten ihre guten Anlagen in vollkommener Weise. So wurden sie voll erleuchtete Buddhas. Und wir haben die Anlage, es ihnen gleich zu tun.

Die Buddhas leiten uns an, aber die Arbeit müssen wir selbst tun. Wie unsere Lehrer uns in Grammatik unterweisen, aber nicht für uns lernen können, so können die Buddhas uns unterweisen und anleiten, aber die praktische Umsetzung obliegt uns selbst. Im *Sutra vom weißen Lotos des heiligen Dharma* heißt es:

> Die Buddhas können das Negative nicht mit Wasser von den Lebewesen abwaschen,
> sie können das Leiden nicht mit den Händen von ihnen nehmen,
> noch können sie ihr eigenes Erkennen anderen einpflanzen.
> Die Buddhas lehren die Wahrheit der Soheit (Leerheit), und so befreien sie die Lebewesen.

Wenn im Buddhismus großer Wert auf Eigenverantwortung gelegt wird, heißt das nicht, dass wir auf unserem Weg allein wären. Wir haben die Anleitung, den Segen und das Vorbild der Drei Kostbarkeiten – Buddha, Dharma und Sangha – als Hilfen.

Ein Buddha ist jemand, der seinen Geist von allem Zorn, allem Haften, aller Verblendung und aller Selbstsucht geläutert hat. Darüber hinaus hat er alle guten Eigenschaften wie nicht unterscheidende Liebe, Mitgefühl und Weisheit in sich herangebildet.

Dharma ist das klare Erkennen der Wirklichkeit, womit alle Probleme und Leiden zu Ende gehen, die unsere Unwissenheit mit sich bringt. Mit »Dharma« bezeichnen wir auch die Lehren des Buddha, die uns zu eigener tiefer Einsicht führen.

Zum Sangha gehört jeder, der die Realität der Ichlosigkeit realisiert hat, der also weiß, dass es kein eigenständig existierendes Ich gibt. Solche Menschen haben schon ein gutes Stück des Weges zur Befreiung zurückgelegt, und sie können ordinierte Mönche und Nonnen oder Laien sein. In einem allgemeineren Sinne verstehen wir unter Sangha die Gemeinschaft der Mönche und Nonnen, die ihr Leben der Vervollkommnung ihrer selbst und dem Wohlergehen anderer geweiht haben.

In den folgenden Kapiteln wollen wir genauer untersuchen, wie unser Geist unsere Erfahrung hervorbringt. Wir werden auch sehen, wie der »Affengeist« – dieser so widerspenstige Teil unserer selbst – zu zähmen ist, damit wir die Grundlagen für dauerhaftes Glück schaffen, unser Leben sinnvoll gestalten und harmonische Beziehungen zu anderen aufbauen können.

2 *Die vier edlen Wahrheiten: Vom kreativen Umgang mit Schwierigkeiten*

Die Essenz dessen, was der Buddha lehrte, kommt in den vier edlen Wahrheiten zum Ausdruck. Die ersten beiden Wahrheiten beschreiben treffend unsere gegenwärtige Lage, die übrigen beiden zeigen einen praktischen Weg zu ihrer Verbesserung auf. Die Gültigkeit dieser vier Wahrheiten können wir durch unsere eigene Erfahrung erhärten; es ist nicht verlangt, dass wir sie blind glauben.

Diese vier Tatsachen werden »edel« genannt, weil sie von den Edlen gelehrt werden: von denen, die die Wirklichkeit unmittelbar wahrnehmen. Außerdem gilt, dass wir selbst »geadelt« oder veredelt werden, wenn wir diese vier verstanden haben. Sie sind Wahrheiten, weil sie zutreffen: Es trifft zu, dass wir uns vom Leiden und seinen Ursachen lossagen müssen, und es trifft zu, dass wir uns der Beendigung des Leidens und seiner Ursachen und dem Weg dorthin widmen müssen. Diese Fakten führen uns nicht in die Irre oder vom Glück fort. Wenn wir sie verstehen, gelangen wir auf den Pfad zu Befreiung und Erleuchtung.

Die vier edlen Wahrheiten sind:

- Wahre Leiden
- Wahre Ursachen des Leidens
- Wahres Aufhören des Leidens und seiner Ursachen
- Wahrer Weg zu diesem Aufhören.

Leiden müssen erkannt und benannt werden; ihre Auslöser sind aufzugeben; das Aufhören des Leidens und seiner Ursachen muss verwirklicht werden; der Weg dazu muss praktiziert werden.

Erste Wahrheit: Leid existiert

Das Pali-Wort *Dukkha* (Sanskrit *duhkha*) wird häufig mit »Leid« übersetzt. Das ist jedoch missverständlich, weil man heftigen Schmerz damit assoziiert. Deshalb sagen manche: »Mein Leben ist alles in allem ganz in Ordnung. Ich habe keine großen Probleme. Ich erlebe durchaus auch Freude, also warum sagt der Buddhismus, das Leben sei leidvoll? Das kommt mir sehr pessimistisch vor.«

Als der Buddha das Leben als Dukkha bezeichnete, meinte er alles Unbefriedigende damit. Das kann von kleinen Enttäuschungen über größere Probleme bis hin zu heftigem Schmerz und seelischem Leid reichen. Deshalb werden wir in diesem Buch alle diese Worte im Zusammenhang mit dem Dukkha-Prinzip verwenden, also im Zusammenhang mit der Tatsache, dass die Dinge in unserem Leben nie ganz richtig laufen und besser sein könnten.

Auch wenn wir zunächst nicht viel Lust haben, über die unbefriedigenden Dinge in unserem Leben nachzudenken, dieser Schritt ist notwendig, damit wir etwas verbessern können. Wenn jemand krank ist, das aber nicht zur Kenntnis nehmen möchte, wird diese Person keine medizinische Hilfe suchen und folglich auch nicht gesund werden. Und wenn wir so tun, als wäre in unserem Leben alles so weit in Ordnung, werden wir nicht in die Tiefe blicken, um herauszufinden, woher das Unbehagen und die Befürchtungen kommen. Wenn wir unsere Gefühle und Überzeugungen gar nicht erst erforschen, werden wir die beunruhigenden Anteile nicht abbauen und die positiven nicht aufbauen können. Und wenn wir unseren Geist nicht in dieser Weise verwandeln, können wir die Ursachen des Leidens nicht beseitigen, die Grundlagen des Glücks nicht schaffen und keinen Zustand dauerhaften Glücks erreichen. Sobald wir unsere Lage jedoch klar erfassen und benennen, können wir sie auch verbessern. Außerdem wirkt die Ehrlichkeit uns selbst gegenüber erleichternd und gibt uns Hoffnung, denn wir wissen, dass unsere Probleme nicht unüberwindlich sind.

Der Buddha beschrieb drei Arten von Dukkha oder unbefriedigenden Situationen, vor die wir uns gestellt sehen:

- das Dukkha des Schmerzes
- das Dukkha des Wandels
- durchgängiges gemischtes Dukkha.

Das Dukkha des Schmerzes besteht darin, dass wir uns seelisch oder körperlich elend fühlen. Körperliches Leiden, das kann Kopfschmerz oder ein aufgeschürftes Knie sein, aber auch in den mit Krebs oder einem Herzinfarkt verbundenen Qualen bestehen. Seelisches Leid entsteht, wenn wir etwas Gewünschtes nicht bekommen, wenn wir etwas verlieren, woran wir hängen, oder wenn uns irgendein Unglück ereilt. Wir sind traurig, wenn unsere Karriereziele in weiter Ferne bleiben, der Abschied von geliebten Menschen bedrückt uns, und wenn die Aktienkurse fallen, packt uns die Angst.

Seelischen oder körperlichen Leiden ist jeder Mensch ausgesetzt, wo er auch leben mag. Der technische Fortschritt kann manche unserer körperlichen Probleme beseitigen, aber er schafft auch neue, denken wir nur an die Umweltverschmutzung oder die atomare Bedrohung. Wir haben einen höheren Lebensstandard, als die Welt je erlebt hat, aber es gibt auch mehr Verbrechen, mehr Drogenabhängigkeit und steigende Selbstmord- und Scheidungsraten. Technik allein kann nicht alle unsere Probleme lösen.

Mit dem Dukkha des Wandels ist gemeint, dass etwas als erfreulich Betrachtetes unweigerlich irgendwann in etwas Unerfreuliches umschlägt. Denken wir etwa ans Essen. Ist es nicht herrlich, wenn es etwas Gutes zu essen gibt? Aber wenn es so einfach wäre, müssten wir ja umso glücklicher sein, je mehr wir essen. Das aber ist nicht der Fall, wie jeder weiß. Das Essen beseitigt zunächst das Ungemach des Hungers, doch wenn man dann weiterisst, bekommt es einem nicht.

Freunde erachten wir als etwas sehr Erfreuliches. Aber wenn das Zusammensein mit Freunden seiner Natur nach einfach nur erfreulich wäre, müssten wir ja umso glücklicher sein, je mehr wir mit ihnen zusammen sind. Begegnen wir Freunden, sind wir erst einmal froh, und der Schmerz des Alleinseins verschwindet. Bleiben sie jedoch zu lange, finden wir schließlich, dass es genug sei, und wünschen uns, dass sie gehen.

Kurz, die Dinge und Menschen um uns her machen uns zwar Freude, aber zu viel davon ist auch nicht gut. Die anfängliche Freude schlägt jenseits einer gewissen Grenze ins Gegenteil um. Daraus muss wohl geschlossen werden, dass das Glück von Anfang an nicht in diesen Aktivitäten, Dingen oder Menschen selbst lag, sondern in dem Austausch, den wir mit ihnen haben.

Durchgängiges gemischtes Dukkha bezieht sich auf den Umstand, dass wir an Körper und Geist für Schmerzen empfänglich sind. Schon irgendeine äußere Veränderung kann uns sehr zusetzen: Das Wetter schlägt um, und wir leiden unter der Kälte; ein Freund behandelt uns anders, und es bedrückt uns.

Durchgängig wird dieses Dukkha genannt, weil die Empfänglichkeit für Schmerz überall im Körper und im seelischen Bereich gegeben ist. Es gibt nichts, was uns zuverlässig davor schützen könnte. Durchgängig bedeutet auch, dass von diesem unbefriedigenden Zustand alle Menschen betroffen sind, die die Realität des Daseins aller Phänomene und Lebewesen noch nicht erfasst haben. Sogar Menschen, die alles Schöne, was das Leben nur bieten kann, zu haben scheinen, werden alt und sterben.

Unser Körper und Geist bedeuten für unser gegenwärtiges Dasein eine Komplikation, weil von ihnen alle unsere Probleme ausgehen. Unser Körper ist das, was uns gesundheitliche Störungen erleben lässt. Hätten wir keinen verletzlichen Körper, würden wir niemals krank werden, wie vielen Viren und sonstigen Keimen wir auch ausgesetzt sein mögen. Im gleichen Sinne ist unser gegenwärtiger Geist die Grundlage für seelische Verletzungen und Kränkungen. Hätten wir keinen zu Zorngefühlen neigenden Geist, würden wir nicht unter Konflikten mit anderen und den damit verbundenen quälenden Gefühlen leiden.

Da wir so sehr an unserem gegenwärtigen Körper und Geist haften, neigen wir zu einem Handeln, das uns in der Zukunft weitere Schmerzen und Verwirrungen einbringt. So kann es sein, dass wir anderen etwas wegnehmen oder sie belügen, um unserem Körper das Wohlgefühl zu verschaffen, das wir uns wünschen. Damit fügen wir jedoch nicht nur anderen Schaden zu, sondern es hinterlässt außerdem Abdrücke in unserem Geist-Strom, die dazu führen können, dass wir in der Zukunft selbst unseres Besitzes beraubt werden.

Manch einer könnte sich in aussichtsloser Lage fühlen, nachdem er sich diese drei Arten von Dukkha vergegenwärtigt hat. Sieht es nicht so aus, als wären wir in einer schrecklichen Klemme? Und ist der Buddhismus, in dem so viel vom Leiden die Rede ist, nicht unangemessen pessimistisch? Aber wenn wir die Absicht hinter dieser Lehre des Buddha richtig verstehen, kommt es gar nicht erst zu solchen Missverständnissen, sondern wir fühlen uns inspiriert.

All die Gedanken über den unbefriedigenden Zustand, in dem wir uns befinden, wollen uns zu dem Entschluss bringen, uns davon zu befreien und stattdessen ein dauerhaftes Glück zu finden. Wenn wir uns ernsthaft vornehmen, unser Leben zu verbessern, werden wir den Ursachen des Problems auf den Grund gehen und praktische Methoden zu ihrer Beseitigung anwenden. Das gibt unserem Leben tiefen Sinn und eine klare Richtung.

Zweite Wahrheit: Das Leiden hat Ursachen

Wie wir im vorigen Kapitel gesehen haben, ist unser Geist das, woraus unser Glück und Leid kommen. Besitzen wir Weisheit und Mitgefühl, stellt sich Glück ein; sind wir durch geistige Trübungen verwirrt, erwarten uns Schwierigkeiten. So kommt es darauf an, zwischen konstruktiven und destruktiven Geisteszuständen zu unterscheiden; nur so können wir Erstere verstärken und Letztere abbauen.

Die Hauptursache für unsere Probleme liegt in der Unwissenheit. Unwissenheit oder Verblendung ist eine Geistesverfassung oder auch Haltung, die uns nicht mehr erkennen lässt, wer wir sind und in welcher Weise alle Dinge existieren. Und nicht nur das; sie lässt uns die Dinge sogar anders auffassen, als sie tatsächlich existieren.

Alle Dinge, die aus Ursachen und Bedingungen hervorgingen – zum Beispiel ein Berg, ein Kugelschreiber oder unser Körper –, verändern sich von Augenblick zu Augenblick. Unter dem Einfluss der Unwissenheit behandeln wir sie jedoch so, als wären sie gleich bleibend und statisch. So kommt es, dass wir bei der Begegnung mit einer alten Freundin, der wir jahrelang nicht gesehen haben, ganz erstaunt sind, wie sehr sie inzwischen gealtert ist. So erschrecken wir auch, wenn etwas entzweigeht, denn vom Verstand her wissen wir zwar, dass die Dinge sich ändern, doch im Herzen glauben wir, sie blieben, wie sie sind. Die Wissenschaftler sagen uns, dass sich die Elementarteilchen, aus denen alle Materie besteht, in ständiger Bewegung befinden, aber wenn wir einen Tisch betrachten, erscheint er uns fest und unveränderlich. Unwissenheit ist dafür verantwortlich, dass unsere Wahrnehmung nicht der Wirklichkeit entspricht.

Auf einer tieferen Ebene der Unwissenheit finden wir das, was im Buddhismus als der Irrtum des den Dingen selbst innewohnenden Seins bezeichnet wird. Darüber sind viele Bücher geschrieben worden, und es kostet Zeit, hier unsere Unwissenheit und ihre Wirkungsweise zu erfassen. Der Irrtum des innewohnenden Seins ist die Wurzel aller unserer Trübungen und Probleme. Deshalb steht im Zentrum der buddhistischen Lehren als Heilmittel die Weisheit, die die Leere (oder Wirklichkeit) erkennt.

Innewohnendes Sein bedeutet, dass Menschen, Dinge und Phänomene uns so erscheinen, als existierten sie aus sich selbst, als besäßen sie ein Wesen, das sie zu dem macht, was sie sind. Eine Blume besteht aus vielen Teilen – Stiel, Blütenblätter, Staubblätter, Stempel und so weiter. Uns jedoch erscheint sie als *ein* Phänomen mit etwas Innewohnendem, das ihre Blumenhaftigkeit ausmacht.

So besteht auch jeder Mensch aus einem Körper und einem Geist, denen zur Identifikation ein Name gegeben wird. Betrachten wir jedoch einen bestimmten Menschen, so sehen wir nichts Zusammengesetztes, sondern glauben tatsächlich eine von ihrem Körper und Geist, ja von ihrem Namen unabhängig existierende Person wahrzunehmen. Das ist mit dem Begriff »innewohnendes Sein« gemeint. Fälschlich nehmen wir an, die Dinge existierten aus sich selbst heraus, und wir fügen uns diesem Anschein und gehen davon aus, dass die Dinge ein eigenständiges Sein besitzen. Tatsächlich existiert alles in Abhängigkeit von anderem, aber wir fassen ganz selbstverständlich alles so auf, als existierte es unabhängig und aus sich selbst.

Aus dieser Unkenntnis des wahren Wesens – dass die Dinge ohne eigenständiges, in ihnen selbst liegendes Sein sind – erwachsen alle unsere geistigen Trübungen. Das wirkt sich in unserem täglichen Leben sehr hinderlich aus, weil wir uns an das klammern, was uns angenehm erscheint, und alles ablehnen oder sogar verabscheuen, was wir als unangenehm empfinden. Unter dem Einfluss dieses Mögens und Nichtmögens verzeichnet unser Stimmungsbarometer jeden Tag heftige Ausschläge.

Wo wir haften, überschätzen wir die guten Eigenschaften eines Menschen oder Dinges und klammern uns dann an diese Person, dieses Ding, diesen Ort, diese Idee. Anders herum übertreiben wir im Zorn die schlechten Seiten einer Person oder Sache und möchten ihr am liebsten etwas Böses tun oder sie aus den Augen haben. Von Anhaftung und Ablehnung geblendet trachten die meisten Menschen (ja sogar Tiere) ihr Leben lang danach, mit ihren Freunden auf gutem Fuß zu stehen und ihren

Feinden möglichst zu schaden. Und neben den drei Hauptgiften Unwissenheit, Anhaftung und Zorn sind wir noch weiteren geistigen Einflüssen der unerfreulichen Art ausgesetzt – Eifersucht, Stolz, Trägheit, Groll und so weiter.

Diese Trübungen wirken sich auf unser Handeln im Alltag aus. So kann die Versessenheit auf unseren persönlichen Erfolg dazu führen, dass wir unsere Arbeitskollegen eher als Konkurrenten sehen, anstatt wirklich mit ihnen zusammenzuarbeiten. Wenn wir uns ärgern, verlieren wir leicht die Beherrschung und beschimpfen andere. Wir brauchen nur unsere eigenen Reaktionen zu beobachten oder die Zeitung zu lesen oder den Fernseher einzuschalten, um zu erkennen, wozu Anhaftung und Zorn die Menschen verleiten.

Solche Handlungen – Karma – hinterlassen wie gesagt Abdrücke in unserem Geist-Strom. Und wie wir schon gesehen haben, treiben solche Prägungen uns in die nächste Wiedergeburt, in der wir dann unbefriedigende Lebensumstände vorfinden, wo auch immer wir geboren werden.

Auch positives Handeln, etwa wenn wir jemandem aus Liebe helfen, tragen uns in der Zukunft nur vorübergehendes Glück ein, solange wir noch unter dem Einfluss der Unwissenheit bleiben. Dauerhaft kann unser Glück erst sein, wenn alle Unwissenheit beseitigt ist. So sind also die geistigen Trübungen und unser Karma die Ursachen unserer immer wiederkehrenden Probleme.

Dritte Wahrheit: Das Leiden kann beendet werden

Trübungen und Karma lassen sich bereinigen. Sie sind nicht Wesensbestandteile unseres Geistes. Trübungen erwachsen aus Unwissenheit, aber sobald wir die Leerheit erfasst haben, die Natur der Dinge, wie sie sind, kann Unwissenheit uns nichts mehr anhaben. Das ist, als knipste man in einem dunklen Zimmer das Licht an: Die Dunkelheit verschwindet.

Durch Weisheit können wir unseren Geist-Strom für immer von Unwissenheit und anderen Trübungen säubern. Dann handeln wir nicht mehr so, dass wir in die nächste Wiedergeburt getrieben werden. Außerdem läutert Weisheit die gegenwärtig in unserem Geist-Strom wirksamen karmischen Prägungen, sodass sie keine negativen Folgen mehr haben können.

»Aufhören« meint in diesem Zusammenhang, dass eine bestimmte Trübung nicht oder nicht mehr besteht. Insofern ist das Aufhören nichts Negatives, sondern das Nichtvorhandensein einer Trübung. Je weiter wir auf dem Pfad vorankommen und dabei nach und nach die Trübungen bereinigen, desto mehr nehmen Zorn, Anhaftung und Unwissenheit ab, zunächst die groben Formen, später auch die subtilen. Sind alle Trübungen mit Stumpf und Stiel beseitigt, erlangen wir Nirvana oder Befreiung, das Aufhören aller Leiden und aller Ursachen des Leidens. Im *Dhammapada* sagt der Buddha:

Wie das Boot leichter wird,
wenn du alles Wasser hinausschöpfst,
so erlangst du Nirvana,
wenn Hass und Gier aufgegeben werden.

Nirvana ist ein Zustand der Glückseligkeit, in dem wir nicht mehr unter dem Einfluss von Trübungen und Karma wiedergeboren werden. Menschen, die Befreiung gefunden haben, meditieren nach ihrem Tod in vollkommener Konzentration über die Wirklichkeit, das heißt über die Leerheit von innewohnendem Sein, und bleiben im Zustand des Friedens, des nicht endenden Glücks.

Menschen, die nach Befreiung aus dem zyklischen Dasein streben, werden »Hörer« oder »einsam Verwirklichte« genannt. Ein Hörer ist jemand, der die Lehre des Buddha hört und dann lehrt. Ein einsam Verwirklichter erlangt in seinem letzten Leben und zu einer Zeit, in der kein Buddha wirkt, ganz für sich allein das Nirvana. Ein Hörer oder einsam Verwirklichter, der Nirvana erlangt hat, wird Arhat genannt: einer, der alle Widersacher, das heißt die Trübungen seines Geistes, überwunden hat.

Andere folgen lieber dem Weg des Bodhisattva und streben zum Wohl aller Lebewesen nach Buddhaschaft. Selbst wenn ein Bodhisattva alle seine Trübungen und all sein Karma bereinigt hat, strebt er weitere Wiedergeburten an, um andere unterweisen und anleiten zu können. Hinter seinen Wiedergeburten steht nicht mehr Unwissenheit, sondern Mitgefühl. Er bleibt in der Welt, um für andere wirken zu können.

Während der Bodhisattva sich für das Wohl anderer einsetzt, bemüht er sich weiter, auch die feinsten Unreinheiten in seinem eigenen Geist-Strom zu beseitigen, um ein voll erleuchteter Buddha zu werden. Ein Bodhisattva gelobt, seine vollkommene Erleuchtung aufzuschieben, bis er allen Lebewesen zur Befreiung verholfen hat, aber damit leistet er natürlich keinen Verzicht auf seine Erleuchtung. Sein Gelöbnis besagt, dass er auf seine eigene Erleuchtung gern verzichten würde, wenn andere davon einen Nutzen hätten. Da er aber weiß, dass er anderen als Buddha noch besser helfen könnte, arbeitet er zielstrebig auf die Buddhaschaft hin. Und ist er erst ein Buddha, wird er sich weiterhin in der Welt manifestieren, um anderen den Weg zu zeigen.

In den Schriften des Mahayana-Buddhismus geht die Buddhaschaft oder volle Erleuchtung noch einen Schritt über die schon sehr hohe Verwirklichung des Arhat hinaus. Zur Unterscheidung dieser beiden Stufen kann man betrachten, bis zu welchem Grad der Geist sich bereits von Verdunkelungen befreit hat.

Es werden zwei Arten oder Schichten von Verdunkelungen unterschieden. Die erste ist die der geistigen Trübungen und des Karma. Die zweite Schicht wird von den Verdunkelungen der Erkenntnis gebildet. Hier haben wir es mit den Abdrücken der Trübungen zu tun und mit dem Irrtum, die Dinge besäßen ein ihnen selbst innewohnendes Sein. Wegen dieser Verdunkelungen sind wir nicht all-erkennend, wir können nicht alle Phänomene gleichzeitig unmittelbar wahrnehmen. Zur Veranschaulichung dieser beiden Arten von Verdunkelungen können wir an zwei Zwiebeln in einem Topf denken: Nehmen wir die Zwiebeln heraus, bleibt doch noch ihr Geruch im Topf zurück. Wenn die Verdunkelungen der ersten Art beseitigt sind, erlangt man Befreiung oder Arhatschaft. Läutert man den Geist weiterhin, sodass auch die Verdunkelungen der Erkenntnis verschwinden, so erlangt man schließlich die vollkommene Erleuchtung eines Buddha.

Da ein Bodhisattva anderen so wirksam und umfassend wie möglich helfen möchte, bemüht er oder sie sich bei der Meditation um Läuterung beider Arten von Verdunkelungen. Während Bodhisattvas der unteren Stufen noch mit Verdunkelungen aufgrund von geistigen Trübungen ringen, haben höhere Bodhisattvas diese schon überwunden und beschäftigen sich mit den Verdunkelungen der Erkenntnis. Ist ein Bodhisattva zum Buddha geworden, kann er oder sie sich so in der Welt manifestieren, wie es notwendig ist, um andere zur Erleuchtung zu führen.

Manche gehen den Weg des Arhat, bevor sie Bodhisattvas werden, während andere gleich den Bodhisattva-Pfad einschlagen. Ein Arhat fasst den unerschütterlichen Vorsatz, sich aus dem zyklischen Dasein zu befreien, und schlägt die Laufbahn des Hörers oder des einsam Verwirklichten ein. Hat er Nirvana erlangt, verweilt er in einem Zustand der Glückseligkeit. Später entwickelt sich bei ihm die altruistische Motivation, Erleuchtung zu finden, um anderen nützen zu können. Dann gelangt er auf den Pfad des Bodhisattva, der ihn zur Buddhaschaft führt.

Diejenigen, die von Anfang an sowohl auf Freiheit aus sind als auch den Wunsch haben, anderen zu helfen, können, sofern sie entschlossen genug sind, sofort den Bodhisattva-Pfad beschreiten, ohne erst Arhats zu werden. Am Ende ihres Weges als Bodhisattvas werden auch sie Buddhas.

Vierte Wahrheit: Der Weg zum Aufhören des Leidens

Endgültiges Aufhören bedeutet, dass alle Leiden und alle Ursachen des Leidens beendet sind. Wer zu dieser Freiheit möchte, muss dem richtigen Pfad folgen. Im *Mahaparinirvana-Sutra* und vielen anderen Sutras stellt der Buddha den Weg zum Nirvana als die drei höheren Schulungen dar: Sittlichkeit (*shila*), Konzentration (*samadhi*) und Weisheit (Pali *panna*, Sanskrit *prajna*). Er zählt auch die Glieder des edlen achtfachen Pfades auf, die sich im Sinne der drei höheren Schulungen gruppieren lassen.

Die höhere Schulung der Sittlichkeit

Die höhere Schulung der Sittlichkeit ist die Grundlage der Praxis. Hier lernen wir, abträgliches Handeln zu unterlassen, das uns irgendwann Leiden eintragen würde.

Die sittliche Schulung hat ganz praktische Auswirkungen, da sie die Qualität unseres täglichen Lebens verbessert. Wenn wir anderen nicht mehr durch unser Handeln schaden, werden wir weniger zu bedauern haben und weniger unter Schuldgefühlen leiden. Außerdem vertrauen andere uns dann mehr und fühlen sich zu uns hingezogen. Wir sterben in Frieden und brauchen keine Sorge zu haben, dass wir unter ungünstigen Bedingungen wiedergeboren werden. Durch all das »Verdienst« oder positive Potenzial, das wir uns schaffen, indem wir destruktives Handeln durch konstruktives ersetzen, entsteht eine sichere Grundlage für weiteres Gelingen auf dem Pfad.

Drei Glieder des edlen achtfachen Pfades gehören zur höheren sittlichen Schulung. Die kurzen Erläuterungen, die jetzt folgen, werden Ihnen sicher noch deutlicher, wenn Sie dabei an Beispiele aus Ihrem Leben denken.

1. Rechtes Handeln. Wenn wir richtig handeln, werden uns die drei destruktiven körperlichen Handlungen nicht unterlaufen: Töten, Stehlen und unkluges sexuelles Verhalten.

Töten bedeutet, dass wir einem Lebewesen (das kann auch ein Tier sein) absichtlich das Leben nehmen. Das Gebot, nicht zu töten, zwingt uns zu kreativem Nachdenken über gewaltfreie Möglichkeiten der Konfliktbewältigung.

Stehlen heißt etwas nehmen, was nicht gegeben wurde. Das heißt auch: Steuern hinterziehen, fällige Honorare und Gebühren nicht bezahlen, etwas ausleihen und nicht zurückgeben oder am Arbeitsplatz Dinge für unseren persönlichen Gebrauch zweckentfremden.

Mit unklugem sexuellen Verhalten ist in erster Linie Ehebruch gemeint, aber in diese Kategorie fallen jegliche sexuellen Handlungen, mit denen wir uns selbst und anderen körperlichen oder seelischen Schaden zufügen.

Rechtes Handeln meint, dass wir uns der Auswirkungen unseres Handelns auf andere bewusst sind. Anstatt jedem augenblicklichen Impuls nachzugeben, denken wir auch an andere und nehmen Rücksicht auf sie. Ganz von selbst werden unsere Beziehungen dann befriedigender und andere fühlen sich in unserer Gesellschaft wohler.

Zum rechten Handeln gehört außerdem, dass wir uns ganz direkt und körperlich für andere einsetzen, indem wir zum Beispiel einem älteren Menschen beim Hausputz helfen oder beherzt handeln, um eine Gefahr von jemandem abzuwenden.

2. Rechte Rede. Rechte Rede beginnt damit, dass wir die vier abträglichen Rede-Handlungen meiden: Lügen, Zwietrachtsäen, böse Worte, müßiges Gerede.

Lügen heißt, dass wir mit Worten oder durch Gebärden etwas wissentlich Falsches aussagen oder zu verstehen geben. Immer die Wahrheit zu sagen ist jedoch kein absolutes Gebot; es kann manchmal klüger und mitfühlender sein, eine Wahrheit unausgesprochen zu lassen. Wenn jemand einen anderen umbringen möchte, verraten wir ihm natürlich besser nicht, wo sich dieser andere befindet.

Zwietrachtsäen ist eine Art der Rede, die Menschen gegeneinander aufhetzt oder es ihnen im Falle eines Streits erschwert, sich wieder zu versöhnen.

Mit bösen Worten ist verletzende Rede gemeint: beleidigen, beschimpfen, lächerlich machen, sarkastische Worte und so weiter. Böse Worte können auch lächelnd gesagt werden; wir tun dann so, als wären unsere Worte »gar nicht böse« gemeint.

Leeres Gerede, Klatsch und Tratsch, bedeutet, dass wir uns ausgiebig und genüsslich über Belanglosigkeiten auslassen und damit unsere Zeit und die Zeit anderer vergeuden.

Durch die Schulung in rechter Rede lernen wir uns auf eine für andere erfreuliche Art mitzuteilen. Unsere Beziehungen zu anderen werden befriedigender, wenn wir darauf achten, was wir ihnen sagen und wie. Anstatt unseren Ärger oder unsere Enttäuschung an jemandem auszulassen, werden wir uns überlegen, wie wir ihm unsere Bedürfnisse und Gefühle nahe bringen können. Außerdem achten wir stets darauf, dass wir die Leistungen und guten Eigenschaften des anderen bemerken und mit anerkennenden Worten würdigen. Wir gewähren anderen moralische Unterstützung, wie trösten sie in ihrem Kummer und wir bringen ihnen den Dharma nahe. Durch unsere Rede können wir starken Einfluss auf andere ausüben. Wo wir dieses Instrument weise handhaben, können viele andere Nutzen daraus ziehen.

Nach den Worten des Buddha gibt es zehn destruktive Handlungsweisen, die es zu meiden gilt: drei körperliche, vier sprachliche und drei geistige. Die drei körperlichen Handlungen haben wir unter »Rechtes Handeln«, die vier sprachlichen unter »Rechte Rede« behandelt. Die drei destruktiven Handlungsweisen des Geistes – Begehrlichkeit, Böswilligkeit und falsche Anschauungen – werden im Zusammenhang mit der höheren sittlichen Schulung nicht eigens besprochen, aber ich möchte sie hier anführen, weil das Meiden dieser Handlungen für ein ethisch ausgerichtetes Leben ebenfalls sehr wichtig ist.

Das Eigentum eines anderen begehren heißt, dass wir uns mit dem Gedanken tragen, uns etwas anzueignen, was einem anderen gehört. Die Begehrlichkeit selbst ist etwas Geistiges und als solche für andere nicht zu sehen, aber sie kann uns zu Schmeichelei, Bestechung, Betrug und Diebstahl verführen, um zu bekommen, was wir haben wollen.

Böswilligkeit oder Bosheit ist darauf aus, anderen zu schaden. Dazu gehören auch Gedanken, wie wir uns für ein erlittenes Unrecht rächen, wie wir jemanden kränken, wie wir jemanden in Verlegenheit bringen können.

Zu einer falschen Anschauung gehört, dass wir Dinge wie vergangene und künftige Leben, die Möglichkeit des Nirvana, die Existenz von Buddha, Dharma und Sangha vehement und aufgebracht abstreiten. Zweifel über solche Gegenstände sind noch keine falschen Anschauungen in diesem Sinne. Lassen wir uns jedoch nicht darauf ein, solche Zweifel durch entsprechende Fragen und eigenes Forschen zu zerstreuen, so werden möglicherweise falsche Anschauungen daraus, bis wir schließlich an Irrlehren glauben.

Wenn wir von diesen zehn destruktiven Handlungsweisen bewusst Abstand nehmen, lassen wir uns dadurch auf die zehn konstruktiven Handlungsweisen ein. Wenn wir uns beispielsweise dazu durchringen, unserem Arbeitgeber keine falschen Angaben über die für ein bestimmtes Projekt aufgewendete Zeit zu machen, ist das bereits eine positive Handlung. Und sie trägt uns einiges ein: Unser Arbeitgeber wird sich künftig auf unsere Worte verlassen, wir werden nach unseren ethischen Prinzipien leben und wir schaffen die Grundlagen für künftiges Glück und spirituelle Verwirklichung.

3. Rechter Lebenserwerb. Materieller Besitz hat seine Bedeutung für die Aufrechterhaltung unseres Lebens, aber es kommt darauf an, dass wir diesen Besitz auf die richtige Art erwerben. Wenn wir auf negative körperliche oder sprachliche

Handlungen zurückgreifen, um unseren Lebensunterhalt zu verdienen, schaden wir uns nur selbst. Der Buddha rät uns, lieber nicht Metzger, Jäger oder Soldaten zu werden und jegliche Arbeit im Zusammenhang mit Herstellung oder Verkauf von alkoholischen Getränken, Waffen und giftigen Substanzen zu meiden. Und sehen wir zu, dass wir eine Arbeit verrichten, die nicht mit Schwindel und Betrug verbunden ist.

Hier wird sich mancher fragen, wie die Menschen sich denn ernähren sollten, wenn es keine Metzger und Pflanzenschutzmittel gäbe. Wichtig ist hier jedoch, dass wir selbst keinem unrechten Lebenserwerb nachgehen. Wir haben nicht in der Hand, was andere tun, und wir können auch nicht allein über die Politik unseres Landes entscheiden. Wo wir die Wahl haben, sollten wir Berufe wählen, die anderen nicht schaden. Haben wir keine Wahl, müssen wir das Beste aus der jeweiligen Situation machen. Entscheidend ist, dass wir den Wunsch aufgeben, anderen zu schaden.

Für Mönche und Nonnen bedeutet rechter Lebenserwerb, dass sie die Gebote einhalten und sich dadurch der Zuwendungen, die sie erhalten, würdig erweisen. Schmeicheleien, Andeutungen, sich heilig geben, mit kleinen Geschenken zu Opfergaben auffordern – all das ist für Ordensangehörige der falsche Weg zu den lebensnotwendigen Dingen, als da sind Nahrung, Kleidung, Unterkunft und medizinische Versorgung. Auch Irreführung, Wahrsagerei oder Magie gegen Geld sind unrechter Lebenserwerb. Jeder, sei er ordiniert oder Laie, sollte eine nützliche Rolle in der Gesellschaft spielen und anderen keinen Schaden zufügen.

Die vom Buddha ausgesprochenen und zu unterschiedlichen Gruppen zusammengefassten Gebote gehören zur höheren sittlichen Schulung. Wir kommen darauf im 5. Kapitel zurück.

Höhere Konzentrationsschulung

Konzentration oder Sammlung ist ein ganz wesentlicher Bestandteil des Pfades, denn ohne sie kann unser Geist nicht entschlossen bei verdienstvollen Dingen bleiben. Wenn wir beispielsweise über Liebe meditieren, müssen wir diese Haltung erst in uns erzeugen und dann bei ihr bleiben. Nur so kann sie wirklich in unserem Geist verankert werden. Wenn wir über Leerheit meditieren, müssen wir erst ihre Bedeutung ganz erfasst haben und dann von diesem Verstehen nicht mehr abweichen. Verwandlung des Geistes durch Meditation ist nur möglich, wenn wir unkontrollierte ablenkende Gedanken unterbinden können.

Die höhere Konzentrationsschulung führt in einen Zustand meditativer Stille (*shamatha*), in der wir uns auf ein Meditationsobjekt konzentrieren können, solange wir möchten. Im Bemühen um diese meditative Stille wählen wir uns ein Meditationsobjekt, zum Beispiel den Atem oder ein Bild des Buddha. Sind wir einmal in der meditativen Stille, können wir unsere Konzentration auf jedes andere Objekt richten: Leerheit, Liebe oder irgendetwas anderes. In der meditativen Stille setzen uns Geist und Körper besonders wenig Widerstand entgegen, sodass uns die Meditation leicht fällt und zum Vergnügen wird.

Die nächsten drei Glieder des edlen achtfachen Pfades gehören zur höheren Konzentrationsschulung.

4. Rechtes Bemühen. Wer auf dem Pfad vorankommen möchte, muss Energie in die Dharmapraxis stecken. Dazu gehört, dass wir uns bemühen, früheres negatives Handeln zu bereinigen und weiterem Handeln dieser Art vorzubeugen. Es kostet auch Mühe, die schon erreichten positiven Zustände zu bewahren und weitere aufzubauen. All das verbessert eindeutig unsere Lebensqualität.

5. Rechte Achtsamkeit. Achtsamkeit ist eine geistige Haltung, in der uns das Zuträgliche gegenwärtig und im Zentrum unserer Aufmerksamkeit bleibt. So können wir uns morgens beim Aufwachen vornehmen: »Heute will ich mich bemühen, niemandem zu schaden und so viel Gutes wie möglich für andere zu tun.« Durch Achtsamkeit bleibt uns dieser Gedanke

den ganzen Tag gegenwärtig und lässt uns bemerken, ob das, was wir jeweils tun, wirklich diesem Vorsatz entspricht. Achtsamkeit auf die zehn konstruktiven Handlungsweisen sorgt dafür, dass wir nicht lügen, stehlen und so weiter, sollte einmal ein solcher Impuls auftauchen.

Achtsamkeit ist auch für die Meditation wichtig. Meditation heißt, dass wir uns mit etwas vertraut machen, was uns gut tut, sei es ein Gegenstand oder eine Haltung. So können wir unsere Aufmerksamkeit beim Ein- und Ausatmen auf den Atem sammeln. Das beruhigt den Wirbel der Gedanken in unserem Kopf, und irgendwann werden wir in der Lage sein, uns ausschließlich auf den Atem zu konzentrieren. Meditationsobjekte können ganz unterschiedlicher Art sein. Bei manchen Formen sammelt man sich auf den Atem, bei anderen beispielsweise auf eine bildliche Vorstellung des Buddha oder auf die Haltung der Güte gegenüber allen Lebewesen.

Um zu dieser vollkommen ausgerichteten Konzentration zu kommen, die Samadhi genannt wird, müssen wir alle geistigen Zustände ausräumen, die dem entgegenstehen – Vergesslichkeit, Nachlässigkeit, innere Unruhe und so weiter.

Vergesslichkeit verhindert, dass wir bei unserem Meditationsobjekt bleiben, sei es der Atem, eine Visualisation des Buddha, die Freundlichkeit anderer und dergleichen. Wir vergessen unser Meditationsobjekt und lassen uns vom Wirbel unserer Gedanken forttragen.

Nachlässigkeit macht uns dumpf und behindert unsere geistige Klarheit oder Aufmerksamkeit. Wenn wir gegen die gröberen Formen der Nachlässigkeit nichts unternehmen, kann es vorkommen, dass wir auf unserem Meditationskissen einschlafen. Aber auch die subtile Nachlässigkeit muss bekämpft werden, sonst bilden wir uns irrtümlich ein, wir hätten ein hohes Maß an Konzentration erreicht.

Innere Unruhe lässt keine stetige Konzentration zu. Sie bindet unsere Aufmerksamkeit an etwas, woran wir haften, sodass wir von unserem Meditationsobjekt abgelenkt werden. So kann es sein, dass wir eigentlich meditieren wollen, tatsächlich jedoch immer wieder ans Essen denken. Dann läutet die Glocke und zeigt das Ende der Meditationssitzung an, und wir stellen fest, dass wir überhaupt nicht meditiert haben!

Achtsamkeit wirkt diesen Hindernissen entgegen. Sie holt unsere Aufmerksamkeit immer wieder zu einem vertrauten Gegenstand zurück, hier also zu unserem Meditationsobjekt, dem Atem oder etwas anderem. Es ist wichtig, dass wir das Meditieren richtig erlernen. Dadurch wird unsere Achtsamkeit stark und wir vergessen unser Meditationsobjekt nicht mehr so leicht. Geschieht es doch einmal, wird die nach innen gerichtete wache Aufmerksamkeit uns wissen lassen, dass wir abschweifen. Jetzt können wir unsere Achtsamkeit wieder aufnehmen und die Aufmerksamkeit zum Meditationsobjekt zurückholen.

Durch Achtsamkeit erhält unsere Konzentration Stabilität, was wiederum die innere Unruhe eindämmt. Außerdem macht sie unseren Geist klar und aufmerksam, sodass wir weniger zu Nachlässigkeit neigen. Wir müssen hier ein wenig experimentieren, um das rechte Maß an Konzentration zu finden – weder zu starr noch zu locker. Durch Verbissenheit werden wir unruhig, und das macht unsere Konzentration instabil. Mit einer zu lockeren Einstellung werden wir nachlässig und verhindern geistige Klarheit und Aufmerksamkeit. Um das rechte Maß zu finden, müssen wir hier so feinfühlig wie beim Stimmen einer Geige vorgehen. Der indische Weise Chandragomin sagt dazu:

> Wenn wir uns nicht um intensive Aufmerksamkeit bemühen, wird unser Geist schwächer werden, und dann bringen wir es nie zur Klarheit. Sind wir jedoch andererseits zu verkrampft auf intensive Aufmerksamkeit aus, wird unser Geist von seinem Gegenstand abschweifen, sodass wir es nicht zu geistiger Stabilität bringen. Es ist demnach bei der Ausbildung eines unbeirrbar auf sein Objekt ausgerichteten Geist nicht einfach, den Mittelweg zu finden.

Achtsamkeit ist also wesentlich für die Entwicklung der meditativen Konzentration, doch darüber hinaus sprach der Buddha noch von vier Arten oder Grundlagen der Achtsamkeit: Achtsamkeit auf den Körper, die Gefühle, den Geist und die Phänomene. Durch diese Praxis wird uns dreierlei klar: dass alle entstandenen Dinge sich ständig verändern, dass alles von unguten Gedanken und schlechtem Karma Beeinflusste leidvoll ist und dass alle Dinge ohne ein Ich, das heißt ohne innewohnendes Sein sind.

6. Rechte Konzentration. Unsere Konzentration oder ungeteilte Aufmerksamkeit nimmt durch Bemühen und Achtsamkeit allmählich zu, bis wir in die meditative Stille kommen. Von hier aus können wir uns noch tiefere Formen der Konzentration erschließen, die eigentlichen Stufen meditativer Stabilität (Pali *jhana*, Sanskrit *dhyana*) des Bereichs der Form und der Formlosigkeit.

Diese Stufen meditativer Stabilität werden auch von Nichtbuddhisten praktiziert, doch Buddhisten haben hier einen besonderen Rückhalt in ihrer Zufluchtnahme zu den Drei Kostbarkeiten Buddha, Dharma und Sangha sowie in ihrem festen Entschluss, von allen Leiden des zyklischen Daseins frei zu werden. Wo Nichtbuddhisten sich mit den Glücksgefühlen der verschiedenen Stufen meditativer Stabilisierung zufrieden geben, setzen Buddhisten diese Stufen gezielt ein, um die Leerheit zu erfahren und dadurch Freiheit zu finden.

Der Buddha gab ausführliche Anleitungen zum Thema »Achtsamkeit und Konzentration«. Wenn Sie mehr darüber erfahren möchten, bitten Sie einen spirituellen Lehrer um Unterweisung oder beschäftigen Sie sich mit Büchern zum Thema.

Höhere Weisheitsschulung

Durch ein ethisch einwandfreies Leben beugen wir negativen Handlungen in Wort und Tat vor. Die vorhandenen Trübungen verlieren an Wirksamkeit, während wir bemüht sind, unsere

Konzentration zu vertiefen. Ohne Weisheit haben wir jedoch keine Chance, uns aus dem zyklischen Dasein zu befreien und dauerhaftes Glück zu finden. Wenn die Ursache aller Probleme, die Unwissenheit, aus unserem Geist-Strom verschwinden soll, brauchen wir die Weisheit, die die Leerheit erkennt (was allgemein gesagt das Gleiche bedeutet wie Ichlosigkeit oder das Fehlen von innewohnendem Sein).

Wollen wir diese Weisheit gewinnen, die erkennt, wie Menschen und Phänomen in Wahrheit existieren, so müssen wir uns um besondere Einsicht (Pali *vipassana*, Sanskrit *vipashyana*) bemühen. Besondere Einsicht oder unterscheidende Weisheit geht von der Kraft der Analyse aus und verbindet sich mit der Geschmeidigkeit der meditativen Stille.

Solange wir die besondere Einsicht noch nicht gewonnen haben, wird unsere Konzentration durch analytische Meditation gestört, und umgekehrt kann unser Geist nicht analytisch arbeiten, wenn er sich in der ungeteilten Aufmerksamkeit meditativer Konzentration befindet. Haben wir jedoch die besondere Einsicht entwickelt, stören Konzentration und Analyse einander nicht mehr, und unser Geist findet zu einer nie gekannten Kraft. Wenn wir die besondere Einsicht auf die Ichlosigkeit richten, reinigt sie unseren Geist-Strom von Unwissenheit, Trübungen, Karma und deren Abdrücken, sodass sie nicht wiederkommen können.

Rechnen wir jedoch mit einer langen Schulungsphase bis zur meditativen Stille und besonderen Einsicht. Wie das Lesenlernen Zeit benötigt, bis wir es wirklich beherrschen, so brauchen auch Konzentration und Weisheit ihre Zeit und wir müssen beharrlich üben. In dieser Zeit des Fastfood, in der alles auf Knopfdruck geschieht, werden wir schnell ungeduldig und erwarten, dass wir ohne viel Einsatz zu hoher spiritueller Verwirklichung kommen. Aber das ist nicht möglich. Es gibt immer wieder Einzelne, die sehr rasche Fortschritte machen, doch das sind Menschen, die in früheren Leben sehr eifrig den Pfad verfolgt und keine Mühe gescheut haben. Das ist jedoch bei der Mehrheit nicht der Fall. Deshalb ist es gut, wenn wir uns langfristige Ziele setzen und sie mit langem Atem und Begeisterung verfolgen, mit einem fröhlichen Geist, der zum Guten hinstrebt.

Die letzten beiden Glieder des edlen achtfachen Pfades gehören zur höheren Weisheitsschulung:

7. RECHTE ANSCHAUUNG ODER RECHTES VERSTÄNDNIS. Damit ist das Verstehen der vier edlen Wahrheiten gemeint: die Wahrheiten vom Leiden und seinen Ursachen, die das zyklische Dasein weitergehen lassen; die Wahrheiten vom Aufhören des Leidens und vom achtfachen Pfad als dem Weg zur Befreiung. Rechte Anschauung ist die Weisheit, die verblendeten Anschauungen entgegenwirkt, durch die wir im zyklischen Dasein bleiben, etwa die Vorstellung, unsere körperlich-geistige Ganzheit besitze ein Ich im Sinne eines innewohnenden Seins. (Darauf gehen wir im nächsten Kapitel im Abschnitt über »Weit reichende Weisheit« näher ein.)

8. RECHTES DENKEN. Nicht-Haften, Wohlwollen und Nicht-Schaden sind die Kennzeichen des rechten Denkens. Auf einer tieferen Ebene ist mit rechtem Denken ein Geist gemeint, der auf subtile Weise die Leerheit analysiert und uns so ermöglicht, sie unmittelbar zu gewahren.

3 *Von der Verblendung zur Erleuchtung: Schritte zur Transformation unseres Geistes*

Die vier edlen Wahrheiten und der edle achtfache Pfad sind eine Möglichkeit, das Wesen des Pfades zu erklären. Wir könnten auch vom allmählichen oder schrittweisen Weg zur Erleuchtung sprechen, und diese beiden Möglichkeiten vertragen sich durchaus miteinander. Es hilft uns sogar, sie beide zu kennen, denn die Betrachtung einer Sache aus verschiedenen Blickwinkeln vertieft stets unser Verständnis.

Der Buddha sprach zu sehr unterschiedlichen Menschen oder Gruppen, und deshalb wissen Anfänger manchmal nicht so recht, wo man denn nun anfängt und wie man weitermacht. Deshalb sichtete der indische Weise Atisha zu Beginn des elften Jahrhunderts die Sutras und entnahm ihnen die wesentlichen Passagen, um sie zu einer Anleitung für den Weg zu ordnen, die das Vorgehen Schritt für Schritt erklärt. Dieses Werk trägt den Titel *Leuchte des Pfades*. Später führte der tibetische Weise Tsongkhapa (1357–1419) die einzelnen Punkte in Atishas Text weiter aus und verfasste *Die große Darlegung des allmählichen Pfades zur Erleuchtung*.

Der allmähliche Pfad gibt uns einen Überblick über den gesamten Ablauf der Entwicklung von der Verblendung bis zur Erleuchtung. Er legt auf klare Weise die Schritte zur Verwirklichung des Pfades dar. Haben wir uns einmal mit den Schritten vertraut gemacht, werden wir bei einer Dharma-Unterweisung immer wissen, für welches Stadium des Pfades sie gilt. Dann wissen wir über die Praktiken der verschiedenen Stadien des Pfades Bescheid und erkennen, dass es in den Lehren des Buddha keine Widersprüche gibt. Sie haben alle Platz in unserer Praxis, mit der wir die Erleuchtung verwirklichen möchten. In diesem Wissen werden wir nicht den großen Fehler machen, irgendeine der buddhistischen Traditionen oder Lehren zu kritisieren.

Wir schließen jetzt eine Zusammenfassung des allmählichen Pfades zur Erleuchtung an. Weiter gehende Aufschlüsse können Sie in Vorträgen bekommen oder in einem der vielen ausgezeichneten Bücher zum Thema finden.

Die Kostbarkeit des menschlichen Lebens

Der erste Schritt des Pfades besteht darin, dass wir uns die gegenwärtig gegebene Chance vor Augen führen, den Dharma zu praktizieren und die Früchte dieser Praxis zu ernten. Solange eine Bettlerin nicht merkt, dass sie einen kostbaren Edelstein in der Tasche hat, wird sie nichts von ihm haben und arm bleiben. So werden auch wir unsere Zeit nicht klug nutzen können, wenn wir unsere große Chance nicht erkennen.

Jetzt haben wir im Unterschied zu vielen anderen Lebewesen dieses kostbare menschliche Leben mit seinen vielen vorteilhaften Seiten. Weil das so ist, können wir dafür sorgen, dass unser Leben von Sinn erfüllt ist. Oft fehlt uns die rechte Wertschätzung für unser Leben, und wir halten uns bei Dingen auf, die nicht so gut laufen, wie wir es gern hätten. Solches Denken ist jedoch unrealistisch und deprimiert uns nur immer mehr. Denken wir jedoch an die Freiheit und die günstigen Eigenschaften, die wir besitzen, und achten wir mehr auf die Dinge, die richtig laufen, sehen wir das Leben anders und freuen uns mehr an ihm.

Eine unserer größten Gaben ist die menschliche Intelligenz. Dieses kostbare Vermögen erlaubt uns, nach dem Sinn des Lebens zu fragen und den Pfad der Erleuchtung zu praktizieren. Wenn unsere Sinne – Augen, Ohren, Verstand – funktionieren, können wir den Dharma hören, Bücher über ihn lesen und über ihn nachdenken. Wir leben in einer Epoche, in welcher der Buddha geboren wurde und den Dharma darlegte. Diese Lehren sind in vom Buddha selbst ausgehenden Übermittlungslinien in reiner Form vom Lehrer an den Schüler weitergegeben worden. Wir haben die Möglichkeit, mit qualifizierten spirituellen Meistern in Kontakt zu treten, die uns unterweisen können, und es gibt Ordensgemeinschaften und Dharmafreunde, die unsere Interessen teilen und uns auf dem Pfad Mut zusprechen.

Wer das Glück hat, in einem Land zu leben, in dem Religionsfreiheit herrscht, kann sich ungehindert mit dem Pfad beschäftigen und ihn praktizieren. Darüber hinaus haben die meisten von uns nicht mit übermäßiger Armut zu kämpfen; sie haben Nahrung, Kleidung und Unterkunft und können sich um die spirituelle Praxis kümmern, ohne sich ständig mit der Befriedigung körperlicher Grundbedürfnisse herumschlagen zu müssen. Unser Geist ist nicht übermäßig von falschen Anschauungen verdunkelt, und wir haben ein Interesse, uns selbst zu entwickeln.

Mit dieser Chance, die sich uns bietet, können wir Großes ausrichten. Wir brauchen aber eine langfristige Perspektive, um das richtig schätzen zu können. Unser Geist-Strom reißt nicht ab, wenn unser Körper stirbt. Unser Geist ist ohne Form, und wenn er unseren sterbenden Körper verlässt, wird er in einem anderen Körper geboren. Was das für eine Wiedergeburt sein wird, hängt von unserem jetzigen Handeln ab. Deshalb geht es in unserem Leben unter anderem darum, uns auf den Tod und auf weitere Leben vorzubereiten. Wenn das geschieht, können wir in Frieden sterben, in dem Wissen, dass unserem Geist eine günstige Wiedergeburt bevorsteht.

Darüber hinaus können wir unser Leben dazu nutzen, der Befreiung oder Erleuchtung näher zu kommen. Wir können Arhats werden, die sich vom zyklischen Dasein befreit haben, oder wir gehen noch weiter und werden voll erleuchtete Buddhas, um anderen besonders wirkungsvoll helfen zu können.

Wenn wir Freiheit gefunden haben, ist unser Geist von allen Trübungen geläutert. Wir werden dann nie wieder zornig, eifersüchtig oder hochmütig. Wir werden nie wieder von Schuldgefühlen, Angst und Depression heimgesucht und alle schlechten Angewohnheiten sind überwunden. Und wenn wir zum Nutzen anderer nach Erleuchtung streben, werden wir allen Lebewesen spontan zugeneigt sein und wissen, wie ihnen am besten zu helfen ist.

Drittens können wir unser kostbares menschliches Leben dazu nutzen, von Augenblick zu Augenblick rückhaltlos zu leben. Das kann auf mancherlei Weise geschehen, zum Beispiel durch vollkommene Achtsamkeit im Augenblick: bei allem, was wir tun, ganz im Hier und Jetzt sein. Beim Essen konzentrieren wir uns ganz auf das Essen und achten auf Geschmack und Beschaffenheit der Speisen. Beim Gehen konzentrieren wir uns auf die Bewegungen des Gehens und lassen den Geist nicht zu anderen Dingen abschweifen.

Jeden Augenblick ganz zu erleben und auszuschöpfen kann aber auch heißen, dass wir alle Anlässe zur tief greifenden Wandlung unseres Denkens nutzen. Wenn wir eine Treppe hinaufgehen, könnten wir beispielsweise denken: »Möge ich alle Lebewesen zu günstigen Wiedergeburten, zu Befreiung und Erleuchtung führen.« Beim Geschirrspülen oder Wäschewaschen können wir denken: »Möge ich allen Lebewesen helfen, ihren Geist von Trübungen und Verdunkelungen zu befreien.« Wenn wir jemandem etwas reichen, könnte das von dem Gedanken begleitet sein: »Möge ich in der Lage sein, die Bedürfnisse aller Lebewesen zu befriedigen.« So können wir jede Handlung durch den Wunsch, anderen zu ihrem Glück zu verhelfen, schöpferisch umwandeln. Weitere Möglichkeiten, unserem täglichen Leben mehr Sinn zu vermitteln, finden Sie in dem Kapitel »Praktischer Leitfaden für das gute Leben«.

Drei Ebenen der Motivation

Haben wir den Entschluss gefasst, unser Leben sinnvoll zu gestalten, können wir den Pfad der dreistufigen Schulung beschreiten. Diese Stufen entsprechen drei Arten von spirituellen Suchern. In seiner Schrift *Leuchte des Pfades* sagt der große indische Weise Atisha:

> Wer nur in glühendem Eifer um sein Glück in diesem zyklischen Dasein ringt, gehört zu den Menschen von ganz geringer spiritueller Motivation. Wer den Freuden des zyklischen Daseins den Rücken gekehrt und sich zuinnerst vom Schlechten abgewandt hat, um mit glühendem Eifer um seine eigene Gelassenheit (Befreiung) zu ringen, gehört zu den Menschen von mittelstarker Motivation. Die aber von dem Wunsch beseelt sind, die Schwierigkeiten anderer so vollständig zu beseitigen wie die, mit denen ihr eigener Geist-Strom behaftet ist, das sind die Menschen von höchster spiritueller Motivation.

Diese drei Motivationen und die ihnen entsprechenden Schulungsformen bilden den allmählichen Pfad. Die erste ist die Grundlage der zweiten und diese wiederum die Grundlage der dritten. Um auf dem Pfad weiterzukommen, schulen wir uns nach einem bestimmten Ablauf, auch wenn wir unterwegs jederzeit die volle Erleuchtung im Sinn haben. Hier eine Zusammenfassung der drei Motivationen und ihrer Schulungsformen:

1. Die Anfangsstufe. Hier möchten wir uns auf den Tod vorbereiten, damit wir in Frieden sterben und eine gute Wiedergeburt anbahnen können. Wir widmen uns der Betrachtung der Vergänglichkeit und des Todes, der nachteiligen Seiten ungünstiger Wiedergeburten. Unsere Hauptpraxis besteht auf dieser Stufe darin, dass wir Zuflucht zu den Drei Kostbarkeiten nehmen und Ursache und Wirkung (Karma) im Auge behalten. Mit der Zufluchtnahme vertrauen wir uns der spirituellen Führung durch Buddha, Dharma und Sangha an. Auf Ursache und Wir-

kung achten heißt, dass wir die zehn destruktiven Handlungsweisen zu meiden versuchen und uns um positives Handeln bemühen. Viele Praxisformen der höheren sittlichen Schulung werden an dieser Stelle aufgenommen, auch rechtes Handeln, rechte Rede und rechter Lebenserwerb.

2. Die mittlere Stufe. Hier streben wir nach vollkommener Freiheit vom Kreislauf der Wiedergeburt. Zu diesem Zweck betrachten wir die Leiden des zyklischen Daseins im Allgemeinen und die spezifischen Probleme jeder Art von Wiedergeburt im Besonderen. Wir vergegenwärtigen uns auch, wie geistige Trübungen und Karma uns im zyklischen Dasein festhalten. So fassen wir den festen Entschluss, von allen Problemen des zyklischen Daseins frei zu werden und Befreiung zu finden. Unsere Hauptpraxis wird in den drei höheren Schulungen bestehen, insbesondere Konzentration und Weisheit. Es wird hier außerdem um die Praxis sämtlicher Glieder des edlen achtfachen Pfades gehen.

3. Die höchste Stufe. Hier suchen wir Befreiung nicht nur für uns selbst, sondern für alle Lebewesen. Dazu müssen wir *Bodhichitta* in uns heranbilden, den festen Willen, Erleuchtung zu erlangen, um allen Lebewesen helfen zu können. Wir meditieren deshalb über große Liebe, großes Mitgefühl und Uneigennützigkeit. Wir erkennen, dass man in der vollen Erleuchtung eines Buddha am besten in der Lage ist, anderen zu helfen, und widmen uns der Bodhisattva-Praxis der sechs weit reichenden Haltungen oder Vollkommenheiten (*paramitas*): Großzügigkeit, sittliche Disziplin, Geduld, freudiges Bemühen, meditative Stabilität und Weisheit. Dann ermöglicht die Vajrayana-Praxis uns, den Körper und Geist eines Buddha zu erlangen.

Beginnen wir nun mit der Anfangsstufe, um zu sehen, wie wir unseren Geist Schritt für Schritt umwandeln können.

ERSTER SCHRITT
VORKEHRUNGEN FÜR DIE ZUKUNFT

An den Tod denken

Die Chance, die unser kostbares menschliches Leben uns bietet, besteht nicht ewig. Der Tod ereilt jeden. Den meisten Menschen bereitet der Gedanke an den Tod Unbehagen, als würde man ihn herbeireden, wenn man über ihn spricht. Doch unser Leben ist von Natur aus vergänglich und so ist der Tod unausweichlich. Weil wir leben, werden wir unweigerlich sterben, und so kann das Nachdenken über den Tod unser Leben gehaltvoller machen.

Richtig betrachtet ist der Tod etwas, das uns eine Richtung gibt und außerdem die Energie, voll und ganz zu leben. Wir können ihn nutzen, um unseren geistigen Trübungen wirksam zu begegnen und inneren Frieden zu finden, denn wo die Unausweichlichkeit des Todes uns ganz klar geworden ist, werden all unsere kleinen Sorgen unbedeutend neben der Notwendigkeit, den Pfad zu praktizieren, bevor unser Leben zu Ende geht. Der Buddha sagte:

> Es gibt nichts größeres zu erreichen als das Gewahrsein der Vergänglichkeit unseres Lebens. Wie es keinen größeren Fußabdruck als den des Elefanten gibt, so auch keine profundere und wirksamere Meditation als die Meditation über Vergänglichkeit.

Wenn wir sterben, bleibt unser Geist-Strom bestehen und die Abdrücke unseres Handelns übertragen sich auf weitere Leben. Verbringen wir unser kostbares menschliches Leben mit schädlichem Handeln aus schlechten Motiven, so werden uns die Abdrücke dieser Handlungen begleiten. Und da wir unserem Zorn, unserer Eifersucht und anderen negativen Emotionen auf diese Weise Nahrung gegeben haben, werden sie in zukünftigen Leben noch stärker sein.

Nutzen wir unsere Zeit jedoch klug zur Entwicklung einer positiven Geistesverfassung – und dazu gehören Großzügigkeit, Geduld, Liebe, Mitgefühl, Konzentration und Weisheit –, so werden uns die Abdrücke des aus solchen Motiven entstandenen Handelns begleiten. Außerdem gewinnen diese positiven Einstellungen an Kraft und können sich dadurch in zukünftigen Leben leichter wieder einstellen. Es ist also sehr wichtig darauf zu achten, was wir jetzt denken, sagen und tun.

Der Tod verschont niemanden. Ob wir reich oder arm, berühmt oder unbekannt sind, wir werden sterben. Niemand kann ewig leben, denn unser Körper verfällt und stirbt. Vor dem Tod können wir uns nirgendwohin flüchten. Unsere Lebensspanne lässt sich nicht verlängern und wird von Augenblick zu Augenblick kürzer. Der Tod wird kommen, ob wir unsere Zeit für die Praxis des Weges genutzt haben oder nicht. Und wenn unser Leben zu Ende geht, können wir nicht um eine Verlängerung feilschen, um unseren Geist doch noch zu verwandeln. Wenn uns die Gewissheit des Todes ganz klar geworden ist, werden wir den festen Entschluss zur Dharmapraxis fassen.

Der Zeitpunkt des Todes bleibt ungewiss. Unsere Lebenszeit ist nicht festgelegt. Auch wenn die Statistiken Durchschnittswerte für die Dauer eines Menschenlebens angeben, haben wir dadurch keine Gewissheit für unser eigenes Leben. Auch der Gedanke, dass wir sterben, wenn unser Lebenswerk vollendet ist, trifft nicht zu, denn Menschen sind immer gerade mit irgendetwas beschäftigt, wenn sie sterben. Manche brechen in die Ferien auf und kommen nicht zurück, andere setzen sich zum Essen hin und bringen es nicht zu Ende.

Uns am Leben zu halten kostet Mühe. Täten wir einfach gar nichts, würden wir sterben. Um am Leben zu bleiben, müssen wir uns um Nahrung, Unterkunft, Kleidung, medizinische Versorgung und andere Notwendigkeiten kümmern. Sogar etwas, das eigentlich dem Leben dient, kann zum Tod führen. Ein Haus kann bei einem Erdbeben einstürzen und seine Bewohner töten, verdorbene Nahrung kann tödliche Krankheiten auslösen. Unser Körper ist sehr verletzlich. Wie leicht ist die Haut zu durchdringen, wie schnell brechen Knochen! Dieser vergleichsweise riesenhafte menschliche Körper kann winzigen Viren erliegen. Wenn wir tief genug verstanden haben, wie unsicher der Zeitpunkt unseres Todes ist, werden wir die Dharmapraxis nicht mehr aufschieben, sondern jetzt damit beginnen.

Wenn wir sterben, müssen wir all unseren Besitz zurücklassen. Nicht eines der Dinge, die wir ein Leben lang zusammengetragen haben, kann uns im Tod begleiten. Auch Freunde und Verwandte können nicht mit uns kommen. So sehr sie uns am Herzen liegen mögen, im Tod müssen wir von ihnen scheiden. Sogar unseren Körper, dieses eine, das uns von Anfang an begleitet, müssen wir dann zurücklassen. Nur unsere karmischen Prägungen werden mit unserem Geist-Strom auf unser nächstes Leben übertragen. Nur unsere Dharmapraxis kann uns im Tod noch nützen. Haben wir das wirklich verstanden, werden wir den Entschluss zu reiner Dharmapraxis fassen, die keine weltlichen Nebenabsichten wie Geld oder Ruhm kennt.

Müssen Buddhisten also ein karges und möglichst freudloses Leben führen? Durchaus nicht. Aber stellen wir uns die Frage: »Was ist wirklich nutzbringend im Leben?« Wir müssen uns die Motive hinter unseren Handlungen vergegenwärtigen und nach ihren Folgen in zukünftigen Leben fragen. So können wir feststellen, welches Handeln uns wirklich gut tut.

Wenn wir im geschäftlichen Leben aus Gewinnstreben betrügerisch handeln, damit unsere Familie in Wohlstand leben kann, handeln wir aus egoistischen Motiven. Sicher, wir möchten, dass unsere Angehörigen es gut haben, aber mit unserem Handeln stellen wir ihr Glück über das der Menschen, die wir betrügen. Tatsächlich möchten natürlich beide Seiten glücklich sein und beiden steht ein gutes Leben zu. Schlechtes Handeln, sei es auch zum Wohl unserer Familie, schädigt andere. Die paar zusätzlichen Besitztümer, die wir unserer Familie sichern, müssen außerdem am Ende des Lebens zurückgelassen werden, während uns die negativen Prägungen, die wir durch Betrug erzeugt haben, in künftige Leben begleiten.

Wer sich das vor Augen führt, wird wissen, dass Betrug mehr Nachteil als Nutzen bringt, und wird sich davor hüten. Dann geht es in unserer Familie vielleicht nicht so üppig zu, aber wenigstens schlafen wir mit reinem Gewissen. Bewusst von jeglichem Betrug abzusehen ist ein positives Handeln, das uns in der Zukunft Gutes eintragen wird.

Noch ein Beispiel: Unnützes Gerede gilt als abträgliches Handeln, weil damit nur Zeit vergeudet wird. Wenn unser Freund jedoch so niedergeschlagen ist, dass er mit guten Ratschlägen nichts anfangen kann, ist es durchaus angebracht, ihn mit Scherzen, komischen Geschichten oder einem behaglichen Schwätzchen aufzumuntern. Wo wir aus Freundlichkeit handeln, ist gegen Witze und belangloses Plaudern nichts einzuwenden.

Lachen und Frohsinn stehen nicht im Widerspruch zum Dharma. Je mehr wir Anhaftungen, Zorn, Eifersucht und Stolz hinter uns lassen, desto mehr Vergnügen finden wir an allem, was wir tun. Unser Herz öffnet sich den anderen, unser Lachen und Lächeln wird ganz unverkrampft. Die Heiligen, denen zu begegnen mir vergönnt war, sind überaus humorvoll und freundlich.

In buddhistischen Gruppen ist es wichtig, dass die Menschen einander kennen lernen und ein Zusammengehörigkeitsgefühl entwickeln. Wir tauschen uns mit unseren Dharmafreunden aus und machen einander Mut für den weiteren Weg. Der buddhistische Pfad bedeutet nicht Isolation, und für Buddhisten ist es wichtig, dass sie ein Gruppengefühl entwickeln und sich als Weggefährten verstehen.

Es geht also nicht darum, dass wir uns in uns selbst zurückziehen und denken: »Wenn ich mit jemandem spreche, ist Anhaftung mein Beweggrund. Also konzentriere ich mich lieber auf Meditation und Rezitation und pflege gar keinen Umgang mehr mit anderen.« Mitfühlende Fürsorge für andere gehört zu den Grundprinzipien des Buddhismus. Es mag sein, dass wir uns zeitweilig von anderen fern halten müssen, um uns geistig zu sammeln, aber wo immer es möglich ist, sollten wir uns liebevoll um andere bemühen. Dazu müssen wir wissen, was im Leben der anderen vor sich geht, wir müssen um sie besorgt sein wie um uns selbst und unsere Hilfe anbieten, wo immer es möglich ist. Durch Übung entwickelt sich allmählich unsere Fähigkeit zu liebevollem Handeln und findet ihr richtiges Maß im Verhältnis zur notwendigen zurückgezogenen Kontemplation.

Buddhismus hat nichts gegen privaten Besitz, gegen Gesunderhaltung und Pflege des Körpers oder gegen fürsorglichen Umgang mit Freunden und Angehörigen. Unser Besitz, unser Körper und die Menschen, denen wir uns nahe fühlen, machen uns nicht zu Sklaven. Probleme entstehen erst durch Gefühlsregungen wie Anhaftung, Zorn und andere geistige Trübungen, die im Zusammenhang mit diesen Dingen oder Personen auftreten können. Wenn wir an materiellem Besitz haften, werden wir zu Lüge, Betrug und Diebstahl neigen, um uns Vorteile zu verschaffen. Vielleicht neigen wir auch zu kleinlichem Geiz oder nutzen unsere Habe ausschließlich für uns selbst, um Ruhm oder Macht zu gewinnen. Durch dieses Haften binden wir uns selbst und gefährden nicht nur unsere jetzigen Beziehungen zu anderen, sondern auch unsere zukünftigen Leben.

Denken wir also lieber so: »Ich brauche bestimmte Dinge für mein Leben und das Wohlergehen meiner Familie. Ich will sie mir mit ehrlicher Arbeit verschaffen, ich werde andere daran teilhaben lassen und meine Mittel für die Ausbreitung des Dharma verwenden.« In dieser Motivation und Gebefreudigkeit führen wir ein ethisches Leben und erzeugen positives Potenzial, das heißt positive karmische Prägungen unseres Geistes. Außerdem ersparen wir uns den Stress, der stets mit kleinlicher Habgier verbunden ist.

Die Gefahr ungünstiger Wiedergeburten

Wenn wir gestorben sind, wo werden wir dann wiedergeboren? Aus buddhistischer Sicht hängt es davon ab, wie wir in diesem Leben gehandelt haben und welche Prägungen zum Zeitpunkt des Todes ausreifen. Sind wir zu diesem Zeitpunkt voll Zorn oder klammern uns an Besitz und Menschen, werden eher negative Prägungen reifen und uns in eine problemreiche Wiedergeburt befördern. Wenn wir in Gedanken an die Drei Kostbarkeiten sterben oder unser Leben dem Wohlergehen anderer weihen, unterstützen wir damit die Reifung positiver Prägungen, die uns einer glücklichen Wiedergeburt entgegentragen.

Das zyklische Dasein umfasst sechs Bereiche. Die Bereiche der Götter, der Halbgötter und der Menschen werden als die günstigen Bereiche angesehen, die Bereiche der Tiere, der hungrigen Geister und der Höllenwesen als die ungünstigen. Der Gedanke, dass wir in einem dieser anderen Bereiche wiedergeboren werden könnten, klingt vielleicht ein wenig sonderbar, doch wir müssen nur einen Blick in unser eigenes Bewusstsein tun, um zu sehen, dass es möglich ist.

Handeln wir Menschen nicht manchmal wie Tiere oder noch schlimmer? Wir können gierig, besitzergreifend, blindwütig oder dumpf wie irgendein Tier sein. Und während Tiere nur töten, um sich zu ernähren oder zu verteidigen, können Menschen aus Hass oder Begierde oder sogar aus einer bloßen Laune heraus töten. Und wenn Menschen so handeln, liegt doch die Annahme nahe, dass ihr Geist nach dem Tod von einem Körper angezogen wird, der dieser Geistesverfassung entspricht.

Unglückliche Wiedergeburt ist aber keine Strafe für Missetaten. Diese Bereiche wurden gewiss nicht vom barmherzigen Buddha geschaffen, und wir werden auch nicht von ihm gerichtet und dorthin verbannt. Es handelt sich vielmehr um Schöpfungen unseres eigenen Geistes, und die durch unser eigenes Handeln geschaffenen Prägungen geben uns die Richtung dorthin vor. Wie der indische Weise Shantideva sagte:

Die ungeheuren Feuer und der Boden aus Eisenglut
im Höllenreich
sind nicht von jemandem erschaffen,
sondern erwachsen aus den zerstörerischen Gedanken in unserem Geist.

Alle irdischen Schrecken
entstehen aus dem bösen Geist der Lebewesen.
Können wir daher den Wahnsinn unseres eigenen Geistes überwinden,
werden wir das gesamte zyklische Dasein überwunden haben.

In diesem und früheren Leben haben wir Schädliches und Gutes getan und beides hinterlässt Abdrücke in unserem Geist-Strom. Wir fürchten die unglückliche Wiedergeburt, die solche Abdrücke nach sich ziehen können, und wir suchen uns Hilfe, um das zu verhindern. Da wir darauf vertrauen, dass die Drei Kostbarkeiten uns zum Glück führen können, nehmen wir Zuflucht zu ihnen.

Zuflucht nehmen

Zufluchtnahme bedeutet, dass wir uns den Drei Kostbarkeiten anvertrauen, den Buddhas, dem Dharma und dem Sangha. Wir wissen, was diese Drei Kostbarkeiten sind, dass sie uns aus der Gefahr der unglücklichen Wiedergeburt herausführen und den Weg zum Glück zeigen können, und so nehmen wir ihre Unterweisung vertrauensvoll an.

Ein Buddha ist jemand, der alle Trübungen, alles Karma und alle Verdunkelungen aus seinem Geist-Strom gelöscht hat. Darüber hinaus hat er seine guten Anlagen vollkommen entwickelt. Deshalb verfügen Buddhas über das Mitgefühl, die Weisheit und die geschickten Mittel, uns den Weg zum Glück zu weisen, den sie selbst gegangen sind.

Ein Buddha ist jedoch nicht immer erleuchtet gewesen. Auch er war einst im Netz des zyklischen Daseins gefangen und hatte sich wie wir mit Anhaftungen, Zorn und Unwissenheit herumzuschlagen. Doch er praktizierte den Pfad, läuterte seinen Geist und entwickelte seine Qualitäten, bis er schließlich Erleuchtung fand, den Zustand der Vollkommenheit. Wir können es solchen Menschen gleichtun, wenn wir den Anweisungen folgen, die sie aus ihrer eigenen Erfahrung heraus gaben.

Wenn wir »der Buddha« sagen, ist meist der Buddha Shakyamuni gemeint, der Buddha des gegenwärtigen Zeitalters, der vor etwa 2500 Jahren gelebt hat. Es gibt jedoch viele Buddhas, und wir können bei allen Zuflucht suchen. Manche Buddhas weilen in reinen Ländern, das sind Sphären, die durch die positive Kraft ihres erleuchteten Geistes entstanden. Buddhas können sich auch in dieser Welt manifestieren und die Gestalt annehmen, in der sie uns am besten anleiten können. Sie geben sich nicht zu erkennen, sondern treten als ganz gewöhnliche Menschen auf. Sie leiten uns durch ihr Verhalten oder ihre Lehren auf dem Pfad an.

Buddhas sind wahrhaft zum Führen berufen, weil sie das zyklische Dasein gänzlich überwunden haben. Daher sind ihrer Weisheit, ihrem Mitgefühl und ihrer Fähigkeit, anderen zu helfen, keine Grenzen gesetzt. Weltliche Gottheiten, wie sie etwa in den Bereichen der Götterwesen geboren werden, erfahren unter dem Eindruck ihrer Trübungen und ihres Karma immer noch Tod und Wiedergeburt und sind deshalb nicht in der Lage, uns in die Freiheit zu führen.

Buddhas verfügen über geschickte Mittel, mit denen sie uns anleiten. Wir finden in den buddhistischen Schriften, den Sutras, zahlreiche Geschichten von äußerst unwissenden, zornigen oder anhaftenden Menschen, die der Buddha in die Freiheit zu führen vermochte.

Buddhas sind von großem Erbarmen und daher ohne Zweifel bereit, uns zu helfen. Sie tun es ohne Ansehen der Person und ohne zu fragen, ob und wie wir es ihnen vergelten. Anders als gewöhnliche Menschen bevorzugen sie niemanden, und sie nehmen weder Anstoß an Kritik noch fühlen sie sich durch Lob geschmeichelt.

Die Buddhas gewähren ihre Hilfe allen Lebewesen in gleicher Weise – wie die Sonne, die bekanntlich allen scheint. Aber die Sonne scheint nicht in ein geschlossenes Gefäß, und so kann auch der erleuchtete Einfluss eines Buddha nur einen nicht allzu verdunkelten Geist mit positivem Potenzial erreichen. Hebt man den Deckel von diesem Gefäß, kann die Sonne ohne weiteres hineinscheinen. Für uns kommt es also darauf an, unsere Verdunkelungen zu beseitigen und unseren Geist möglichst empfänglich für den Einfluss der Buddhas zu machen.

Zuflucht zum Dharma betrifft die letzten beiden der vier edlen Wahrheiten, das wahre Aufhören des Leidens und den wahren Pfad. Dharma ist folglich die Verwirklichung des Pfades und das Aufhören des Leidens und seiner Ursachen. Dies ist im Geist-Strom von Menschen gegeben, die die Leerheit unmittelbar erfahren und erkannt haben. Ganz allgemein bezeichnen wir mit dem Begriff »Dharma« auch die Lehren des Buddha.

Der Dharma, so heißt es, ist die eigentliche Zuflucht. Unser Schutz besteht also letztlich im Erkennen (dem klaren Begreifen) und Beenden (des Leidens und seiner Ursachen). Die Buddhas unterweisen uns und zeigen den Weg; der Sangha gibt uns Vorbilder und unterstützt unsere Praxis. Wirklich beendet werden Schmerz und Verwirrung aber durch unsere eigene Verwirklichung.

Zuflucht zum Sangha bedeutet, dass wir uns Menschen zuwenden – sie mögen ordiniert oder Laien sein –, die im unmittelbaren Gewahrsein der Leere sind, und das können Arhats, Hörer, einsam Verwirklichte oder Bodhisattvas sein. Weil sie die Wirklichkeit wahrnehmen, wie sie ist, können sie auch uns dazu verhelfen.

In seiner allgemeinen Bedeutung verweist der Begriff »Sangha« auf Gemeinschaften von Mönchen und Nonnen, die ihr Leben der spirituellen Praxis geweiht, aber nicht unbedingt schon tiefe Erfahrungen gemacht haben. Sie folgen dem Pfad hingebungsvoll, aber wir dürfen von ihnen keine Vollkommenheit erwarten.

Buddhistische Gottheiten wie Avalokiteshvara (Kuan Yin) Manjushri und andere können wir als Buddhas oder als einen Sangha von Bodhisattvas betrachten. Da ihre Biografien in den Sutras verzeichnet sind, können wir sie als gleichsam historische Gestalten ansehen, als inspirierende Vorbilder, die uns Mut machen, so zu praktizieren, wie sie es taten.

Oder wir betrachten sie als Manifestationen erhabener Eigenschaften. So gilt Avalokiteshvara als Verkörperung des Erbarmens und Manjushri als Inbegriff der Weisheit aller Buddhas. Avalokiteshvara und Manjushri sind von gleicher Tiefe der Verwirklichung, denn alle Buddhas besitzen den gleichen all-erkennenden Geist. Dennoch stehen Avalokiteshvara und Manjushri hier als Symbole für bestimmte Eigenschaften.

Großes Mitgefühl für alle Lebewesen – das ist für uns nicht immer leicht vorstellbar. In symbolischer oder künstlerischer Darstellung ist uns diese Eigenschaft jedoch viel leichter zugänglich. Avalokiteshvaras äußeres Erscheinungsbild – tausend Arme, die er den Lebewesen hilfsbereit entgegenstreckt, tausend Augen, mit denen er ihre Bedürfnisse sieht – ruft uns das Mitgefühl ins Bewusstsein. Und so meditieren wir über Avalokiteshvara, um alle erleuchteten Eigenschaften zu entwickeln, insbesondere Mitgefühl.

Wenn jemand ein Buddha geworden ist, kann er oder sie (natürlich hat »Buddha« kein bestimmtes Geschlecht) als irgendeine dieser Gottheiten in Erscheinung treten. Der all-erkennende Geist des Buddha kann, jeweils für bestimmte Menschen, gleichzeitig als Avalokiteshvara und als Manjushri, als unser Dharmalehrer, als ein Tier, ja als eine Brücke in Erscheinung treten. Ist der Geist-Strom eines Menschen vollkommen geläutert und entwickelt, besitzt er die Fähigkeit, in allen möglichen Formen zu erscheinen, um für andere nützlich zu sein und sie zur Erleuchtung zu führen.

Es gibt noch eine dritte Betrachtungsmöglichkeit für diese Gottheiten: als unser eigenes Buddha-Potenzial in seiner künftigen, voll entwickelten Form. Wenn wir uns vom Buddha leiten lassen, rufen wir uns in Erinnerung, dass letztlich der Buddha uns vor Leiden bewahren wird, der wir künftig selbst einmal sein werden. Das gibt uns den Anstoß, uns das jetzt schon in uns vorhandene Buddha-Potenzial vor Augen zu führen und zu entwickeln.

Unsere Beziehung zu den Drei Kostbarkeiten kann mit einem bildhaften Vergleich erfasst werden: Wir sind wie ein vom Leiden und seinen Ursachen befallener Kranker. Der Buddha stellt als Arzt die Diagnose und verschreibt die Medizin. Der Dharma ist diese Medizin und der Sangha gleichsam das Pflegepersonal, das uns bei der Einnahme der Medizin hilft. So werden wir geheilt und sind dann gesund und munter.

Karma – das Gesetz von Ursache und Wirkung

Die erste vom Buddha verordnete Medizin besteht darin, dass wir unser Karma im Auge behalten, also destruktives Handeln unterlassen und für positives sorgen. Deshalb erklärte er die zehn destruktiven Handlungsweisen, von denen im vorigen Kapitel die Rede war. Karma haben wir im Kapitel »Der Geist als Schöpfer unserer Erfahrung« besprochen.

Karma besitzt vier Hauptkennzeichen:

1. Karma ist eindeutig. Aus einem Apfelsamen wächst ein Apfelbaum, kein Orangenbaum. Ebenso gilt: Wo wir positiv handeln, folgt Glück, niemals Leid. Und wo wir destruktiv handeln, folgt Unglück, niemals Glück.

2. Karma kann wachsen. Wie aus einem kleinen Samen ein großer Baum mit vielen Früchten werden kann, so können

kleine Taten große Folgen haben. Versuchen wir also, auch kleine negative Handlungen zu unterlassen und lieber kleine positive zu wählen.

3. Ohne Ursache keine Folgen. Bringt man keinen Samen in die Erde, wächst auch nichts. Wer keine Ursachen für einen gewaltsamen Tod geschaffen hat, wird auch bei einem Autounfall nicht umkommen. Und wo wir nicht die Ursachen für die Verwirklichung des Pfades schaffen, werden wir ihn auch nicht verwirklichen. Bloße Anbetung des Buddha bringt nicht das, was wir uns wünschen, wenn wir nicht zugleich die Hauptursachen schaffen. Um Geld beten, aber selbst geizig sein, das ist so, als wollte man ein Examen bestehen, ohne dafür zu studieren. Wenn etwas eintreten soll, müssen wir geeignete Voraussetzungen dafür schaffen. Dann erst kann das Beten die Ursachen zur Reifung anregen.

4. Karma geht nicht verloren. Wenn wir positiv handeln, werden die glücklichen Folgen sich irgendwann einstellen. Und wo wir negativ handeln, gehen diese Prägungen nicht verloren, auch wenn sich ihre Konsequenzen vielleicht nicht unmittelbar zeigen.

Durch Studium und Kontemplation können wir ein klares Bild vom Wirken des Karma gewinnen. Wir können uns nicht über Ursache und Wirkung hinwegsetzen, aber sie sind doch von einer gewissen Flexibilität. Karma steht nicht ein für allemal fest, sondern kann verändert werden. Wenn wir zum Beispiel zornig sind oder falsche Anschauungen haben, verhindern wir damit, dass unser positives Karma heranreift. Reinigen wir unseren Geist andererseits von negativen Prägungen, so können wir deren Reifung mildern oder ganz verhindern.

Deshalb ist es gut, negatives Karma durch die vier Gegenkräfte zu läutern:

1. Unsere destruktiven Taten bedauern. Durch Weisheit können wir unsere Fehler und Irrtümer erkennen und eingestehen. Bedauern ist jedoch nicht mit schlechtem Gewissen zu verwechseln, denn Letzteres überzeichnet unsere Trübungen nur und lähmt uns in unserem Gefühlsleben. Bedauern folgt dagegen aus einer ehrlichen Bestandsaufnahme unseres Handelns und lässt uns aus unseren Fehlern lernen.

2. Zuflucht nehmen und den Entschluss zu altruistischem Handeln fassen. Unser destruktives Handeln kann sich gegen heilige Wesen oder gewöhnliche Menschen richten. Zufluchtnahme zu den Drei Kostbarkeiten bereinigt unsere Beziehung zu den heiligen Wesen; und wenn wir uns um Liebe, Mitgefühl und Uneigennützigkeit bemühen, bereinigen wir unsere Beziehung zu gewöhnlichen Wesen.

3. Den Vorsatz fassen, diese negativen Handlungen künftig zu unterlassen. Je stärker unser Entschluss ist, desto leichter vermeiden wir ein gewohnheitsmäßiges destruktives Verhalten.

4. Sich heilender Praxis widmen. Das kann im Grunde jede verdienstvolle Tat sein: Bedürftigen helfen, dem Gemeinwesen dienen, dem Dharma lauschen und über ihn nachdenken oder meditieren, sich vor den Drei Kostbarkeiten verneigen oder ihnen opfern, Dharmabücher drucken und so weiter.

Damit ist der erste Schritt vollzogen. Er umschreibt die Praxis eines Menschen, der sich gute Wiedergeburten wünscht: zu den Drei Kostbarkeiten Zuflucht nehmen und dem Gesetz von Ursache und Wirkung entsprechen, indem man destruktives Handeln meidet und sich um konstruktives bemüht.

ZWEITER SCHRITT
DER WUNSCH NACH FREIHEIT

Im ersten Schritt möchte man sich auf einen friedlichen Tod und eine glückliche Wiedergeburt vorbereiten. Das kann so aussehen, als ginge es hier nur um die Zukunft und als sei gegenwärtiges Glück unbedeutend, doch tatsächlich ist das Gegenteil der Fall. Wenn wir für zukünftige Leben sorgen, achten wir mehr auf das, was jetzt geschieht, denn unser gegenwärtiges Handeln ist ja für unsere Zukunft verantwortlich.

Um schädliches Handeln zu vermeiden, werden wir seine Ursachen klein zu halten versuchen – Anhaftung, Zorn und Verwirrung. Dann hat unser Geist viel mehr Freiheit, ohne die von Trübungen verursachten Sorgen, Ängste und Ablenkungen in der Gegenwart zu leben. Auch wenn es paradox erscheint: Je besser wir uns um die Zukunft kümmern, desto besser können wir in der Gegenwart leben.

Dennoch wird sich irgendwann die Frage stellen: »Auch wenn ich günstigen Wiedergeburten entgegensehe, bleibe ich doch im zyklischen Dasein gefangen – bin ich damit zufrieden?«

Günstige Wiedergeburten verhindern die Leiden ungünstiger Wiedergeburten, aber sie bleiben doch etwas Vorläufiges. Wir bleiben doch Geburt, Krankheit, Alter und Tod ausgesetzt und haben darin keine Wahl. Keine Wiedergeburt bietet dauerhafte Sicherheit, denn jede, auch die allerschönste, findet zwangsläufig ein Ende. Unter dem Einfluss unserer geistigen Trübungen geht es mal auf, mal ab, von einem Leben mit seinen Problemen zum nächsten mit wieder neuen Problemen.

In diesem Wissen wächst in uns der Entschluss, den Kreislauf der Wiedergeburt gänzlich hinter uns zu lassen. Dieser Wunsch lässt uns nach Freiheit streben, nach einem auf Weisheit gegründeten dauerhaften Frieden. Um ihn zu erreichen, werden wir nach jener konzentrierten Weisheit streben, die die Wurzel der Unwissenheit durchtrennen kann.

Im Rahmen dieser mittleren Stufe werden meist auch die vier edlen Wahrheiten und der edle achtfache Pfad erörtert. Da wir diese Themen schon behandelt haben, geben wir hier nur eine Zusammenfassung des zweiten Schrittes. Natürlich sind die vier edlen Wahrheiten und der edle achtfache Pfad nicht auf diese mittlere Stufe beschränkt. Wie wir gesehen haben, gehören rechtes Handeln, rechte Rede und rechter Lebenserwerb zur Grundpraxis auf der Anfängerstufe.

Aus der kontemplativen Betrachtung der vier edlen Wahrheiten entwickelt sich der Entschluss, vom zyklischen Dasein gänzlich frei zu werden. Die drei höheren Schulungen sind die Kernpraxis für den Weg zur Freiheit. Zum Weisheitsaspekt der drei höheren Schulungen kommen wir in einem späteren Abschnitt dieses Kapitels.

DRITTER SCHRITT
ZUM WOHL ALLER WESEN NACH ERLEUCHTUNG STREBEN

Auf der ersten Stufe der spirituellen Praxis geht es darum, sich auf den Tod vorzubereiten und die Weichen für künftige Leben zu stellen. Das entspricht den Menschen dieser Stufe und sie sind dazu auch in der Lage. Wenn ihr Verständnis nach einiger Zeit tiefer wird, geht ihnen auf, dass gute Wiedergeburten allein noch kein dauerhaftes Glück gewährleisten. Jetzt werden die Ziele weiter gesteckt und man möchte dem Zyklus der unabwendbaren Wiedergeburten gänzlich entrinnen. Damit wird man ein Praktizierender der mittleren Stufe und strebt nach Befreiung.

Noch später wird man auch dieses Ziel überdenken und sich fragen: »Genügt es mir, wenn ich selbst Freiheit finde? Was ist mit all den anderen?« Es entwickelt sich ein starkes Gefühl der Verantwortung für das Wohlergehen aller. Man entwickelt

Bodhichitta, die altruistische Intention, Erleuchtung zu finden, um allen anderen Wesen nützen zu können.

Die altruistische Intention

Der Buddha lehrte zwei Methoden zur Entwicklung der altruistischen Intention. Die eine besteht in den sieben Punkten von Ursache und Ergebnis und wurde vor allem von den Weisen Maitreya und Asanga vertreten. Die zweite Methode besteht darin, andere an die Stelle des eigenen Ich zu setzen. Sie wurde von dem indischen Meister Shantideva ausgearbeitet. Der Kürze halber befassen wir uns hier nur mit den sieben Punkten von Ursache und Wirkung.

Bevor man sich den sieben Punkten widmet, muss man Gleichmut entwickeln, ein nicht unterscheidendes Gefühl allen Lebewesen gegenüber: frei vom Haften an Freunden, Widerwillen gegen Feinde und Gleichgültigkeit gegenüber Fremden. (Mit »Feinden« sind hier alle gemeint, mit denen wir nicht zurechtkommen oder die uns Unbehagen verursachen.)

Solange wir die Menschen säuberlich in Freunde, Feinde und Fremde einteilen, werden wir zu keiner unvoreingenommenen Liebe finden. Gleichmut bringt deshalb nicht nur konfuse Emotionen gegenüber anderen zur Ruhe, sondern ist auch der Ausgangspunkt für echte Liebe und echtes Mitgefühl diesen anderen gegenüber.

Anhaftung, Feindseligkeit und Gleichgültigkeit gegenüber anderen entstehen dann, wenn wir nur ihre unmittelbar wahrnehmbaren oberflächlichen Charakterzüge berücksichtigen. Sue schenkt uns etwas, und Joe verbreitet Gerüchte über uns, schon sehen wir Sue als unsere Freundin und Joe als unseren Feind. Morgen schenkt Joe uns etwas und Sue tratscht hinter unserem Rücken über uns. Plötzlich schlagen unsere Gefühle um: Jetzt ist Joe ein Freund und Sue eine Feindin.

Tatsächlich haben Sue und Joe ziemlich ähnlich gehandelt, also wie kann einer von ihnen »Freund« und der andere »Feind« sein? Blicken wir hinter das vordergründig Sichtbare, so wird erkennbar, dass sie beide gute Eigenschaften und beide Schwächen haben. Es ist demnach unrealistisch, sich dem einen verbunden zu fühlen, weil er »gut« ist, und gegen den anderen, der »schlecht« ist, Abneigung zu empfinden.

Außerdem sind unsere Beziehungen zu so genannten Freunden, Feinden und Fremden vorübergehend. Bei unserer Geburt waren Sue und Joe Fremde, die uns nicht interessierten. Sue wurde irgendwann unsere Freundin und später unsere Feindin, bei Joe war es andersherum. Und es könnte gut sein, dass die Beziehungen sich erneut ändern, sodass Sue dann Freundin oder Fremde ist und Joe wieder unser Feind oder eben auch ein Fremder wird.

Jeder ist im Laufe unserer früheren Leben einmal Freund, Feind oder Fremder gewesen. Unsere Beziehungen zu anderen fluktuieren ständig. Deshalb ist es unangemessen, an ihnen zu haften oder ihnen feindselig oder gleichgültig zu begegnen. Der Buddha sagte:

> Die jetzt feindselig gegen uns eingestellt sind, waren unzählige Male unsere geliebten Mütter, Väter, Freunde, Brüder und Schwestern. Die uns jetzt Gutes tun, sind schon unsere erbitterten Feinde gewesen. Deshalb sollten wir von jeglichem Groll gegen die, die uns schaden, und von allem Haften an denen, die wir mögen, ablassen, um allen Lebewesen gleichermaßen im Geist der Liebe zu begegnen.

Die Erkenntnis, dass niemand von Natur aus und für immer ein Freund, Feind oder Fremder für uns ist, befreit uns aus dem emotionalen Wust von Anhaftung, Feindseligkeit und Gleichgültigkeit. Dann entsteht ein Gefühl von Offenheit gegenüber allen Menschen, die uns alle gleichermaßen am Herzen liegen.

Wir werden nicht mehr einige als fremd empfinden und bei anderen befürchten, dass sie uns verlassen.

Von diesem Gleichmut aus können wir durch die sieben Punkte von Ursache und Wirkung die altruistische Intention entwickeln. Es gibt sechs Ursachen:

1. Erkennen, dass alle Lebewesen einmal unsere Mutter gewesen sind
2. Uns an die Güte unserer Mütter erinnern
3. Der Wunsch, diese Güte zu vergelten
4. Liebe
5. Mitgefühl
6. Große Entschlossenheit

Diese sechs Ursachen führen zum siebten Punkt, der altruistischen Intention oder Bodhichitta.

Erkennen, dass alle anderen schon unsere Mutter gewesen sind

Das ist der erste Schritt. Zu dieser Meditation wählen wir unsere Mutter, weil man sich im Allgemeinen der Mutter sehr nah fühlt. Sollte die Beziehung zu unserer Mutter jedoch belastet sein, können wir auch den Vater oder einen der Großeltern wählen – irgendjemanden, der in jungen Jahren sehr freundlich zu uns war.

Der Gedanke, dass die unzähligen Lebewesen alle schon unsere Mutter gewesen sind, verlangt von uns, die Grenzen unseres gegenwärtigen Denkens zu sprengen. Zuerst müssen wir ein Gefühl dafür bekommen, dass Wiedergeburt eine Realität ist, dass unser jetziges Leben in einer anfangslosen Reihe von Leben steht.

Wenn es schwierig erscheint, sich zu vergegenwärtigen, dass man nicht immer der war, der man jetzt ist, kann man sich klar machen, wie viele Veränderungen sich allein innerhalb eines

Lebens ergeben. Erinnern wir uns, wie anders wir uns als Kleinkinder gefühlt haben: Es war ein ganz anderer Körper, und wir nahmen die Welt völlig anders wahr. Man könnte das Gefühl bekommen, dass diese Kleinkinder ganz andere Menschen waren und nichts mit den jetzigen Erwachsenen zu tun haben, die so viel wissen und können.

Und wenn wir uns vorstellen, wie wir mit neunzig sein werden, scheint auch dieser vergessliche und gebeugte Mensch wenig mit uns zu tun zu haben. Aber der Säugling, der gegenwärtige Mensch und der runzlige Greis bilden ein Kontinuum: Wir sind all das.

So kann auch unser Geist in einer Vielzahl verschiedener Körper lebendig sein. Wir haben schon viele Leben hinter uns. Folglich hatten wir viele Mütter, die uns in diesen Leben zur Welt brachten und großzogen. Unsere jetzige Mutter war nicht immer unsere Mutter, denn in früheren Inkarnationen haben wir vielleicht ganz woanders gelebt als sie. So sind also viele Wesen in früheren Leben unsere Mutter gewesen.

Da schon unzählige Leben hinter uns liegen, sind alle Wesen irgendwann einmal unsere Mutter gewesen. Unser Geist ist von Unwissenheit verdunkelt, und so erinnern wir uns nicht, dass sie alle unsere Mutter gewesen sind, und da wir einen neuen Körper angenommen haben, erkennen wir sie in diesem Leben nicht. Machen wir uns jedoch bewusst, dass alle Wesen schon unsere Mutter gewesen sind, werden wir bei jedem Menschen, dem wir begegnen, spontan ein Gefühl von Nähe verspüren.

Nehmen wir an, wir seien in der Kindheit durch irgendwelche Umstände von unseren geliebten Eltern getrennt worden. Dreißig Jahre später gehen wir eine Straße entlang und sehen zwei Bettler. Erst achten wir nicht auf sie oder finden sie sogar abstoßend. Dann sehen wir noch einmal hin, und plötzlich geht uns auf, dass es unsere Eltern sind. Sie sehen anders aus und wir selbst ja auch, deshalb haben wir einander nicht gleich erkannt. Dann jedoch ist plötzlich Liebe zu diesen Bettlern da, und wir haben es sehr eilig, etwas für sie zu tun. Wir werden ihnen helfen, das ist überhaupt keine Frage. So etwa ist diese Aufforderung zu verstehen, uns anzugewöhnen, in allen Lebewesen die Eltern früherer Inkarnationen zu sehen.

Sich an die Freundlichkeit anderer erinnern

Der zweite Schritt besteht darin, uns an die fürsorgliche Güte zu erinnern, die andere uns bezeigt haben. Als Beispiel gehen wir von unserer jetzigen Mutter aus oder von irgendeinem Menschen, der sich in der Kindheit besonders um uns bemüht hat.

Unsere Mutter trug uns neun Monate in ihrem Schoß, auch wenn das in mancher Hinsicht unbequem war. Sie ertrug die Geburtsschmerzen, versorgte uns, als wir hilflose Säuglinge waren, und ertrug unsere kindlichen Unmutsausbrüche und alle anderen Formen von schlechtem Betragen. Es dürfte unserer Mutter wenig Vergnügen bereitet haben, uns Beschränkungen aufzuerlegen, aber sie musste es, um uns Anstand und Manieren zu vermitteln, ohne die man mit anderen Menschen nicht gut auskommen kann. Sie lehrte uns sprechen und sorgte für die bestmögliche Schulbildung. Unsere Eltern schenkten uns im Rahmen ihrer finanziellen Möglichkeiten Spielzeug und ermöglichten uns Ausflüge und Urlaubsreisen.

Manche empfinden bei diesem Gedanken an die Freundlichkeit ihrer Eltern Unbehagen. Sie denken möglicherweise, sie seien ihren Eltern nichts schuldig, da man sie ja schließlich nicht gefragt habe, ob sie geboren werden wollten. Manche tragen es ihren Eltern nach, dass sie streng erzogen wurden, nicht alles bekamen, was andere Kinder hatten, oder sogar misshandelt wurden.

Wenn Sie so empfinden, denken Sie an die Freundlichkeit irgendwelcher anderer Menschen, die sich in der Kindheit und Jugend um Sie bemüht haben. Später werden Sie vielleicht die vom Buddha gelehrte Technik erlernen wollen, mit der wir Zorn abmildern und Geduld entwickeln und diese neue Haltung dann auf die Beziehung zu unseren Eltern anwenden können. Denn einerlei, was für negative Gefühle unsere Eltern uns gegenüber oder wir ihnen gegenüber hatten, immerhin verdanken wir ihnen unseren Körper, der dieses kostbare menschliche Leben ermöglicht. Und unabhängig von ihren Motiven haben sie uns doch immerhin so weit versorgt, wie es ihnen körperlich und geistig möglich war. Wenn wir das gelten lassen und ihnen ihre Schwächen verzeihen können, wird sich unser Herz für sie öffnen. Wir werden dieses Thema im Kapitel »Eltern und Kind« weiter vertiefen.

Der Gedanke an die Güte unserer Mutter soll nicht zum Haften an unserer Mutter führen, denn Anhaftung ist keine Haltung, die irgendetwas klären kann. Wir wollen einfach nur offen und ehrlich ihre Freundlichkeit anerkennen, denn das eröffnet uns die Möglichkeit, tiefe Dankbarkeit zu empfinden. Dann können wir diese herzliche Dankbarkeit auf alle Lebewesen ausdehnen, indem wir uns einfach daran erinnern, dass sie alle einmal unsere Mutter waren und so freundlich wie unsere jetzige Mutter. Mit der Dankbarkeit kommen wir zum dritten Schritt, dem Wunsch, diese Güte zu vergelten.

Der Wunsch, die Freundlichkeit anderer zu vergelten

Haben wir die Freundlichkeit anderer einmal erkannt, kommt ganz von selbst der Wunsch, unsererseits etwas Entsprechendes zu tun. Und das ist kein lästiges Pflichtgefühl, sondern der spontane und freudige Wunsch, für andere da sein zu wollen.

Liebe

Aus diesem Wunsch, empfangene Freundlichkeit zu vergelten, entsteht der Gedanke, wie schön es wäre, alle diese freundlichen Menschen glücklich zu sehen. Das ist Liebe: ihnen Glück und die Ursachen des Glücks zu wünschen. Da wir uns schon vom Haften an Freunden, vom Widerwillen gegenüber Feinden und von der kühlen Gleichgültigkeit gegenüber Fremden frei gemacht haben, gilt unsere Liebe jetzt allen, ohne Ansehen der Person. Wir lieben andere einfach deshalb, weil sie da sind; sie müssen keinerlei Voraussetzungen erfüllen. Der tibetische Weise Lama Tsongkhapa sagte:

> Von diesem Standpunkt aus gelten uns alle Lebewesen gleich viel, da sie alle unzählige Male unsere geliebten Mütter, Väter, Brüder, Schwestern und Freunde gewesen sind. So gesehen müssen alle Lebewesen als unseresgleichen behandelt werden, denn sie alle wünschen sich Glück und scheuen Unglück. Versuchen wir also, einen liebevollen Geist gegenüber allen Lebewesen zu wahren und keine Unterschiede zu machen.

Mitgefühl

Wenn wir uns die Schwierigkeiten und Schmerzen anderer vergegenwärtigen, wird Mitgefühl in uns entstehen, der Wunsch, sie mögen alle frei sein vom Leiden und seinen Ursachen. Mitgefühl ist etwas anderes als Mitleid: Es kommt niemals von oben herab. Im Mitfühlen erkennen wir uns selbst und andere als ebenbürtig insofern, als wir uns alle Glück wünschen und von widrigen Umständen frei sein möchten. Mitgefühl ermöglicht uns, den anderen so selbstverständlich zu helfen, wie wir jetzt für uns selbst sorgen.

Große Entschlossenheit

Wenn wir tiefes Mitgefühl haben, können wir zum sechsten Schritt kommen und es als unsere Pflicht ansehen, andere zum Glück zu führen und vom Leiden zu befreien. Haben wir den anderen bisher Glück und Freiheit von schwierigen Umständen gewünscht, so sind wir jetzt entschlossen, selbst Hand anzulegen.

Altruistische Intention: Bodhichitta

Aber wie wollen wir anderen zum Glück verhelfen, wenn wir selbst verwirrt sind? Ein Ertrinkender wird kaum einen anderen

Ertrinkenden retten können, und wer selbst im Netz des zyklischen Daseins verfangen ist, kann anderen nicht den Ausweg zeigen. Um andere anleiten zu können, müssen wir ihre karmischen Prägungen, ihre Neigungen und Interessen kennen. Wir müssen auch die Lehren gründlich kennen, um anderen das für sie Geeignete empfehlen zu können.

Um unseren Wunsch, andere vom Leiden ins Glück zu führen, in die Tat umsetzen zu können, brauchen wir vollkommenes Mitgefühl, Weisheit und geschickte Mittel. Da nur ein Buddha diese Eigenschaften in der notwendigen Vollkommenheit besitzt, müssen wir Erleuchtung finden, um anderen auf die bestmögliche Weise helfen zu können. Dieses Streben nach Erleuchtung ist Bodhichitta, die altruistische Intention. Wenn diese Haltung uns so in Fleisch und Blut übergegangen ist, dass sie unsere spontane Reaktion auf alle Menschen wird, sind wir Bodhisattvas geworden, spirituelle Kinder des Buddha. Diese hochherzige Haltung gibt unserer Fähigkeit, anderen jetzt und in der Zukunft zu helfen, gewaltigen Auftrieb.

Weit reichende Einstellungen: tätiges Mitgefühl

Wenn wir die altruistische Gesinnung entwickelt haben, üben wir im nächsten Schritt die sechs weit reichenden Einstellungen oder Paramitas, die zur Erleuchtung führen. Die Paramitas werden auch als die sechs Vollkommenheiten bezeichnet. Es sind Großzügigkeit, sittliche Disziplin, Geduld, freudiges Bemühen, Stabilisierung der Meditation und Weisheit.

Wenn wir mit freudigem Bemühen Großzügigkeit, sittliche Disziplin und Geduld üben, haben andere sofort und ganz direkt etwas davon. Bei allen weit reichenden Einstellungen geht es jedoch letztlich darum, die Weisheit zu gewinnen, die unmittelbar die Leere wahrnimmt. Durch diese Weisheit werden wir alle Trübungen beseitigen und unseren Geist-Strom von allen Makeln und Verdunkelungen befreien, bis wir voll erleuchtete

Buddhas sind. Erst dann ist unsere Fähigkeit, anderen zu helfen, voll entwickelt.

Die sechs Paramitas sind auf dem gesamten Weg ein Bestandteil der Praxis, aber an dieser Stelle werden sie weit reichend genannt, weil wir uns aus unserer altruistischen Intention heraus auf sie einlassen und weil sie eingebunden sind in die Betrachtung der Leerheit ihrer Bestandteile: Handelnder, Objekt und Handlung. Dadurch fördern sie die Entwicklung jener Weisheit, die uns weit über das zyklische Dasein hinausträgt. Es ist also wichtig, dass wir uns mit altruistischer Motivation den sechs weit reichenden Einstellungen widmen, dass wir bei der Praxis in der Kontemplation der Leere bleiben und das so geschaffene positive Potenzial der Erleuchtung aller Lebewesen widmen.

Weit reichende Großzügigkeit

Die erste weit reichende Einstellung, Großzügigkeit, ist die Bereitschaft, alles zu geben, was wir haben, um anderen zu helfen. Diese Praxis wirkt gegen die Kleinlichkeit und Trägheit, die wir gern an den Tag legen, wenn andere uns um Hilfe bitten. Es gibt drei Arten von weit reichender Großzügigkeit:

- Mit materiellen Mitteln aushelfen
- Menschen in Gefahr und Not schützen
- Anderen raten und sie den Dharma lehren.

Die meisten von uns gewöhnlichen Menschen sind eher geizig und sorgen sich mehr um den Erhalt des eigenen Besitzes, als dass sie daran dächten, andere durch Großzügigkeit glücklich zu machen. Oft fürchten wir, dass etwas, was wir wegschenken, uns dann selbst fehlen wird. Wir geben nur so viel, wie unbedingt sein muss, um das Gesicht zu wahren. Im Allgemeinen behalten wir das Beste für uns und geben das, was übrig ist. Und haben wir etwas gegeben, lassen wir die Empfänger bei jeder Gelegenheit wissen, was wir alles für sie getan haben, damit sie sich dann auch ja verpflichtet fühlen, uns bei Bedarf zu helfen.

Diese Kleinlichkeit erzeugt Spannungen in unserem Geist, die uns nicht nur kein positives Potenzial entwickeln lassen, sondern auch tiefe spirituelle Einsicht verhindern. Geiz ist eine selbstsüchtige Haltung, in der wir unser eigenes Glück wichtiger nehmen als das Glück anderer. Solange wir geizig sind, werden wir nie zufrieden sein, wie viel wir auch besitzen mögen.

Wenn wir nur ungern geben, hilft uns der Gedanke, dass unser Besitz vergänglich ist und wir uns eines Tages von ihm trennen müssen. Es hat keinen Sinn, uns daran zu klammern. Teilen wir ihn jedoch mit anderen, so tun wir etwas gegen die Kleinlichkeit, die für ungünstige Wiedergeburten sorgt. Großzügigkeit macht andere und uns selbst glücklich, wenn wir durch Übung dahin kommen, dass wir beim geben Freude empfinden.

Großzügigkeit hat allerdings nichts mit einem schlechten Gewissen zu tun, das uns zum Geben »zwingt«. Wir müssen vielmehr unser Herz dazu erziehen, dass es sich wirklich freut, wenn wir andere glücklich machen. Natürlich bedeutet das nicht, dass wir alles weggeben sollen und dann selbst nichts mehr haben. So würden wir uns nur zu einer Belastung für andere machen. Wir geben unseren Mitteln entsprechend. Wie viel wir geben, ist weniger wichtig als unser Motiv.

Und beim Geben muss Augenmaß walten. Jemandem Alkohol zu verschaffen ist nicht unbedingt sehr mildtätig, und niemand hat etwas davon, wenn wir Geld für Waffen, Gift oder Drogen zur Verfügung stellen. Was wir jemandem geben, darf niemals einem anderen zum Schaden gereichen. Es ist also nicht klug, Tiere zu töten oder von anderen töten zu lassen, damit unsere Familie ein schönes Essen auf dem Tisch hat.

Am besten unterstützen wir hilflose, Not leidende, arme oder kranke Menschen. Für aufrichtige Dharma-Praktizierende können unsere Spenden bedeuten, dass sie ihre Praxis fortsetzen können, ohne sich zu sehr um ihren täglichen Bedarf sorgen zu müssen. Was wir den Drei Kostbarkeiten opfern, unterstützt alle Dharma-Aktivitäten, den Bau von Tempeln und anderen Einrichtungen, die Veröffentlichung von Büchern und die sozialen Aktivitäten eines Tempels oder Zentrums.

Schutz gewähren, die zweite Art von Großzügigkeit, bedeutet, dass wir uns für leidende und bedrohte Lebewesen einsetzen – ein ertrinkendes Kind retten, uns um unversorgte alte und kranke Menschen kümmern, gegen Grausamkeit an Tieren kämpfen, Hospize für Sterbende einrichten oder für ordentliche medizinische Versorgung von Aids- oder Krebskranken sorgen. Auch bei Erdbeben und Flut- oder anderen Naturkatastrophen gibt es immer etwas, das wir tun können.

Mit Anleitung und Unterweisung, der dritten Form der Großzügigkeit, kann alles Mögliche gemeint sein. Wir können zum Beispiel Menschen trösten, die trauern oder andere große Schwierigkeiten zu bewältigen haben. Wir können anderen gut zureden, sich von Lug und Trug fern zu halten und sich stets um ein konstruktives Handeln zu bemühen. So zeigen wir ihnen, wie man inneren Frieden findet und die Grundlagen für künftiges Glück schafft. Segensreich sind auch Gebete am Bett von Kranken und Sterbenden. Wenn diese Menschen unsere Gebete hören, kann das ihre Gedanken auf Dinge richten, die ihnen wirklich nützen.

Das schönste Geschenk, das wir anderen machen können, ist der Dharma. Wir unterweisen sie über den Pfad der Erleuchtung und feuern sie an. Das versetzt sie letztlich in die Lage, sich selbst von allen Leiden zu befreien und dauerhaftes Glück zu finden.

Weit reichende Sittlichkeit

Weit reichende Sittlichkeit schützt uns vor negativem Handeln durch Körper, Rede und Geist. Diese ethische Haltung ist äußerst wichtig, denn ohne sie kommen wir nicht zu den höheren Stufen des Pfades.

Viele bedenken das nicht und rezitieren oder meditieren, achten jedoch ansonsten wenig auf ihr Verhalten im täglichen Leben. Sie geben sich beim Ritual sehr andächtig, aber anschließend trinken sie oder tratschen oder machen unsaubere Geschäfte. Diese Menschen möchten mit einem Bein im Nirvana sein und mit dem anderen im zyklischen Dasein bleiben, aber so bringt man es auf dem Pfad nicht weit. Hierzu sagt der große indische Weise Atisha:

Die meisten von uns denken, Dharmapraxis bestünde darin, dass man irgendeine Verpflichtung hersagt oder eine Gottheit visualisiert oder rezitiert. In der echten Dharmapraxis kommt es aber darauf an, das positive Handeln zu einem Bestandteil unseres Lebens zu machen. Wer dessen gewahr ist, wird vielleicht in seinem täglichen Leben tiefere Verwirklichung erfahren als bei der Meditation im Sitzen.

Es werden drei Arten von weit reichender Sittlichkeit unterschieden:

1. Von destruktivem Handeln ablassen
2. Sich um konstruktives Handeln bemühen
3. Andere zum sittlichen Leben anleiten.

Indem wir die zehn destruktiven Handlungen unterlassen und uns an die Gebote halten, auf die wir uns verpflichtet haben, befreien wir uns von den groben geistigen Trübungen, die uns zu negativem Handeln verleiten. Dadurch wird unser Geist ganz von selbst ruhiger und weniger abgelenkt, er hat weniger zu bedauern. Deshalb können wir uns bei der Meditation besser konzentrieren.

Da wir konstruktiver handeln, vergrößert sich das positive Potenzial unseres Geistes, und wir können besser im Sinne anderer handeln. Unser Vorbild gibt uns die Möglichkeit, andere anzuleiten und auch sie zum ethischen Handeln zu führen.

Weit reichende Geduld

Geduld ist eine innere Ruhe und Stärke, die uns in jeder schwierigen Situation ein klares Handeln erlaubt. Es gibt drei Arten von weit reichender Geduld:

1. Nicht heimzahlen, wenn uns Schaden zugefügt wird
2. Mit einer positiven Einstellung über Probleme und Schmerzen hinauswachsen
3. Schwierigkeiten ertragen, die uns in der Dharmapraxis begegnen.

Durch die erste Art von Geduld bleiben wir bei jeder Behandlung, die wir durch andere erfahren, in unserer Klarheit und unserem Frieden. Derzeit ist es bei Übergriffen durch andere noch so, dass wir uns aufregen und Vorwürfe machen. Dieser Unmut kann in Selbstmitleid umschlagen und uns deprimieren, und dann beklagen wir uns über die schlechte Behandlung durch andere. Ein andermal wird Zorn daraus und dann versuchen wir es den anderen heimzuzahlen.

Geduld wirkt dem entgegen, denn sie betrachtet die Lage aus einem anderen Blickwinkel. Solange wir uns im zyklischen Dasein befinden, kann es gar nicht ausbleiben, dass andere uns Schwierigkeiten bereiten. Das liegt in der Natur unseres Daseins. Geduld hilft uns hier, die Dinge nicht gar so eng zu sehen: In der Vergangenheit haben wir selbst schlecht gehandelt und jetzt erleben wir die Folgen.

Wir sehen also nicht den anderen als die eigentliche Ursache unseres Ungemachs, sondern erkennen unsere eigenen Trübungen und unguten Taten als den wahren Grund. Anstatt anderen zu schaden, setzen wir alles daran, unsere geistigen Trübungen zu überwinden und unser negatives Handeln zu läutern.

Wenn andere uns unfreundlich behandeln, geschieht das meist deshalb, weil sie selbst unglücklich sind. Haben wir das einmal verstanden, müssen wir nicht mehr so sehr auf unsere eigene

Situation starren, sondern bekommen Verständnis für die unglückliche Lage derer, die schlecht an uns handeln. Wir wissen, wie das ist, wenn man sich elend fühlt. Und mit diesem Verständnis fällt es uns nicht mehr schwer, anderen, die schlecht an uns handeln, Mitgefühl entgegenzubringen.

Wir wissen, dass wir manchmal von unseren Trübungen beherrscht sind und zulassen, dass sie uns zu unguten Taten und Worten verleiten. So stehen auch andere, die uns schlecht behandeln, unter dem Einfluss ihrer Wut und Eifersucht. Wie ich mir wünsche, dass andere mir meine Schwächen nachsehen, so möchten auch andere, dass ich mich verständnisvoll zeige und ihre Worte und Taten nicht persönlich nehme, wenn ihre Gefühle einmal mit ihnen durchgehen.

Geduldig sein bedeutet nicht, dass wir immer gute Miene zum bösen Spiel machen und andere mit uns umspringen lassen, wie sie wollen. Es bedeutet aber, dass wir unseren eigenen Geist erst zornfrei machen müssen, um dann die Situation klar zu erfassen. Erst danach können wir versuchen, das für alle Beteiligten Beste aus der Situation zu machen, und das kann auch heißen, dass wir uns sehr bestimmt äußern und jemanden davon abhalten, anderen zu schaden.

Probleme bewältigende Geduld erlaubt uns auch die Umwandlung unangenehmer Umstände wie Krankheit oder Armut in Vorteile für unsere Dharmapraxis. Wir lassen uns von Schwierigkeiten nicht entmutigen oder verärgern, sondern stellen uns ihnen mutig und lernen aus ihnen. Durch eigene Schwierigkeiten begegnen wir anderen in ähnlichen Situationen verständnisvoller. Unsere Selbsteinschätzung wird realistischer, unser Verständnis des Zusammenhangs von Ursache und Wirkung nimmt zu, und wir zögern nicht mehr zu helfen, wo Hilfe benötigt wird.

Geduld ist notwendig für unsere Dharmapraxis, und das bringt uns zur dritten Art von Geduld. Manchmal ist es schwierig, die Lehren zu verstehen, unseren Geist unter Kontrolle zu bringen oder genügend Disziplin für die tägliche Meditation aufzubringen. Geduld hilft uns, solche Schwierigkeiten zu bewältigen und uns gegen unseren störrischen Geist durchzusetzen. Wir erwarten dann keine schnellen Ergebnisse mehr von unserer Praxis, sondern trainieren unseren Geist geduldig und stetig über die Jahre.

Weit reichendes freudiges Bemühen

Ohne freudiges Bemühen können wir auf dem Pfad des Dharma keine stetigen Fortschritte erwarten. Mangelt es uns an Begeisterung, werden sich Hindernisse auftürmen, insbesondere Trägheit. Trägheit kann diese drei Formen annehmen:

1. Wenn wir übermäßig auf Schlaf und Abschalten bedacht sind, werden wir unsere Praxis immer wieder aufschieben und nie recht dazu kommen.
2. Sind wir zu sehr auf Beschäftigung im Außen bedacht, werden wir ebenfalls nicht zu Studium, Kontemplation und Meditation kommen.
3. Entmutigung und mangelndes Selbstvertrauen lassen uns unsere Praxis vernachlässigen.

Freudiges Bemühen ist das Heilmittel für diese drei Arten der Trägheit. Unserem übermäßigen Schlafbedürfnis könnten wir beispielsweise dadurch abhelfen, dass wir uns an die Vergänglichkeit des Lebens und die Gewissheit des Todes erinnern. Die Kostbarkeit des menschlichen Lebens ist uns dann ganz gegenwärtig, und wir werden uns wünschen, es bis zu unserem Tod klug zu nutzen.

Gesundheit braucht natürlich ausreichend Schlaf, aber zu viel Schlaf ist Zeitverschwendung und wirkt geistig abstumpfend. Wenn wir sterben, haben wir nichts vorzuweisen, was all die über das gesunde Maß hinaus verschlafenen Stunden rechtfertigen könnte. Haben wir unsere Zeit jedoch bestmöglich für unsere Praxis genutzt, werden wir in Frieden sterben und können viele gute Eigenschaften und günstige Prägungen in unsere zukünftigen Leben mitnehmen. Wie Shantideva sagt:

Nutze das Boot des Menschseins [den Körper],
um dem großen Fluss des Schmerzes [dem zyklischen Dasein] zu entrinnen.
Solch ein Boot wiederzufinden ist schwer –
verschlafe nicht deine Zeit, du Narr!

Aus buddhistischer Sicht ist weltliche Geschäftigkeit eine Form der Trägheit, da wir hier unsere innere Bildung vernachlässigen. Und wie geschäftig unser Leben in dieser modernen Welt geworden ist! Unsere Terminkalender sind randvoll, ständig sind wir hektisch irgendwohin unterwegs. Es bleibt einfach nicht genügend Zeit für den Dharma, so lautet eine häufig geäußerte Klage.

Aber sooft wir irgendwo ein paar Minuten übrig haben, arbeiten wir lieber noch ein wenig weiter oder rufen Freunde an, um die Lücke zu füllen. Zum Essen nehmen wir uns immer Zeit, aber wenn es darum geht, uns durch Dharma-Unterweisung oder Meditation spirituell zu ernähren, heißt es oft: keine Zeit. Gibt es im Zentrum einen geselligen Abend und etwas Gutes zu essen, sind wir dabei; ist Meditation oder Unterricht angesagt, sind wir zu beschäftigt.

Das Hindernis für unser spirituelles Weiterkommen liegt im Haften an den Genüssen der Welt – Essen, Geld, Reputation, Amüsement und Freunde. Diese Dinge sind nicht in sich selbst schädlich, sondern durch unsere falsche Beziehung zu ihnen. Da wir an ihnen haften, möchten wir uns so viel wie möglich von all diesen Dingen verschaffen und darin schwelgen. Bereinigen wir jedoch unsere Trübungen, können wir uns mit der richtigen Motivation – nämlich uns zum Nutzen anderer zu entwickeln – an all dem freuen.

Der Gedanke an die Wahrheit des Leidens lässt uns erkennen, dass die Freuden der Welt ohnehin nicht von Dauer sein können. Sie haben immer etwas von Salzwasser: Sie stillen unser Verlangen nicht, sondern machen es nur größer. Wie viel Geld wir auch haben mögen, es ist doch nie genug; wie oft wir auch in die Kneipe oder ins Kino gehen, zufrieden sind wir doch nie; und wie hoch wir auch auf der Karriereleiter kommen, es ist doch immer noch irgendwer über uns. Das Haften an derlei Dingen hält uns in der Schlinge der Unzufriedenheit mit diesem Leben gefangen und sorgt für immer wiederkehrende Probleme in zukünftigen Leben. Wer sich das vor Augen hält, wird sich mit Feuereifer der Dharma-Praxis widmen und nicht in sinnloses Tun verzetteln. Wie Lama Tsongkhapa sagte:

> Genuss an weltlichen Vergnügen bietet keine Befriedigung. Sie sind das Tor zu allem Unglück. Die Herrlichkeiten des zyklischen Daseins haben den Fehler, dass man nicht auf sie bauen kann. Möge ich in diesem Wissen nur noch auf das Glück der Befreiung aus sein – dazu inspiriere mich!

Damit ist nicht gesagt, wir sollten Dharma-Fanatiker werden und nicht mehr mit anderen sprechen oder nicht mehr unsere Arbeit tun. Das wäre das andere Extrem. Wir suchen vielmehr das rechte Maß, einen Zustand, in dem wir allen unseren Dingen mit der richtigen Motivation nachgehen und alles weglassen, was nur Zeitverschwendung wäre oder uns zu ungutem Handeln verleiten würde.

Die dritte Art von Trägheit entsteht durch Entmutigung. Vielleicht halten wir uns für unfähig oder glauben, der Bodhisattva-Pfad sei zu schwierig oder das Ziel der Erleuchtung liege außerhalb unserer Reichweite. Solche Gedanken wirken deprimierend. Wenn wir ohne Hoffnung sind, werden wir uns der Praxis nicht mit vollem Einsatz widmen.

Da ist es wichtig, sich zu vergegenwärtigen, dass wir unser Buddha-Wesen stets bei uns haben – die Anlage, ein voll erleuchteter Buddha zu werden. Es liegt in unserer Natur und kann uns nicht genommen werden. Wenn wir den Pfad gehen, das heißt Verdunkelungen beseitigen und unsere guten Eigenschaften entwickeln, ist uns die Buddhaschaft sicher. Shantideva führt eine Stelle aus dem *Subahupariprccha-Sutra* an und kommentiert sie:

Die *Tathagatas* [Buddhas], die wahr sprechen, haben diese Wahrheit geäußert:

»Selbst jene, die Fliegen, Mücken, Bienen und andere Insekten sind,
werden, wenn sie die Kraft ihrer Anstrengung entwickeln,
die unübertreffliche Erleuchtung erringen,
die so schwer zu finden ist.«

Wenn ich also vom Weg des Bodhisattva nicht ablasse,
weshalb sollte dann einer wie ich, als Mensch geboren,
nicht Erleuchtung finden können, da ich doch zu unterscheiden weiß,
was fördernd und was schädlich wirkt?

Weit reichende meditative Stabilität

Viele der im Zusammenhang mit der meditativen Stabilität wichtigen Punkte haben wir schon im Abschnitt über die höhere Konzentrationsschulung besprochen. Dort hatten wir bereits angemerkt, dass auch Nichtbuddhisten sich in Konzentration üben und durch ihre Praxis hellsichtig werden können. Buddhisten haben jedoch bei ihrer Praxis der meditativen Stabilität Rückhalt in der Zuflucht zu den Drei Kostbarkeiten und in ihrem Entschluss, sich aus dem zyklischen Dasein zu befreien. Wenn Buddhisten ihre gefestigte meditative Stille mit tiefer Einsicht in die Leere verknüpfen können, werden sie Befreiung finden. Und wenn sie darüber hinaus mit altruistischer Intention nach Erleuchtung streben, wird ihre meditative Stabilität zur vollen Erleuchtung oder Buddhaschaft führen.

Die Motivation, mit der wir uns auf die Meditation einlassen, entscheidet über den Erfolg unserer Praxis. Deshalb ist es wichtig, dass wir am Beginn jeder Meditationssitzung zu den Drei Kostbarkeiten Zuflucht nehmen und Klarheit über unsere guten Absichten haben. Eine Hilfe dazu sind die folgenden Gebete:

Ich nehme Zuflucht zu den Buddhas,
ich nehme Zuflucht zum Dharma,
ich nehme Zuflucht zum Sangha.

Ich nehme Zuflucht, bis ich in Buddha, Dharma und Sangha erleuchtet werde. Möge das positive Potenzial, das ich durch Praxis der Großzügigkeit und der übrigen weit reichenden Einstellungen erzeuge, dazu führen, dass ich Buddhaschaft erlange, um zum Wohl aller Wesen wirken zu können.

Mögen allen Lebewesen Glück und die Ursachen des Glücks beschieden sein.
Mögen alle Lebewesen vom Leiden und seinen Ursachen frei sein.
Mögen alle Lebewesen nicht von leidensfreier Glückseligkeit getrennt sein.
Mögen alle Lebewesen im Gleichmut sein und bleiben, frei von Voreingenommenheit, Haften und Zorn.

Solche Gebete stimmen den Geist auf die Meditation ein. Wenn wir uns am Anfang unserer guten Motivation versichern, werden wir bei der anschließenden Meditation weniger ablenkbar sein, unabhängig davon, was Gegenstand unserer Meditation ist – der Atem, die vier Grundlagen der Achtsamkeit, Liebe und Mitgefühl, Visualisationen, Mantrarezitation oder analytische Meditation über einen vom Buddha dargelegten Gegenstand.

Zum Abschluss der Sitzung widmen wir alles durch unsere Meditation erzeugte positive Potenzial dem Wohl aller Lebewesen. Statt »Widmung« liest man hin und wieder auch die Übersetzung »Übertragung der Verdienste«, aber das ist missverständlich. Wenn wir das positive Potenzial anderen zueignen, heißt das nicht, dass es auf das Bewusstsein anderer übertragen würde wie Geld von einem Konto zum anderen, denn das würde dem Gesetz von Ursache und Wirkung zuwider laufen. Wenn wir positives Potenzial erzeugen und dem Wohl anderer widmen, ist eine mitwirkende Kraft gemeint, ein Anschub, der ihr eigenes gutes Karma heranreifen lässt.

Diese Zueignung beugt der Gefahr vor, dass unser positives Potenzial zunichte wird, wenn wir später doch wieder zornig reagieren oder falschen Anschauungen verfallen. Außerdem verhindert es, dass wir an unseren spirituellen Errungenschaften haften. Die Zueignung hat diesen Wortlaut:

Möge ich aufgrund dieses positiven Potenzials bald den erleuchteten Stand eines Buddha erlangen, damit ich alle Lebewesen von ihren Leiden befreien kann.

Weit reichende Weisheit

Wir unterscheiden drei Arten von weit reichender Weisheit:

1. Die Weisheit, die erkennt, worin das wahre Wesen aller Dinge letztlich besteht: Sie haben kein in ihnen selbst liegendes Sein.
2. Die Weisheit, die alle gewöhnlichen Dinge versteht, zum Beispiel das Zusammenwirken von Ursache und Wirkung, Grammatik, Logik, Wissenschaft, Kunst und so weiter.
3. Die Weisheit, die weiß, wie man anderen nützen kann.

Wir befassen uns hier mit der ersten Weisheit, der Erkenntnis der Leerheit aller Dinge, da sie den Schlüssel zu Freiheit und Erleuchtung darstellt. Leerheit ist ein sehr in die Tiefe gehender Gegenstand, und wer ihn ganz verstehen will, wendet sich am besten an einen qualifizierten Meister. Das Folgende ist nur eine Einführung in das Thema.

Es gibt viele gute Gründe, nach der Leerheit erkennenden Weisheit zu streben. Sie ist das einzige, womit wir unserer Unwissenheit und anderen geistigen Trübungen wirklich beikommen können. Und sie ist nicht zu übertreffen, wenn es um die Bereinigung negativer karmischer Prägungen geht. Und schließlich können wir mit ihrer Hilfe auch anderen nützen, denn sie versetzt uns in die Lage, ihnen die wahre Bedeutung der Leerheit zu vermitteln.

Unwissenheit lässt uns unser eigenes Sein und die Existenzweise aller Dinge nicht erkennen. Sie projiziert eine irrige Existenzvorstellung auf alles. Wenn uns aufgeht, dass die Dinge nichts von unseren Fantasieprojektionen haben, können wir damit die Neubildung von Trübungen verhindern. Betrachten wir das an einem Beispiel.

Geld kann uns ziemlich in Wallung bringen. Wenn wir einen großen Betrag sehen, werden wir ganz aufgeregt und stellen uns vor, was wir davon alles kaufen könnten, wenn es unser Geld wäre. Verlieren wir Geld, regen wir uns auf und machen uns Sorgen, da etwas Wertvolles verschwunden ist.

Kurz, wir verhalten uns so, als besäße das Geld einen ihm selbst innewohnenden Wert, als wäre es als solches wichtig. Das Geld und sein Wert scheint irgendwie in den Scheinen zu liegen, ganz losgelöst von allem anderen. Wir brauchen uns nur vorzustellen, wie wir reagieren würden, wenn wir jemanden einen großen Geldschein verbrennen sähen: Da ist ein ganz spontanes Gefühl, dass Geld in sich selbst wertvoll ist.

Aber schauen wir noch einmal hin. Was ist Geld? Bedrucktes Papier. Mehr nicht. Wenn wir ein mit einem bestimmten Muster bedrucktes Stück Papier sehen, messen wir ihm Wert und Bedeutung bei. An sich ist dieses Stück Papier aber so gut wie wertlos. Die Papierschnipsel werden zu Zahlungsmitteln, weil wir ihnen den Namen »Geld« anhängen. Und es hat diese Zahlungskraft nur dadurch, dass wir als Gesellschaft ihm diesen Wert beimessen.

Geld und sein Wert existieren deshalb, weil wir den bedruckten Papierschnipseln Namen geben und Wert beimessen. Geld existiert also aufgrund der Kraft unserer Vorstellungen über dieses Papier. Tatsächlich besitzt Geld aber kein in ihm selbst liegendes, eigenständiges Sein. Es ist von abhängiger Existenz: Es ist abhängig von seinen Ursachen (etwa den Bäumen, aus denen das Papier hergestellt wird), seinen Teilen (vorne und hinten, rechts und links) und unserem Geist, der es »Geld« nennt und ihm einen Wert zuschreibt.

Warum ist es so wichtig zu verstehen, das Geld keine eigenständige Existenz besitzt, sondern abhängig existiert? Weil dieses Wissen verhindert, dass wir seine Bedeutung überschätzen. Wenn wir die Leerheit nicht verstanden haben, können sich mit der Vorstellung »Geld« allerlei sonderbare Ideen und Reaktionen verbinden. Manche Menschen können an gar nichts anderes denken, andere sind nie zufrieden, wie viel sie auch besitzen mögen; dann gibt es noch die, die sich auf ihren Reichtum viel einbilden und damit protzen, und wieder andere streiten ständig ums Geld oder vergehen sich sogar an anderen, um Geld zu bekommen.

Haben wir uns aber klar gemacht, dass Geld eine Kreatur unserer Gesellschaft ist, abhängig von unseren Vorstellungen und von bedrucktem Papier, werden wir ihm gegenüber eine realistischere Haltung einnehmen.

In gleicher Weise existieren alle Phänomene und alle Menschen nur in Abhängigkeit von anderen Faktoren: von Ursachen und Umständen, von ihren Bestandteilen, vom begrifflichen Bewusstsein, das ihnen Namen gibt. Das ist die Bedeutung des buddhistischen Begriffs »Entstehen in Abhängigkeit«. »Leerheit« und »abhängiges Entstehen« sind also zwei Begriffe, die einander ergänzen. Die Dinge sind leer, weil sie kein innewohnendes oder eigenständiges Sein besitzen. Ihre Existenz hängt von anderen Faktoren ab.

Wenn alle Wesen und Phänomene ohne innewohnendes, eigenständiges Sein sind, heißt das natürlich nicht, dass sie gar nicht existierten. »Leerheit« und »abhängiges Entstehen« haben ihre Bedeutung zwischen den beiden Extremen – und hier sind wir bei dem, was der Buddha als den »mittleren Weg« lehrte. Lama Tsongkhapa sagt in den *Drei Prinzipien des Weges*:

> Darüber hinaus beseitigen Erscheinungen das Extrem des [innewohnenden] Seins, und Leerheit beseitigt das Extrem der Nichtexistenz. Erfasst du das Entstehen von Ursache und Wirkung vom Standpunkt der Leerheit aus, wird dich keine der beiden extremen Anschauungen binden können.

Der erste Schritt zur Erkenntnis und Erfahrung der Leerheit besteht darin, dass man Lehrern zuhört und Bücher zum Thema durcharbeitet. Dann denken wir über das Gehörte und Gelesene nach und erörtern es mit Freunden, um unsere falschen Vorstellungen auszuräumen. Drittens meditieren wir und bringen das, was wir verstanden haben, mit unserem Geist-Strom in Einklang.

Zweierlei ist für die Meditation über die Leerheit wichtig. Erstens meditative Stille, also die Fähigkeit, unseren Geist in vollkommener Ausrichtung auf das Meditationsobjekt, hier die Leerheit, zu halten. Zweitens die besondere Einsicht, und das ist die Weisheit, mit der wir die Leerheit richtig erfassen. Besondere Einsicht und meditative Stille gehen eine innige Verbindung ein.

Durch wiederholte Meditation über die Leerheit reinigen wir unseren Geist-Strom von allen falschen Anschauungen und Trübungen. Und da unsere Meditation von altruistischer Intention getragen ist, wird sie uns zur Erleuchtung führen.

4 *Praktischer Leitfaden für ein gutes Leben*

Mit der Zufluchtnahme zu Buddha, Dharma und Sangha haben wir eine Hilfe, uns auf das zu konzentrieren, was in unserem Leben wichtig ist. Sie gibt unserem Leben eine positive Ausrichtung und bekräftigt unsere Überzeugung, dass es einen Weg zum Glück gibt.

Wenn wir Zuflucht nehmen, erfüllt uns das Wissen, dass es große Wesen mit Erbarmen, Weisheit und geschickten Mitteln gibt. Wir gewinnen das Zutrauen, dass wir ihren Stand auch erreichen können, wenn wir dem Pfad folgen. Mit der Zufluchtnahme lösen wir auch ein uns selbst gegebenes Versprechen ein: bessere Menschen zu werden und unseren Beitrag zum Wohlergehen anderer zu leisten.

Die eigentliche Zufluchtnahme findet tief im Herzen statt und hängt nicht von dem ab, was wir tun und sagen. Natürlich kann es sein, dass wir trotzdem an der Zeremonie der Zufluchtnahme teilnehmen möchten; dann bitten wir einen Mönch oder eine Nonne, uns formell Zuflucht zu gewähren. Die Zeremonie selbst ist kurz. Wir wiederholen die Worte, die unser Lehrer spricht, und öffnen unser Herz, damit eine starke Verbindung zu den Drei Kostbarkeiten Buddha, Dharma und Sangha entstehen kann. Diese Zeremonie macht uns außerdem »offiziell« zu Buddhisten.

Wir nehmen Zuflucht, weil wir künftige Leiden verhindern und auf dem Pfad vorankommen möchten. Um unseren Zielen treu zu bleiben, müssen wir von der Zufluchtnahme an gemäß dieser Motivation handeln. Der Buddha gab uns Richtlinien, an die wir uns halten können, um uns stetig weiter zu vervollkommnen.

Nicht dass wir nach der Zufluchtnahme »in Sicherheit« wären und tun könnten, was wir wollen. Mit der Zufluchtnahme geben wir unserem Leben vielmehr eine positive Richtung und müssen unsere Energien weiterhin in diese Richtung lenken. Deshalb beschrieb der Buddha, wie man praktizieren muss, um sicherzustellen, dass man seinem Entschluss zur Weiterentwicklung treu bleibt. Für die Schulung gelten folgende acht Punkte:

1. Der Zufluchtnahme zum Buddha entsprechend sollten wir uns einem qualifizierten spirituellen Meister anvertrauen. Wer die Zeremonie der Zufluchtnahme für uns vorgenommen hat, wird ein spiritueller Mentor für uns. Man kann mehr als einen Lehrer haben, weshalb es gut ist, darum zu beten, dass wir hoch qualifizierten Lehrern begegnen, zu denen wir eine starke Dharma-Verbindung spüren. Am besten fahren wir, wenn wir die Dharma-Unterweisungen unserer Lehrer befolgen, uns um sie kümmern und ihnen achtungsvoll begegnen.

2. Der Zufluchtnahme zum Dharma entsprechend machen wir das Hören und Studieren der Lehren zu einem Bestandteil unserer Schulung und setzen die Lehren in unserem Alltag praktisch um. Manche meinen, nur Mönche und Nonnen studierten die Lehren so intensiv, und für Laienanhänger sei das zu schwierig. Dem ist nicht so. Jeder sollte mit größtem Eifer die Lehren hören und studieren. Wenn wir auf dem Weg weiterkommen wollen, müssen wir den Dharma praktizieren, und Unterweisungen sind dafür eine wesentliche Voraussetzung.

3. Der Zufluchtnahme zum Sangha entsprechend achten wir den Sangha als die Gemeinschaft unserer spirituellen Gefährten und orientieren uns an ihrem Vorbild. Wenn wir bei anderen nur nach Schwächen Ausschau halten, werden wir auch nur Schwächen sehen. In dieser Haltung bekommen wir kein Gespür für die guten Eigenschaften unserer Gefährten und lernen nicht von ihnen. Wir dürfen bei Ordensangehörigen keine Vollkommenheit erwarten. Sie haben ihr Leben zwar dem Pfad

geweiht, aber jeder braucht seine Zeit, bis er wirklich begreift, und die meisten im Sangha haben genau wie wir mit ihren geistigen Trübungen und ihrem Karma zu ringen. Wer sich den Kopf rasiert, ist dadurch noch nicht erleuchtet. Aber wir können anerkennen, dass sie sich um Reinheit der Praxis bemühen und uns ein gutes Vorbild bieten. Auch ein Mönch oder eine Nonne kann Fehler haben, aber sie haben die vom Buddha eingeführten Gelübde abgelegt, und das verdient unsere Achtung.

4. Wir versuchen uns anhand der von Buddha, Dharma und Sangha gegebenen Beispiele zu schulen. Wenn wir sie uns zum Vorbild machen, werden wir schließlich auch wie sie. In angespannten Gefühlssituationen hilft uns die Frage: »Wie würde sich ein Bodhisattva in dieser Lage verhalten?« Im Nachdenken über diese Frage werden uns Alternativen für die Bewältigung unseres Problems einfallen.

5. Wir üben, uns nicht mehr gehen zu lassen, das heißt nicht mehr jedem Objekt der Begierde nachzurennen. Das Verlangen nach Geld und Status kann zur Sucht werden und chronische Unzufriedenheit nach sich ziehen. Wenn wir sinnliche Freuden in Maßen genießen, werden wir viel glücklicher sein. Und achten wir darauf, dass wir nicht alles, was uns missfällt, von oben herab beurteilen. Es ist so leicht, die Fehler anderer zu entdecken und die eigenen zu übersehen. Aber das macht weder uns selbst noch andere glücklicher. Unsere eigenen Fehler zu korrigieren, ist viel produktiver, als die Fehler anderer aufzuzeigen.

6. So gut wir eben können, versuchen wir die zehn destruktiven Handlungsweisen zu meiden und uns an die Gebote oder Regeln zu halten, auf die wir uns verpflichten. Wir können geloben, die fünf Laiengebote ein Leben lang oder die acht Gebote für einen Tag einzuhalten. Sittlichkeit ist die Grundlage der Praxis; ohne sie haben wir keine Chance, die Voraussetzungen für gute Wiedergeburten oder tiefe Einsichten zu schaffen.

7. Wir schulen uns darin, ein mitfühlendes und wohlwollendes Herz für alle Lebewesen zu bekommen. Dafür ist es wichtig,

immer wieder über Liebe, Mitgefühl und Altruismus zu meditieren. Wenn wir nicht schon vor der Begegnung mit einem schwierigen Menschen tiefe Betrachtungen über Geduld anstellen, könnte es schwer werden, unseren Zorn im Zaum zu halten. Wir müssen uns vorbereiten, indem wir an die Freundlichkeiten anderer denken und Meditationen über Geduld zum Bestandteil unserer täglichen Praxis machen. Im sechsten Kapitel seines Werkes *Leitfaden für das Leben des Bodhisattva* gibt Shantideva uns Hilfen, mit denen wir lernen können, unseren Zorn zu beherrschen. Wenn wir bei unserer Meditation Geduld heranbilden, werden wir bei der Arbeit oder in der Schule achtsam sein und merken, wenn wir ärgerlich werden. Dann erinnern wir uns auch an unsere Betrachtungen bei der Meditation und können unseren Ärger loslassen. Wir werden damit nicht immer Erfolg haben, aber im Laufe der Zeit werden sich Fortschritte bemerkbar machen. Nützlich ist es auch, wenn wir jeden Abend den Tag Revue passieren lassen. Stellen wir dabei fest, dass noch Reste von Ärger in uns sind, helfen uns Gedanken über Geduld und die altruistische Motivation.

8. An buddhistischen Festtagen tun wir gut daran, die Drei Kostbarkeiten mit besonderen Opfern zu bedenken, um positives Potenzial anzusammeln.

Die Punkte 5 bis 7 legen besonderes Gewicht auf die Verbesserung unserer Beziehungen zu anderen. Den Lehren des Buddha folgen heißt nicht, dass wir uns durch Rituale ein oberflächliches Gefühl von Heiligkeit verschaffen. Es bedeutet, dass wir anderen keinen Schaden zufügen und ihnen im alltäglichen Leben nach besten Kräften helfen.

Besondere Richtlinien

Um eine gute Beziehung zu jeder der Drei Kostbarkeiten aufzubauen und zu bewahren, gibt es besondere Anhaltspunkte für die Zufluchtnahme zu Buddha, Dharma und Sangha:

Zuflucht zum Buddha

Nachdem wir Zuflucht zum Buddha genommen haben, der alle Verunreinigungen geläutert und alle Eigenschaften entwickelt hat, suchen wir nicht mehr in weltlichen Gütern unser Heil, die uns doch keinen Ausweg aus unseren Problemen zeigen können. Es gibt zwar weltliche Güter von psychischer Kraft, aber auch sie unterliegen dem zyklischen Dasein. Wollten wir uns an sie halten, wäre das so, als wollte ein Ertrinkender sich von einem anderen Ertrinkenden retten lassen.

Alle Bildnisse des Buddha sollten achtungsvoll behandelt werden: Wir stellen sie nicht zu niedrig oder an unsauberen Stellen auf, wir steigen nicht über sie und deuten nicht mit dem Fuß auf sie. Buddhastatuen repräsentieren den erhabenen Stand, den wir auch erreichen wollen, und so achten wir gut auf sie. Die Statue bedarf unseres Respekts nicht, aber für uns ist es notwenig, uns die in ihr abgebildeten Eigenschaften des Buddha vor Augen zu halten.

Buddhastatuen unterstützen uns darin, den Zustand der Erleuchtung immer im Blick zu haben und auf ihn hinzuarbeiten. Deshalb verpfänden wir religiöse Objekte nicht und handeln auch nicht mit ihnen wie mit irgendeiner Ware, also nicht in der Absicht, unseren Lebensunterhalt davon zu bestreiten. Die Gewinne aus dem Verkauf von Statuen oder Dharma-Büchern sollten zur Beschaffung oder Herstellung weiterer Dharma-Artikel verwendet werden und nicht einem Restaurantbesuch oder dem Kauf neuer Kleidung dienen.

Beim Betrachten verschiedener Statuen sind Urteile wie dieses völlig unangebracht: »Dieser Buddha hier ist schön, der da nicht.« Wie kann ein Buddha hässlich sein? Über das Können eines Künstlers lässt sich streiten, aber nicht über das Aussehen eines Buddha.

Außerdem sollten Sie teure Statuen nicht mit besonderer Ehrerbietung behandeln und beschädigte oder weniger kostspielige Stücke links liegen lassen. Manche Leute stellen ihre teuren und besonders kunstvoll gearbeiteten Statuen ganz vorn auf ihren Altar, damit sie von ihren Freunden zu hören bekommen: »Du hast so schöne und erlesene Stücke in deiner Wohnung.« Lobende Worte für den Besitz religiöser Gegenstände hören zu wollen ist eine weltliche Einstellung. Wenn es uns nur um Bewunderung geht, können wir genauso gut unseren Videorecorder oder unsere Kontoauszüge vorzeigen.

Zuflucht zum Dharma

Wenn wir Zuflucht zum Dharma genommen haben, hüten wir uns, irgendeinem Lebewesen Schaden zuzufügen. Man wird ein Buddha, um anderen nützen zu können, und Buddhas nehmen andere wichtiger als sich selbst. Wenn wir die Buddhas bewundern, müssen uns alle Lebewesen ebenso am Herzen liegen wie ihnen.

Den Schriften, die den Pfad zur Erleuchtung schildern, zollen wir Respekt, indem wir sie in einiger Entfernung vom Boden aufbewahren und sauber halten. Steigen Sie nicht über solche Texte, legen Sie sie nicht auf den Boden, werfen Sie sie nicht in den Müll, wenn sie zu alt geworden sind. Alle Dharma-Gegenstände, die aus Altersgründen nicht mehr brauchbar sind, können verbrannt werden.

Natürlich sind nicht das Papier und die Druckerschwärze das Heilige an solchen Büchern; aber sie zeigen den Weg zur Erleuchtung, den wir in unserem Geist umsetzen möchten. Sie sind unsere spirituelle Nahrung. Wir legen keine Nahrungsmittel auf den nackten Boden, denn der Boden ist schmutzig, und wir wissen um den Wert unserer Nahrung. So werden wir auch Dharma-Bücher angemessen behandeln, wenn wir uns ihre Bedeutung als spirituelle Nahrung vor Augen halten. Diese Richtlinien machen uns achtsamer im Umgang mit allen Dingen ringsum.

Zuflucht zum Sangha

Wenn wir zum Sangha Zuflucht genommen haben, freunden wir uns nicht mit Menschen an, die schlecht über Buddha, Dharma und Sangha sprechen oder aufsässig sind oder anderen schaden.

Wir meiden diese Menschen nicht, weil sie böse oder schlecht wären, sondern weil unser eigener Geist schwach ist. Wenn wir zum Beispiel aufhören möchten, über andere zu tratschen, werden wir in der Gesellschaft anderer, die Klatsch und Tratsch lieben, nur zu leicht in unsere alten Gewohnheiten zurückfallen.

Trotzdem sollten wir diese Menschen nicht kritisieren oder grob behandeln. Wir haben Mitgefühl mit ihnen, aber wir suchen ihre Nähe nicht. Nehmen wir an, ein Arbeitskollege habe etwas an unserer religiösen Praxis auszusetzen. Während der Arbeit können wir dennoch höflich zu ihm sein, aber wir werden uns nicht danach mit ihm treffen, um über religiöse Fragen zu diskutieren. Ist jemand jedoch aufgeschlossen und möchte über Religion sprechen, um das Leben besser zu verstehen, können wir unsere Ideen und Gedanken ruhig mit ihm teilen.

Bodhisattvas oder Menschen, die sich der Arhatschaft nähern und nicht mehr Gefahr laufen, in alte negative Verhaltensweisen zurückzufallen, suchen die Nähe von Unruhestiftern, um ihnen helfen zu können. Aber solange wir noch nicht weit genug in unserer Praxis gefestigt sind, müssen wir genau darauf achten, mit was für Menschen wir uns umgeben.

Darüber hinaus erziehen wir uns zum Respekt gegenüber Ordensangehörigen, die sich ernsthaft um die praktische Umsetzung der Lehren bemühen. Bewunderung für ihre Qualitäten fördert unseren Geist, denn so werden wir selbst auch nach diesen Qualitäten streben und uns solche Menschen zum Vorbild nehmen. Unsere Wertschätzung kann sogar den Gewändern der Mönche und Nonnen gelten, sodass wir uns freuen und inspiriert fühlen, wenn wir sie sehen.

Gemeinsame Richtlinien

Sechs Richtlinien, die für alle Drei Kostbarkeiten gelten, dienen dem Zweck, unsere Zufluchtnahme zu vertiefen und vielleicht andere anzuregen, ebenfalls Zuflucht zu nehmen:

1. Im Wissen um die Eigenschaften der Drei Kostbarkeiten und des Unterschieds zwischen ihnen und anderen Dingen, bei denen man Zuflucht suchen kann, nehmen wir immer wieder Zuflucht zu Buddha, Dharma und Sangha. Es gibt viele Texte über die Drei Kostbarkeiten, und wenn wir sie studieren, werden wir immer besser verstehen, wie die Drei Kostbarkeiten uns leiten und beschützen. Die Zufluchtnahme ist keine einmalige Sache. Sie ist ein Prozess, in dem wir unser Vertrauen auf die Drei Kostbarkeiten stetig vertiefen.

2. Im Gedenken an die Güte der Drei Kostbarkeiten opfern wir ihnen. Manche opfern in dem Gedanken, sie müssten den Drei Kostbarkeiten etwas zurückerstatten oder könnten sie durch das Opfer zu weiteren Hilfen verpflichten. Stellen Sie sich jemanden vor, der in den Tempel geht und betet: »Buddha, wenn du meine kranke Verwandte wieder gesund machst und dafür sorgst, dass mein Geschäft floriert, werde ich die jedes Jahr an eben diesem Tag Opfergaben darbringen.« Das ist nicht die richtige Einstellung beim Opfern. Wir machen mit dem Buddha keine Geschäfte nach dem Motto: »Wenn du mir das Gewünschte lieferst, bezahle ich dich.« Wenn wir opfern, sollte es in der Absicht geschehen, unsere Kleinlichkeit zu verringern und uns zur Freude am Geben zu erziehen.

Manche opfern, um sich Verdienste zu erwerben, aber auch das ist eigentlich eine geschäftliche Transaktion. Verdienst gilt hier als eine Art spirituelle Währung, und man sammelt es in einer Haltung von Habgier an. Auch das ist nicht die richtige Einstellung. Natürlich ist es gut, positives Potenzial zu erzeugen, aber noch wichtiger ist, dass wir es dem Wohlergehen anderer widmen.

Es empfiehlt sich, unsere Speisen als Opfergaben darzubringen, bevor wir sie zu uns nehmen. Wir halten vor der Mahlzeit einen Augenblick inne und besinnen uns, anstatt unser Essen hineinzuschlingen, wie es hungrige Tiere tun. Zum Darbringen der Speisen eignen sich Gedanken wie diese: »Nahrung ist wie

Medizin, die das Leiden des Hungers heilt. Ich muss mein Leben sicherstellen, damit ich den Dharma praktizieren und anderen dienen kann. Nahrung ist der Treibstoff, der mir das erlaubt. Viele Hände wirken mit, um diese Nahrungsmittel zu erzeugen, zu transportieren und zuzubereiten. Alle Beteiligten sind sehr gütig gewesen, und dafür möchte ich mich erkenntlich zeigen, indem ich aus meinem Leben ein sinnvolles Leben mache. Deshalb bringe ich meine Speisen dem Buddha dar, um selbst ein Buddha zu werden und allen Lebewesen auf die bestmögliche Weise helfen zu können.«

Stellen Sie sich das Essen anschließend als reinen, süßen Weisheitsnektar vor, der große Glückseligkeit vermitteln kann. Wir visualisieren einen kleinen Licht-Buddha in der Gegend unseres Herz-Zentrums und opfern ihm oder ihr diesen Nektar. Als Segen rezitieren wir dreimal das OM AH HUM. Dieses Mantra repräsentiert die Eigenschaften von Körper, Rede und Geist des Buddha. Danach sprechen wir diese Verse:

Ich esse jetzt diese Speise, ohne Gier oder Widerwillen,
auch nicht bloß für die Gesundheit oder zum Vergnügen oder Trost,
sondern einfach als Medizin, die meinem Körper stärkt,
damit ich zum Wohl aller Erleuchtung finde.

Dem höchsten Lehrer, dem kostbaren Buddha,
der höchsten Zuflucht, dem heiligen kostbaren Dharma,
dem höchsten Führer, dem kostbaren Sangha –
diesen Horten der Zuflucht bringe ich meine Opfergaben dar.

Mögen wir und alle ringsum
in allen unseren Leben nie von den Drei Kostbarkeiten getrennt sein.
Mögen wir stets Gelegenheit haben, ihnen zu opfern,
und mögen wir, um den Weg gehen zu können, jederzeit Segen und Inspiration von ihnen empfangen.

Wir können beim Rezitieren die Augen schließen oder, falls wir uns gerade irgendwo in der Öffentlichkeit befinden, die Gebete still und mit offenen Augen sprechen und dabei visualisieren.

3. In unserem Wissen um das Erbarmen der Drei Kostbarkeiten geben wir anderen Anstöße, ebenfalls Zuflucht bei ihnen zu suchen. Wenn wir uns vor Augen halten, wie die Buddhas den Pfad praktizierten und wie der Sangha uns durch seine Praxis unterstützt, ist ihr Mitgefühl nicht zu übersehen. Mit ihrer unerschöpflichen Güte lehren sie uns den Dharma, führen uns, geben uns ein gutes Beispiel und inspirieren uns.

Da wir wissen, wie viel Gutes die Zufluchtnahme und der Dharmapfad in unserem Leben bewirken, wünschen wir auch anderen, dass sie an diesem Guten teilhaben können. Es wäre jedoch ungeschickt und wenig einfühlsam, würden wir anderen jetzt unsere Überzeugungen aufdrängen oder sie allzu aufdringlich zur Teilnahme an Lehrvorträgen auffordern. Lassen wir uns gar nicht erst auf diese Wettkampfmentalität ein, die sagt: »Meine Religion ist besser als deine. Ich werde mehr Leute bekehren als du.« Wir befinden uns nicht in Konkurrenz mit anderen Religionen.

Aber wir gehen auch nicht ins andere Extrem und verheimlichen der Öffentlichkeit alle buddhistischen Aktivitäten. Hätte niemand die buddhistischen Lehren publiziert und ihnen Organisationsformen gegeben, wäre ich dem Dharma nie begegnet. Ich bin all denen dankbar, die für mich die Gelegenheit schufen, mit den Lehren des Buddha bekannt zu werden und sie zu praktizieren.

Deshalb können wir anderen ruhig etwas über buddhistische Lehren und Veranstaltungen mitteilen und ihnen sagen, sie könnten kommen, wenn sie wollen. Wenn jemand nicht direkt am Buddhismus als solchem interessiert ist, können wir ihm die Bedeutung der Lehren auch in normaler Umgangssprache nahe bringen. Ein Großteil dieser Lehren erschließt sich ja ohne weiteres dem ganz normalen gesunden Menschenverstand. Wir können anderen sicher ohne buddhistisches Vokabular erklären, was für Nachteile der Zorn hat und wie man mit Hass fertig wird. Ohne spezielle Sprache lässt sich vermitteln, weshalb Egoismus Nachteile bringt und welchen Nutzen man von Freundlichkeit gegenüber anderen hat.

Außerdem bemerken andere, wie wir uns verhalten. Sie werden sich fragen, wie wir auch unter ungünstigen Umständen ruhig und ausgeglichen bleiben können. Wir müssen ihnen gar nichts über den Dharma sagen; an unserem Verhalten werden sie den Nutzen der Dharmapraxis ablesen können und dann von selbst neugierig werden und wissen wollen, was wir tun. Von Verwandten habe ich einmal gehört: »Du warst gar nicht aufgebracht, als dieser Kerl dich kritisiert hat!« Danach waren sie viel eher geneigt, etwas über den Buddhismus zu erfahren.

4. Im Wissen um die Wohltaten der Zufluchtnahme, nehmen wir erneut jeden Morgen und jeden Abend dreimal Zuflucht. Dazu sprechen wir eines der Zufluchtsgebete und denken darüber nach.

Es ist äußerst segensreich, den Tag gleich so positiv zu beginnen. Versuchen wir beim Weckerläuten als Erstes zu denken: »Was für ein Glück ich habe, dass ich lebendig bin und den Dharma praktizieren kann! Die Drei Kostbarkeiten sind zuverlässige Führer auf dem Pfad der Erleuchtung. Um das Wesentliche aus diesem Leben zu gewinnen, ist es am besten, wenn ich mir die Wertschätzung anderer zur Gewohnheit mache und mir wünsche, etwas für sie tun zu können. Deshalb will ich heute nach besten Kräften darauf achten, dass ich niemandem schade, sondern allen freundlich und hilfsbereit begegne.«

Danach sprechen wir dreimal das Gebet der Zufluchtnahme und der Entwicklung unserer altruistischen Intention:

Bis zu meiner Erleuchtung nehme ich Zuflucht zu Buddha, Dharma und Sangha. Möge ich durch das positive Potenzial, dass ich schaffe, indem ich Großzügigkeit und die übrigen weit reichenden Haltungen

[Sittlichkeit, Geduld, freudiges Bemühen, meditative Stabilität und Weisheit] übe, Buddhaschaft erlangen, um zum Nutzen aller Lebewesen wirken zu können.

Diese Gedanken und das Gebet nehmen nur ein paar Augenblicke in Anspruch, können jedoch den Rest des Tages entscheidend prägen. Wir werden fröhlicher und der Richtung unseres Lebens gewiss sein. Insbesondere dann, wenn wir nicht regelmäßig meditieren, ist solch ein Start in den Tag äußerst segensreich.

Wenn wir abends den Tag Revue passieren lassen und uns von geistigen Trübungen befreien, die sich vielleicht während des Tages gebildet haben, nehmen wir ebenfalls wieder Zuflucht und bekräftigen unsere altruistische Intention.

Vor dem Einschlafen können wir uns den Buddha als Lichtgestalt auf unserem Kopfkissen vorstellen. Wir legen unseren Kopf in seinen Schoß und schlafen im sanften Glosen seiner Weisheit und seines Mitgefühls ein.

5. Wir versuchen uns bei allem, was wir tun, den Drei Kostbarkeiten anzuvertrauen. Bei nervlicher Anspannung ist es gut, den Buddha zu visualisieren, um Unterstützung zu bitten und sich ein vom Buddha ausstrahlendes Licht vorzustellen, das in unseren Körper eindringt und ihn ganz erfüllt. In einer Gefahr können wir beten und die Drei Kostbarkeiten um Hilfe und Rat bitten.

Uns den Drei Kostbarkeiten anvertrauen heißt auch, dass wir ihre Unterweisungen nicht vergessen. So können wir uns, wenn wir ärgerlich werden, daran erinnern, wie man Geduld übt. Eifersucht kann uns ein Signal sein, uns am Glück und den guten Eigenschaften anderer zu freuen. Unsere Dharmapraxis ist unsere beste Zuflucht, denn durch sie finden wir in allen Lebenslagen die richtige und angemessene Haltung, mit der unsere Probleme zu beseitigen sind.

6. Lassen wir niemals von unserer Zuflucht ab, nicht einmal in lebensbedrohlicher Lage, nicht einmal zum Scherz. Es ist wich-

tig, in glücklichen wie in unglücklichen Zeiten das Vertrauen auf die Drei Kostbarkeiten und die Beziehung zu ihnen nicht leiden zu lassen. Manche lassen sich von sinnlichen Freuden so sehr fesseln, dass sie ihre Dharmapraxis vergessen, anderen sinkt in schlimmen Zeiten der Mut so sehr, dass sie die Drei Kostbarkeiten vergessen. Es schadet uns sehr, wenn wir unsere Zufluchtnahme vergessen, denn hier verraten wir ja eigentlich unseren festen Entschluss, unserem Leben Sinn und Zweck zu geben. Wer jedoch weiß, dass die Drei Kostbarkeiten seine besten Freunde sind, die ihn niemals im Stich lassen werden, wird sie stets im Herzen behalten, wie die äußeren Bedingungen auch sein mögen.

Alle diese Richtlinien sind als Hilfen gemeint, damit wir aus unserem Leben ein sinnvolles Leben machen können. Hier geht es um Einstellungen und Verhaltensweisen, die wir nach und nach einüben. Ein schlechtes Gewissen, weil wir jetzt noch nicht perfekt nach diesen Richtlinien leben können, wäre allerdings Energievergeudung. Selbstbeurteilungen dieser Art lähmen uns nur.

Informieren wir uns lieber über die Richtlinien, um sie dann so gut wie möglich umzusetzen, wobei wir sie uns hin und wieder neu vergegenwärtigen, um unsere Erinnerung aufzufrischen. Wir können eine Richtlinie auswählen, die in dieser Woche Vorrang in unserem Alltag haben soll. Nächste Woche fügen wir eine weitere hinzu und so weiter. So machen wir es uns nach und nach zur Gewohnheit, sie alle zu üben.

5 *Gelübde: Unserer Energie eine gute Richtung geben*

Der Buddha erläuterte die zehn destruktiven und die zehn konstruktiven Handlungsweisen, damit wir unseren Taten, Worte und Gedanken eine positive Richtung geben können. Zusätzlich führte er Gelübde ein, die in unterschiedlichen Gruppierungen zu verschiedenen Zwecken abgelegt werden können. Die erste Gruppe von Regeln oder Geboten, auf die wir uns durch ein Gelöbnis verpflichten können, dienen der individuellen Befreiung. Sie unterstützen uns in der Absicht, alles destruktive körperliche und sprachliche Handeln zu unterlassen. Auf der nächsten Ebene folgen die Bodhisattva-Gelübde, mit deren Hilfe wir unsere Selbstbezogenheit abbauen können. Die tantrischen Gelübde bilden die dritte Ebene; mit ihrer Hilfe können wir verhindern, dass uns die Dinge als gewöhnlich und aus sich selbst existierend erscheinen oder wir sie uns so erklären.

Gelöbnisse sind eine Freude, keine Bürde. Sie sind nicht dazu da, uns den Spaß zu verderben oder Mangel empfinden zu lassen. Gelübde sollen uns vielmehr innere Festigkeit vermitteln, damit wir unserem Entschluss, bestimmte Handlungen zu unterlassen, treu bleiben. Und wir möchten sie unterlassen, weil wir wissen, dass Töten, Diebstahl, Egoismus und so weiter nur uns selbst und anderen schaden, jetzt und in der Zukunft. Mit den Gelübden gewinnen wir die nötige Energie und Festigkeit. Deshalb heißt es, die Gelübde seien die Zierde der Weisen.

Gelübde für die individuelle Befreiung

Der Buddha führte fünf Gebote ein, damit es die Menschen leichter haben, ihre geistigen Trübungen zu überwinden und sich schädlicher Taten zu enthalten. Während einer von einem Mönch oder einer Nonne geleiteten kurzen Zeremonie können wir Zuflucht zu den Drei Kostbarkeiten Buddha, Dharma und Sangha nehmen und zugleich diese Laiengelübde ablegen, eine Auswahl oder alle fünf. Dadurch werden wir ein *Upasaka* oder eine *Upasika*.

Die fünf Gelöbnisse gelten für das ganze Leben. Im Einzelnen geloben wir:

- Keinem Lebewesen das Leben zu nehmen, also nicht zu töten
- Nichts zu nehmen, was nicht gegeben wird, also nicht zu stehlen
- Unkluges sexuelles Verhalten zu meiden
- Nicht zu lügen
- Nichts Berauschendes zu uns zu nehmen.

Bei der Zeremonie der Zufluchtnahme überlassen manche Lehrer uns selbst die Entscheidung, welche der fünf Gelübde wir ablegen wollen. Für andere sind bei dieser Zeremonie alle fünf Gelübde selbstverständlich. Die ersten vier Handlungsweisen haben wir im Kapitel »Die vier edlen Wahrheiten« besprochen. Das fünfte Gelöbnis beinhaltet, dass wir weder Alkohol noch Rauschdrogen zu uns nehmen. Sie sind schädlich, weil unter ihrem Einfluss unser Sinn für Richtig und Falsch leiden kann. Manche Menschen werden unter Alkohol- oder Drogeneinfluss extrem ausfällig oder schlagen sogar Frau und Kinder.

Viele zögern bei diesem Gelöbnis, denn es gibt ja gesellschaftliche Anlässe, bei denen eigentlich alle etwas trinken. Ich frage mich aber, wie viele Menschen wohl bei einer Party oder einem geschäftlichen Treffen wirklich darauf aus sind zu trinken. Vielleicht tun es alle nur, weil sie glauben, es werde von ihnen erwartet – und in Wirklichkeit hat keiner wirklich Lust darauf!

Tatsächlich ist es nicht schwierig, Alkohol dankend abzulehnen. Wenn Sie keinen Alkohol trinken, werden die Leute nicht erschrocken innehalten und Sie anstarren. Vielleicht können wir sogar anderen ein Beispiel geben, die nur noch mit Mühe ohne Alkohol auskommen. Jedenfalls brauchen wir uns nie zu schämen, wenn wir nach unseren Prinzipien handeln.

Zum Tabak gibt es verschiedene Auslegungen. In der Theravada-Tradition fällt das Rauchen nicht unter dieses Gebot, wohl aber im Mahayana.

Kaffee und Tee sind erlaubt. Sie enthalten Koffein, wirken aber nicht im negativen Sinne enthemmend. Gegen Chili und andere Gewürze bestehen ebenfalls keine Bedenken.

Laien haben die Möglichkeit, sich für vierundzwanzig Stunden auf die Einhaltung von acht Geboten zu verpflichten. Wenn wir diese Gelübde zum ersten Mal ablegen, muss das vor jemandem geschehen, der in der Linie dieser Gelöbnisse steht, das heißt der sie vor seinem eigenen Meister abgelegt hat, welcher sie wiederum vor seinem Meister abgelegt hat und so weiter. So lässt sich die Tradition der Gebote bis auf den Buddha zurückverfolgen.

Wer die acht Gelöbnisse erstmals vor einem qualifizierten Lehrer abgelegt hat, kann sie von da an selbst erneuern, indem er sich vorstellt, sie in der Gegenwart aller Buddhas, Bodhisattvas und Arhats zu leisten. Die Zeremonie ist kurz und muss vor der Morgendämmerung beginnen. Die Gelübde gelten bis zur Morgendämmerung des folgenden Tages.

Viele legen die acht Gelübde gern zu Neumond oder Vollmond oder an buddhistischen Feiertagen ab, aber jeder Tag ist dafür geeignet. Die ersten fünf entsprechen den fünf Laiengelübden, nur das man sich nicht auf die Unterlassung von unklugem sexuellen Verhalten, sondern auf Enthaltsamkeit verpflichtet, da es ja nur um einen Tag geht.

Das sechste Gelübde beinhaltet den Verzicht auf Parfüm, Schmuck und Kosmetik sowie auf das Singen, Tanzen und

Musizieren. Damit haben wir eine Hilfe, Ablenkungen von unserer Praxis zu vermeiden. Wenn wir singen oder summen und uns dann zur Meditation hinsetzen, werden die Melodien innerlich weiterlaufen. Und wenn wir unseren Körper nicht verschönern, werden wir umso mehr darauf bedacht sein, etwas für unsere innere Schönheit zu tun, die aus Liebe, Mitgefühl und Weisheit besteht.

Mit dem siebten Gelübde verpflichten wir uns, keine besonders kostspieligen oder erhöhten Sitzgelegenheiten oder Betten zu benutzen, weil wir uns dann über andere erhaben fühlen könnten.

Das achte Gelübde erlegt uns auf, nach dem Mittagessen keine feste Nahrung mehr zu uns zu nehmen und uns an diesem Tag vegetarisch zu ernähren. Manche Lehrer sagen, es solle an diesem Tag nur die Mittagsmahlzeit geben, während andere Frühstück und Mittagessen zulassen. Manche Lehrer erlauben am Abend nur Wasser, andere lassen auch Tee mit etwas Milch oder filtrierten Fruchtsaft zu. Mit diesem Gelübde soll erreicht werden, dass wir das Essen nicht gar so wichtig nehmen. Außerdem können wir unter diesen Voraussetzungen am Abend besser meditieren, denn nach ausgiebigem Abendessen wird man leicht schwer und schläfrig.

Solche Gelübde sind unglaublich fördernd. Wie anders unsere Welt schon aussähe, wenn jeder nur das erste Gelöbnis ablegen würde, nicht zu töten! Wenn wir die Gelöbnisse ablegen, hat das sofort drastische Auswirkungen auf das Leben der Menschen in unserer Umgebung: Durch unseren festen Vorsatz, anderen nicht zu schaden, leben sie in Sicherheit.

Dann werden wir durch die Gelübde auch immer deutlicher auf unsere Taten, Worte und Einstellungen aufmerksam. Durch die Gelübde wird unser gewohntes Verhalten uns bewusst und so lernen wir uns immer besser kennen.

Und wenn wir uns entschieden haben, welche Verhaltensweisen wir meiden wollen, werden wir nicht mehr unschlüssig schwanken, wenn wir in Situationen geraten, die Anreiz bieten, etwas zu tun, was wir später bedauern würden.

Jeden Augenblick, in dem wir nicht aktiv gegen ein Gebot verstoßen, sammeln wir eine Menge positives Potenzial an, sogar im Schlaf. Der Grund liegt darin, dass wir den festen Entschluss gefasst haben, dieses Handeln zu unterlassen, und es auch wirklich unterlassen. Das angesammelte positive Potenzial bildet eine tragfähige Grundlage für spirituelle Einsichten, und es ist die Voraussetzung für einen friedlichen Tod und eine günstige Wiedergeburt.

Wer noch mehr auf sein körperliches und sprachliches Handeln achten möchte, kann zehn Gelübde ablegen, die ihn zum *Shramanera* oder zur *Shramanerika* machen. In der tibetischen Tradition sind diese Gelübde noch weiter in insgesamt sechsunddreißig unterteilt. Diese Gelübde, auch Novizenordination genannt, legt man für ein ganzes Leben ab, und man wird durch sie zum Mönch beziehungsweise zur Nonne.

Nach der Novizenordination kann man irgendwann die volle Ordination bekommen und ist dann ein *Bhikshu* oder eine *Bhikshuni*. Die Anzahl der Gelübde ist nicht in allen buddhistischen Übertragungslinien gleich, und selbst innerhalb einer Linie legen Bhikshus und Bhikshunis unterschiedlich viele Gelübde ab.

Traditionell können Frauen zwischen der Novizenordination und der Bhikshuni-Ordination eine *Shiksamana* genannte Übergangsordination erhalten, mit der je nach Vinaya-Tradition sechs oder zwölf weitere Gelübde verbunden sind. Nach zwei Jahren auf dieser Shiksamana-Stufe können Frauen die volle Ordination erhalten. Die Linien dieser Ordinationen bestehen seit den Tagen des Buddha ununterbrochen.

In den Theravada-Ländern Südostasiens ist die Frauenordination jedoch schon vor Jahrhunderten eingestellt worden. In Sri Lanka gibt es heute Frauen, die zehn *Dasasilmatas* genannte Gelübde ablegen. In Thailand gibt es die so genannten *Maejis*, das sind Frauen, die acht Gelübde abgelegt haben. Sie werden jedoch in beiden Fällen als Laiengelübde angesehen und die Frauen gelten nicht offiziell als ordinierte Nonnen. Inzwischen beschäftigen sich aber viele Frauen mit der Möglichkeit, die Shramanerika-, Shiksamana- und Bhikshuni-Linien aus der chinesischen Tradition wieder auf die Theravada-Tradition zu übertragen. In jüngster Zeit haben einige Frauen aus Sri Lanka die Bhikshuni-Gelübde abgelegt.

In Tibet konnte zwar die Novizen-Ordination für Frauen Fuß fassen, nicht jedoch die Bhikshuni-Ordination. Die Shramanerika-Ordination kann von je vier Bhikshus und Bhikshunis vorgenommen werden, doch zur Bhikshuni-Ordination sind von beiden Geschlechtern je zehn Personen erforderlich. Da es in früheren Zeiten für Frauen sehr schwierig war, in die Himalayaländer zu reisen, gelangte die Bhikshuni-Ordination nicht nach Tibet.

Im chinesischen, koreanischen und vietnamesischen Buddhismus bestehen die Linien der Bhikshu- und Bhikshuni-Ordination bis heute. In den letzten Jahren haben einige Frauen aus dem Theravada und der tibetischen Tradition die Bhikshuni-Ordination von chinesischen, koreanischen oder vietnamesischen Meistern erhalten. Jetzt denkt man daran, die Bhikshuni-Ordination auch im Theravada und im tibetischen Buddhismus zu ermöglichen.

In Japan wurden die Gelübde um die Mitte des neunzehnten Jahrhunderts zur Zeit der Meiji-Restauration geändert, weil die Regierung wollte, dass Mönche und Nonnen heiraten konnten. So gibt es in Japan heute verheiratete und unverheiratete Priester und Priesterinnen, und die Anzahl ihrer Gelübde weicht von anderen buddhistischen Traditionen ab.

Mit Ausnahme der acht Gelübde, die für einen Tag abgelegt werden, gelten alle Gelübde ein Leben lang. Es kommt natürlich vor, dass ein Mönch oder eine Nonne die Ordination aufgrund unvorhersehbarer Umstände nicht mehr aufrechterhalten kann oder möchte. In solch einem Fall kann er oder sie einen spirituellen Meister aufsuchen und die Verpflichtung auf die Gebote widerrufen. Notfalls genügt irgendeine Person, die das Gesagte hören und verstehen kann.

In Thailand ist es Brauch, dass ein Mann mindestens einmal in seinem Leben vorübergehend Mönch wird und sich drei Monate lang an die Gebote hält. Meist wird die Zeit des jungen Erwachsenenalters gewählt. Sie bekommen hier eine sichere Grundlage für ethisches Verhalten und diese Mönchszeit gilt als besonders glückverheißend für die Familie. Nach den drei Monaten werden die Gelübde aufgelöst und man kehrt ins Familienleben zurück.

Die verschiedenen Gruppen von Gelübden – für Laien und für Mönche und Nonnen der verschiedenen Stufen – sind in den Gelübden für die individuelle Befreiung inbegriffen, die zusammenfassend *Pratimoksha* genannt werden. Um diese Gelübde ablegen zu können, braucht man eine Grundmotivation: Befreiung vom zyklischen Dasein. Wir verpflichten uns hier auf Regeln für den Gebrauch von Körper und Rede, die in allen buddhistischen Traditionen gleich sind. Bei der Ordination für die individuelle Befreiung gibt es also keine Unterschiede zwischen Theravada, Mahayana und Vajrayana.

Im Mahayana gibt es die Tradition, dass man die acht Gelübde ablegt, nachdem man eine starke altruistische Motivation entwickelt hat. Wir sprechen hier von den acht Mahayana Gelübden. Im Normalfall werden die acht Gelübde ja für einen Tag abgelegt und eignen sich daher nicht für Ordensmitglieder. Die acht Mahayana-Gelübde können jedoch auch von Mönchen und Nonnen abgelegt werden.

Bodhisattva-Gelübde

Nach der Zufluchtnahme oder einer der Ordinationen für die individuelle Befreiung können wir die Bodhisattva-Ordination erhalten. Dazu gehört nicht nur der Entschluss, das zyklische

Dasein hinter sich zu lassen, sondern auch die Motivation, Erleuchtung zu finden, um allen Lebewesen nützen zu können. Ein Bodhisattva gelobt, dass er vor allem die Selbstsucht überwinden wird. Bei diesen Gelübden geht es also nicht mehr allein um unser körperliches und sprachliches Handeln, sondern um unsere Gedanken und Grundhaltungen. Sie verlangen mehr von uns als die Gelübde der individuellen Befreiung.

Die Bodhisattva-Ordination finden wir nur in den Traditionen des Mahayana. Sie kann von Laien ebenso wie von Mönchen und Nonnen empfangen werden. Die Liste der Gelübde sieht in der tibetischen Tradition etwas anders aus als in der chinesischen, doch in der Essenz stimmen sie überein. Wir legen diese Gelübde mit dem Entschluss ab, sie bis zu unserer Erleuchtung zu halten – aber sie müssen natürlich in jedem Leben erneuert werden.

In China ist es Brauch, dass am Abend vor der Zeremonie Räucherwerk auf der Haut abgebrannt wird, bei Mönchen und Nonnen auf dem Kopf, bei Laien auf den Armen. Dies ist nur in China üblich und bei allen anderen buddhistischen Traditionen unbekannt. Man legt drei kleine Stücke Räucherwerk auf den Kopf oder den Arm, entzündet sie und lässt sie bis auf die Haut abbrennen. Manche lassen auch mehr als drei Stücke auf ihrer Haut abbrennen, aber es ist kein besonderer Status damit verbunden.

Manchem mag dieses Ritual ein wenig schaurig erscheinen, aber so schmerzhaft ist es auch wieder nicht. Vielleicht liegt es daran, dass der Tempel vom Rezitieren des Buddha-Namens widerhallt und man gar nicht so sehr auf den eigenen Schmerz achten kann.

Das Ritual hat eine dreifache Bedeutung. Da wir die Bodhisattva-Gelübde mit der Einstellung ablegen, dass wir zum Nutzen anderer nach Erleuchtung streben, müssen wir auch den Mut entwickeln, die mit dem Helfen möglicherweise verbundenen Leiden auf uns zu nehmen. Das ist kein Masochismus, wir sind ja nicht auf Schmerzen aus; aber wenn wir in Bedrängnis kommen, während wir uns für andere einsetzen, müssen wir sie ertragen können. Wenn wir den Schmerz des auf unserer Haut abbrennenden Räucherwerks aushalten, zeigen wir damit den Mut und die Entschlossenheit, anderen zu helfen, was es uns auch kosten mag.

Zweitens bringen wir unseren Körper dem Buddha dar. Im Allgemeinen hängen wir sehr an unserem Körper und sind immer auf seinen Schutz bedacht. Hier wird dieses Haften symbolisch beendet, weil wir in dem Bewusstsein, dem Buddha unseren Körper als Opfergabe darzubringen, einen gewissen Schmerz aushalten.

Und drittens gibt es einen ganz praktischen Grund. Im alten China waren Ordensangehörige nur an die Klosterregeln und ihre Gelübde gebunden, unterlagen jedoch nicht den Gesetzen des Staates. Natürlich war es nicht im Sinne der Regierung oder der Klöster, dass gemeine Verbrecher sich dem Arm des Gesetzes zu entziehen versuchten, indem sie in Mönchsgewänder schlüpften. So entstand dieser Brauch des Abbrennens von Räucherwerk auf dem Kopf, durch das man echte Ordensangehörige von nicht ordinierten Nutznießern unterscheiden konnte.

Tantrische Gelübde

Ähnlich den Bodhisattva-Gelübden wollen die tantrischen Gelübde uns zur Achtsamkeit auf die Handlungen von Körper, Rede und Geist erziehen. Hier geht es vor allem darum, auch die subtile dualistische Betrachtungsweise und die Auffassung der Dinge als gewöhnlich noch auszuräumen, da sie die letzten Hindernisse vor dem Durchbruch zur Erleuchtung darstellen. Die tantrischen Gelübde sind besonders schwer rein zu bewahren. Dadurch haben wir aber auch besonders großen Nutzen, wenn wir ihnen treu bleiben.

Die tantrischen Gelübde werden bei bestimmten tantrischen Einweihungen abgelegt, weshalb wir sie nur im Vajrayana finden, das zur Mahayana-Tradition gehört. Zuvor müssen wir Zuflucht genommen und die Gelübde der individuellen Befreiung sowie die Bodhisattva-Gelübde abgelegt haben. Wir verpflichten uns darauf, die tantrischen Gelübde bis zu unserer Erleuchtung zu halten.

Der Sinn der Gelübde

Das Ablegen von Gelübden, einerlei in welcher der genannten Zusammenstellungen, geschieht vollkommen freiwillig. Zuvor sollten wir auf jeden Fall die Vorteile eines ethischen Lebens erkannt haben. Es ließen sich unzählige solche Vorteile nennen, aber wir können zusammenfassend sagen: Ein Leben nach den Geboten führt uns zu Befreiung und Erleuchtung und macht unser Leben nützlich für andere.

Manchen fällt der Entschluss zu den Gelübden schwer, weil sie fürchten, sie nicht uneingeschränkt halten zu können. Aber wir dürfen von uns keine Vollkommenheit von Anfang an erwarten. Könnten wir unsere Gelübde makellos rein halten, so wären wir bereits ein Arhat oder Buddha und hätten keinen Anlass, sie überhaupt abzulegen. Gerade weil wir die Gelübde nicht vollkommen rein halten können, legen wir sie ab. Sie lassen uns jedoch aufmerksamer auf alles achten, was wir tun, sagen, denken und fühlen, und das wirkt sich positiv auf unser Handeln, unser Sprechen, unsere Einstellungen aus.

Aber wir legen natürlich keine Gelübde ab, wenn schon abzusehen ist, dass wir überhaupt nicht in der Lage sein werden, sie zu halten. Das wäre höchst unklug. Wir brauchen hier eine ausgewogene Haltung. Es ist wie bei einem kleinen Mädchen, das gern ein Stück Obst essen würde. Wenn sie es für zu groß hält und deshalb lieber gar nicht isst, verpasst sie etwas Schönes. Versucht sie es ganz in den Mund zu stecken, wird sie sich verschlucken. Nimmt sie aber so viel, wie sie gut in den Mund bekommt, wird sie wachsen. Im gleichen Sinne legen wir Gelübde in einem Umfang ab, den wir bewältigen, das heißt praktisch umsetzen können.

Gewissenhaftigkeit und Achtsamkeit sind notwendig, wenn wir unsere Gelübde halten wollen. Haben wir sie doch einmal verletzt, können wir die daraus in unserem Geist-Strom entstehenden karmischen Abdrücke dadurch bereinigen, dass wir die vier Gegenkräfte einsetzen: Bedauern, Zufluchtnahme und altruistische Intention, Wiedergutmachung und schließlich der Entschluss, die negative Handlung nicht zu wiederholen. (Von den Gegenkräften war bereits in Kapitel 3 im Zusammenhang mit der Erörterung des Karma-Begriffs die Rede.)

Gelübde gelten als die Zierde eines aufrichtig Praktizierenden. Auch wenn wir keine Gelübde ablegen wollen, können wir die zehn destruktiven Handlungsweisen meiden und werden das augenblicklich in unserem Leben spüren. Die Menschen in unserer Umgebung merken, dass wir uns verändert haben, und zeigen es uns durch mehr Vertrauen und Respekt. Wir sind innerlich ruhig und können uns beim Meditieren besser konzentrieren. Tatsächlich, ein ethisches Leben ist die Voraussetzung allen Glücks – in diesem Dasein und darüber hinaus. Wie der Buddha sagte:

Sandelholz, Tagara, Lotos und Jasmin –
weitaus schöner als alle diese Wohlgerüche
ist der Duft der Tugend.

ZWEITER TEIL

Unsere Beziehungen zu anderen

Wohl jeder von uns fragt sich: »Wie kann ich ein glückliches Leben führen? Was könnte mir helfen, besser mit anderen zurechtzukommen? Wie löse ich die Probleme, die sich mir bei der Arbeit, in der Schule und zu Hause stellen?«

Der Buddhismus wendet sich diesen ganz unmittelbaren Belangen zu. Deshalb betrachten viele die Lehre des Buddha als eine praktische Psychologie, als Leitfaden für ein glückliches Leben. Dazu bedarf es keiner komplexen Philosophie und keiner komplizierten Rituale. Was uns am meisten hilft, ist ein klarer Blick auf unser Leben.

Dieser Teil des Buches entstand auf Anregung junger Erwachsener eines von mir geleiteten Meditationskurses. Sie wünschten sich Leitlinien für produktive und befriedigende Beziehungen zu anderen. Im *Sigalovada-Sutra* gab der Buddha praktische Ratschläge zu den wichtigsten Beziehungen in unserem Leben. Teile der folgenden Kapitel schöpfen aus diesem Sutra, aber auch aus anderen Sutras und Kommentaren.

1 *Lehrer: Die realistische Beziehung zu einer spirituellen Leitfigur*

Viele fragen sich, ob es notwendig ist, einen spirituellen Meister zu haben. Können wir den Pfad nicht auch allein finden und uns selbst unterweisen? Können wir nicht aus Büchern lernen? Wenn es um alltägliche Fertigkeiten oder berufliche Qualifikationen geht – Lesen, ein Handwerk, Medizin oder auch einfach das Autofahren – sehen wir leicht ein, dass wir Anleitung brauchen. Manches lässt sich allein erlernen, aber es ist schwierig und kann sogar gefährlich sein. Stellen Sie sich nur vor, Sie versuchten sich ohne Hilfe anderer zum Piloten auszubilden. Wenn wir uns zum Erlernen äußerer Fertigkeiten an Lehrer wenden, brauchen wir gewiss in spirituellen Dingen erst recht Anleitung, denn hier geht es um viel tiefere Dinge, und sie spielen nicht nur für dieses gegenwärtige Leben, sondern für viele zukünftige Leben eine Rolle.

Ein Lehrer kann vieles, was Bücher nicht leisten: unsere Fragen beantworten, uns beispielhaft vorleben, wie man die Lehren im Alltag praktiziert, uns auf dem Pfad anfeuern und inspirieren und unser Verhalten korrigieren. Bücher können das von unseren Lehrern Gelernte vertiefen und abrunden, aber sie ersetzen nicht die spirituellen Beziehungen zu den weisen Menschen auf unserem Weg.

Der Sanskritbegriff, den wir mit »Lehrer«, »spiritueller Meister« oder »spiritueller Mentor« übersetzen, lautet *Guru*. Gemeint ist damit jemand, dessen »gute Eigenschaften von großem Gewicht« sind. Das tibetische Wort *Lama* bedeutet »unübertrefflich«.

Lehrer wird man nicht aufgrund einer bestandenen Prüfung. Eine Lehrer oder Mentor wird man vielmehr dadurch, dass jemand einen um Rat und Anleitung bittet. Es gibt Lehrer, die Lama oder Meister genannt werden. Der Grund liegt darin, dass sie viele Schüler haben. Ob solch ein Lehrer jedoch *unser* Meister wird, ist unsere eigene Entscheidung. Ebenso gibt es andere, die nicht von allen Lama oder Meister genannt werden, aber unsere spirituellen Mentoren sein können, wenn wir sie uns als Lehrer aussuchen.

Wenn wir mit dem Buddhismus bekannt werden, haben wir vielleicht nicht von Anfang an einen spirituellen Meister. Wir können von verschiedenen Lehrern lernen und unsere Praxis danach ausrichten. Wer sich nur ganz allgemein für den Buddhismus interessiert, wird sich wahrscheinlich gar keinen Meister wählen. Wer jedoch ernsthaft praktiziert, wird nach einiger Zeit die Notwendigkeit sehen, eine Lehrer-Schüler-Beziehung zu einem spirituellen Meister einzugehen, um unmittelbare persönliche Unterweisung bekommen zu können.

Einen spirituellen Mentor wählen

Unser spiritueller Lehrer wird von großem Einfluss auf unser Leben sein, es gilt also bei der Wahl sehr sorgfältig abzuwägen. Wir heiraten ja auch nicht einfach irgendjemanden. Wir machen uns mit den Stärken und Schwächen des anderen vertraut, probieren aus, ob sich unsere Anlagen miteinander vertragen, und erforschen uns, ob dieser Mensch uns so viel bedeutet, dass wir durch dick und dünn mit ihm gehen möchten. Und wenn jemand als spiritueller Lehrer für uns infrage kommt, ist es ebenfalls ratsam, uns diesen Menschen genau anzusehen.

Heutzutage leben wir in einer Art spirituellem Supermarkt – ein reichhaltiges Angebot von Lehrern, aus dem wir wählen können. Diese oder jene Philosophie vermitteln und sich so gut verkaufen, dass schnell eine große Anhängerschaft entsteht, das können viele. Aber ernsthaft Suchende haben nicht viel mit solchem Charisma im Sinn, sondern fragen nach der Substanz.

Es kann einige Zeit dauern, bis wir unsere Meister finden und auch erkennen. Am besten hören wir uns erst einmal Vorträge an und lernen so viel wie möglich, ohne schon jemanden als unseren Meister anzusehen. So können wir uns ein Bild von ihrem Charakter machen und zugleich herausfinden, ob wir mit ihnen »können«. Die Entscheidung, jemanden als unseren spirituellen Meister anzunehmen, darf nicht übereilt werden. Der große indische Weise Atisha sah sich den berühmten Meister Serlingpa zwölf Jahre lang genau an, bevor er ihn zu seinem Guru erwählte.

Die Wahl unserer spirituellen Lehrer sollte nicht davon beeinflusst sein, ob sie viele Titel haben, einen erhöhten Sitz einnehmen oder beeindruckende Gewänder und Hüte tragen. Lassen wir uns nicht von Pomp, Ruhm oder Charisma blenden; halten wir bei unserer Suche lieber Ausschau nach viel versprechenden spirituellen Zügen. Akzeptieren Sie auch niemanden einfach deshalb, weil er spiritueller Lehrer von Personen aus Ihrem Freundeskreis ist. Wir müssen auf der Grundlage des Bildes, das wir selbst uns von einem Lehrer oder einer Lehrerin machen, eine ganz eigene Wahl treffen.

Im *Mahayanasutralamkara* führt Maitreya zehn Eigenschaften hervorragender Meister auf, und nach denen können wir bei unserer Suche Ausschau halten. Diese Eigenschaften, durch die sich unser Lehrer auszeichnen sollte, sind:

1. Ethisch einwandfreie Lebensführung. Unsere Lehrer sollen uns ein Vorbild sein können. An unserem Handeln durch Körper, Rede und Geist gibt es so manches zu verbessern, und es empfiehlt sich, Lehrer zu suchen, die das bereits bewältigt haben. Sie werden uns, nicht zuletzt durch ihr gutes Beispiel, vermitteln, wie wir dabei vorgehen können.

2. Erfahrung mit meditativer Konzentration.

3. Tiefes Verstehen der Lehren über die Weisheit. Diese ersten drei Eigenschaften zeigen, dass jemand in den zur Befreiung

führenden drei höheren Schulungsformen – Sittlichkeit, Konzentration und Weisheit – weit fortgeschritten ist.

4. Bei den Themen, die zur Sprache kommen sollen, besitzt er mehr Wissen und tiefere Einsicht als wir.

5. Begeisterung und Beharrlichkeit bei der Unterweisung und Anleitung seiner Schüler. Wenn wir jemanden wählen, der nicht gern lehrt oder sich kaum überwinden kann, andere zu führen, werden wir kaum sehr viel lernen.

6. Er hat selbst ausgiebig mit kompetenten Lehrern Umgang gehabt. Wir möchten von jemandem lernen, der die relevanten Schriften gut kennt und tatsächlich lehrt, was dort niedergeschrieben ist. Leute, die sich ihre eigene Lehre zusammenreimen oder die Lehren des Buddha missverstehen, können uns nicht den Pfad zur Erleuchtung zeigen.

7. Richtiges intellektuelles Verständnis der Leerheit oder unmittelbare meditative Einsicht in die Leere.

8. Die sprachliche Fähigkeit zu einer klaren Formulierung des Dharma, die uns ein richtiges Verständnis erlaubt.

9. Güte und Mitgefühl als Motivation. Das ist ein sehr wichtiger Punkt. Wem es bei seiner Tätigkeit als Lehrer um Opfergaben, Anerkennung oder eine große Anhängerschaft geht, dem können wir nicht vertrauen. Hier würde die Gefahr bestehen, dass wir uns irreführen lassen und dadurch dieses Leben vergeuden oder vielleicht sogar in ganz ungute Aktivitäten hineingezogen werden. Es ist daher äußerst wichtig, dass wir Menschen als unsere spirituellen Meister wählen, denen wirklich das Wohl ihrer Schüler am Herzen liegt und die sie aus dem Weg zur Erleuchtung anleiten möchten.

10. Geduld und die Bereitschaft, Menschen jeder Bildungs- und Intelligenzstufe zu belehren. Wir sind nicht vollkommen und werden Fehler machen, dafür sorgen unsere geistigen Trübungen Zorn und Anhaftung. Wir brauchen Lehrer, die uns dann nicht abschreiben, sondern Geduld und Nachsicht üben. Außerdem wünschen wir uns Lehrer, die nicht

den Mut verlieren, wenn wir nicht gleich verstehen, was sie sagen.

Es ist vielleicht nicht einfach, Lehrer zu finden, die alle diese Eigenschaften besitzen. In dem Fall sind die wichtigsten Eigenschaften, die bei einem Lehrer auf jeden Fall gegeben sein sollten, diese drei:

1. Er oder sie besitzt mehr gute Eigenschaften als Schwächen.
2. Er oder sie setzt die Freuden dieses Lebens nicht an erste Stelle, sondern findet es wichtiger, die Voraussetzungen für das Glück in künftigen Leben zu schaffen.
3. Er oder sie nimmt andere wichtiger als sich selbst.

Vielleicht fällt Ihnen auf, dass Hellsichtigkeit nicht zu den Qualitäten gezählt wird, die man bei einem Meister suchen soll. Das hat seine Gründe. Manche Menschen besitzen hellsichtige Kräfte, wissen aber nichts vom Pfad zur Erleuchtung. Ihre besonderen Kräfte haben mit früherem Karma zu tun und sind nicht auf Dharma-Praxis zurückzuführen. Deshalb ist nicht sicher, ob sie ihre Kräfte für altruistische Zwecke einsetzen. Wenn wir Lehrer für den Pfad zur Erleuchtung suchen, orientieren wir uns besser an den von Maitreya aufgestellten Kriterien.

Wenn wir uns ein Bild von den Eigenschaften eines Lehrers machen möchten, können wir sein Verhalten und seine Auffassung des Dharma betrachten und verfolgen, wie er mit seinen Schülern umgeht. Es empfiehlt sich auch nicht, einen Dharma-Lehrer direkt zu fragen, ob er erleuchtet sei; wenn er es ist, wird er es Ihnen nicht sagen. Der Buddha untersagte es seinen Schülern, öffentlich über ihre Errungenschaften zu sprechen. Seine Anhänger sollten demütig und aufrichtig sein, ohne Anmaßung. Weltlich gesinnte Menschen prahlen gern mit ihren Leistungen, spirituelle Menschen nicht. Sie möchten ihr Ego eher kleiner machen, nicht auch noch mästen.

Kommen wir schließlich bei einem bestimmten Menschen zu der Überzeugung, dass wir gern sein oder ihr Schüler wären, so bitten wir diese Person, uns als Schüler anzunehmen. Das ist jedoch keine Bedingung; manche Meister haben sich um viele Schüler zu kümmern und finden kaum die Zeit zu persönlichen Gesprächen mit möglichen neuen Schülern. In diesem Fall können wir innerlich den starken Entschluss fassen, dass dieser Mensch unser spiritueller Meister sein soll. Wenn wir danach wieder Unterweisungen dieser Person hören, ist sie damit unser Lehrer geworden. Auch wenn wir bei jemandem an einer Zeremonie der Zufluchtnahme teilnehmen oder Gelübde ablegen oder von ihm eine Ermächtigung (Einweihung) erhalten, wird diese Person automatisch unser spiritueller Lehrer.

Wir können mehrere spirituelle Meister haben, doch einer wird immer besonders wichtig für uns bleiben, und wir werden uns in allen schwer wiegenden Angelegenheiten an ihn wenden. Dieser Lehrer wird unser »Wurzel-Meister« genannt. Das ist der Mensch, der entweder den Dharma unserem Herzen nahe brachte und uns sicher auf den Weg geleitete oder der Lehrer, mit dem wir uns am tiefsten verbunden fühlen.

Unserem spirituellen Lehrer folgen – aber nicht blind

Wenn wir uns jemanden zu unserem spirituellen Lehrer erwählt haben, befolgen wir seine Dharma-Unterweisungen so gut wir können. So werden wir auf unserem Weg vorankommen.

Manche tun sich schwer, eine beständige Beziehung zu einem Lehrer aufzubauen. Sie laufen von einem zum anderen, bis sie endlich jemanden finden, der ihnen sagt, was sie hören wollen. Solche Schüler machen kaum Fortschritte, weil es ihnen an Engagement und Achtung mangelt.

Wir kümmern uns um unsere Lehrer, wir stellen uns ihnen zur Verfügung und sorgen für das, was sie zum Leben brauchen. Wer dankbar anerkennt, dass unsere Lehrer uns den Weg zum

Glück weisen, wird ihnen nur zu gern helfen. Und was wir bieten können, wird ganz sicher gut genutzt, denn unsere Lehrer setzen sich für das Wohl anderer und für die Verbreitung des Dharma ein.

Unsere Dharma-Praxis ist das schönste Geschenk, das wir unseren Lehrern machen können. Wenn wir über materiellen Besitz, Begabungen und Zeit verfügen, können wir auch diese anbieten, aber wir vernachlässigen unsere Praxis nicht, denn daran liegt unserem Lehrer am meisten. Mehr als alles andere freut es ihn, wenn wir die Dharma-Unterweisungen befolgen und unseren Gelübden treu bleiben.

Glauben wir Fehler an unseren Meistern zu erkennen, ist es wenig hilfreich, ihnen Vorhaltungen zu machen. Fehler, die wir an anderen zu bemerken glauben, haben oft damit zu tun, dass wir ihrem Handeln Motive unterstellen, die wir selbst hätten, wenn wir so handeln würden. Aber vielleicht hat unser Lehrer ganz andere Motive, vielleicht handelt er aus ganz anderen Gründen, als wir meinen. Vielleicht tut er etwas nur, um uns zu zeigen, wie es aussieht, wenn wir so handeln.

Fehler an anderen zu finden fällt uns nicht schwer, aber davon haben wir nichts, wenn wir als Praktizierende Toleranz und Liebe entwickeln möchten. Mit Vorwürfen oder gar Zurückweisung schlagen wir eine Tür zu, denn wie wollen wir dann noch von den guten Eigenschaften unseres Lehrers profitieren? Wir fügen uns selbst einen großen Verlust zu.

Sollten wir jedoch den Eindruck gewinnen, dass unser Meister mit seinem Verhalten gegen die Lehre des Buddha verstößt, so bitten wir ihn, sein Handeln zu erklären. Wir können auch einfach auf respektvollen Abstand gehen und uns dieses Verhalten nicht zum Vorbild nehmen, sondern vielleicht mit anderen Meistern in Kontakt treten, deren Verhalten der Lehre des Buddha entspricht.

Wir unterhalten Beziehungen zu spirituellen Lehrern, um an Weisheit und Eigenverantwortung zu wachsen. Wer jemandem blind folgt und sich dabei sagt: »Was mein Meister tut, ist auf jeden Fall in Ordnung«, der handelt nicht sehr klug. Wenn unser spiritueller Lehrer etwas von uns verlangt, was wir nicht können oder für falsch halten, können wir ihn oder sie respektvoll wissen lassen, dass wir das Gewünschte nicht tun können.

Aufrichtig sein

Unsere spirituellen Lehrer sind unsere besten Freunde; offener und ehrlicher Umgang mit ihnen ist immer zu unserem Vorteil. Manche Schüler zeigen zwei Gesichter: In der Gegenwart ihrer Lehrer demonstrieren sie Wohlverhalten, aber zu anderen Gelegenheiten tratschen sie, regen sich über alles auf und behandeln andere schlecht. Das führt zu nichts.

Versuchen wir auch nicht, uns bei unserem Lehrer durch besonders verständig wirkende Worte in ein gutes Licht zu setzen. Wozu Eindruck schinden? Unserem Meister geht es um unsere tatsächliche Geistesverfassung, nicht um irgendeinen schönen Schein.

Zu unseren Lehrern freundlich und zu anderen grob sein – das ist scheinheilig. Unsere Lehrer möchten alle Lebewesen glücklich sehen, und wir handeln gegen ihre Anweisung, wenn wir uns im Umgang mit anderen aggressiv oder sonst wie unangenehm gebärden. Wenn wir unsere Lehrer hoch achten, andere aber gering schätzen, haben wir den wahren Sinn des Dharma noch nicht verstanden. Wer auf dem Weg vorankommen möchte, muss sowohl seinen Lehrern als auch anderen respektvoll begegnen.

Es lohnt sich, einmal genauer hinzusehen, was es mit diesem Respekt auf sich hat. Manche verwechseln Respekt mit Angst und sind in der Gegenwart von Menschen, die einer spirituellen Praxis nachgehen, wie gelähmt, um nur ja nichts falsch zu machen. Es gibt keinen Grund für solche innere Erstarrung. Übrigens kann es auch sein, dass uns da nur unser Ego einen Streich spielt, weil es auf keinen Fall schlecht dastehen oder dumm erscheinen möchte.

Zuneigung ohne Anhaftung

Manche unterscheiden in der Beziehung zu ihren Lehrern nicht zwischen achtungsvoller Zugewandtheit und Anhaftung. Das kann sehr unangenehm werden, denn wenn unsere Lehrer uns nicht so viel Zuwendung geben, wie wir uns wünschen, fühlen wir uns zurückgewiesen. Wenn wir allzu sehr auf Geborgenheit, Lob und Zuwendung aus sind, klammern wir uns an unsere Meister. Je weiter sich jedoch unsere echte Wertschätzung für sie entwickelt, desto mehr erkennen wir ihre Qualitäten und werden einfach dankbar für ihre Güte sein.

Unser Klammern hat immer eigennützige Motive, während echte Wertschätzung unserer Lehrer aus aufrichtigem spirituellen Streben erwächst. Natürlich werden unsere Lehrer uns fehlen, wenn wir sie für längere Zeit nicht sehen können, aber wir dürfen uns fragen, warum sie uns fehlen: Weil wir uns Dharma-Unterweisung und Anleitung wünschen oder weil wir uns geliebt fühlen möchten?

Dharma-Lehrer sind nicht dazu da, unser Ego zu hätscheln; sie sorgen dafür, dass wir durch Praxis der Lehren unsere Unwissenheit und Selbstbezogenheit loswerden. Unsere Lehrer sollen nicht unsere emotionalen Bedürfnisse befriedigen, sondern uns auf dem Pfad zur Erleuchtung führen. Wenn sie uns auf unsere Fehler aufmerksam machen, können wir uns glücklich schätzen, dass sie uns so wichtig nehmen. Sie vertrauen darauf, dass ihr Rat uns willkommen ist und wir uns nicht daran stoßen. Ich habe einmal erlebt, wie ein Meister einen Schüler vor allen Teilnehmern einer größeren Versammlung auf Fehler aufmerksam machte. Ich dachte: »Dieser Schüler muss ihm sehr nahe stehen. Er weiß, dass dieser Schüler seinen egozentrischen Stolz überwinden möchte und eine öffentliche Rüge bereitwillig hinnehmen wird.« Später fand ich heraus, dass dieser Schüler sich in der Tat sehr eifrig der Praxis widmete.

Die Beziehungen zu unseren Lehrern werden mit der Zeit wachsen und sich entwickeln. Es können sehr ergiebige Beziehungen sein, denn indem wir uns weisen und mitfühlenden spirituellen Führern anvertrauen, treten unsere guten Eigenschaften immer deutlicher hervor, während die schlechten abnehmen. Das Gefühl der Nähe zu unseren spirituellen Lehrern, die nur an unserem Wohl und unserem Fortschritt interessiert sind, lässt sich kaum mit anderen Beziehungen vergleichen. Unsere Lehrer werden immer bemüht sein, uns zu helfen, was auch immer wir tun mögen. Das ist gewiss kein Freibrief für unbedachtes Handeln, aber es befreit uns von der Sorge, unsere Lehrer könnten sich von uns abwenden, wenn wir Fehler begehen. Sie sind verständnisvoll und mitfühlend, und wir können uns ihnen anvertrauen.

Unser Verständnis für den Pfad zur Erleuchtung wird sich vertiefen und in gleichem Maße auch das Gefühl der Nähe zu unseren Lehrern. Das liegt daran, dass unser Geist dem unserer Lehrer ähnlicher wird. Je stärker unser Entschluss zur Freiheit und unsere altruistische Motivation werden, desto selbstverständlicher wird diese Nähe zu unseren Lehrern, denn wir haben die gleichen Interessen und Ziele. Wir entwickeln die Weisheit, die die Leerheit erfasst, und in gleichem Maße schwindet das Gefühl der Trennung, das dem Festhalten an der Vorstellung des innewohnenden Seins entspringt. Und wenn wir schließlich Buddhas werden, ist unsere Einsicht so tief wie die unserer Lehrer.

2 *Eltern und Kinder: Einander nah sein und doch lassen*

Die Beziehung zwischen Eltern und Kindern ist einzigartig und kostbar, denn durch die Güte unserer Eltern sind wir heute am Leben. Es ist auch eine Beziehung mit vielen Gesichtern, da sie in der Regel über viele Jahre bestehen bleibt und jeder Einzelne im Laufe dieser Zeit durch die unterschiedlichsten Lebensabschnitte geht. Sowohl Eltern als auch Kinder brauchen Gespür für die Veränderungen am anderen; nur so sind wir bereit, diese Veränderungen geschehen zu lassen und einander jederzeit zu unterstützen.

Bei den heutigen Mitteln der Geburtenkontrolle ist es für Paare kein Problem mehr, ihre Familie zu planen. Es kann klug sein, Kinderwünsche erst einmal aufzuschieben, bis die Ehe sich gefestigt hat und Kinder kein finanzielles Problem mehr darstellen. Kommt aber doch unerwartet ein Kind, sollte es uns willkommen sein – ein Wesen, dem jetzt die kostbare menschliche Geburt als Chance zuteil wurde.

So spricht der Buddha zu allen »Hausleuten« (das heißt zu denen, die eine Familie gründen):

Auf diese fünf Weisen kommen Eltern ihren Pflichten gegenüber ihren Kindern nach:
Sie halten sie von negativen Handlungen ab.
Sie bringen sie auf den Weg des tugendhaften Handelns.
Sie unterweisen sie in den Künsten und Wissenschaften.
Sie führen ihnen geeignete Ehefrauen und Ehemänner zu.
Sie überlassen ihnen zum richtigen Zeitpunkt ihr Erbteil.

Eltern geben sich alle Mühe, ihre Kinder von einem für sie selbst oder andere schädlichen Handeln abzuhalten. Sie leiten ihre Kinder zum Teilen und zu einer freundlichen Haltung gegenüber anderen an. Wenn Kinder zu ethischem Verhalten und Freundlichkeit erzogen werden, wachsen sie zu glücklichen Erwachsenen heran, die gut mit anderen auskommen. Wo diese Erziehung ausbleibt, mögen die Kinder noch so viele akademische Titel erwerben, ihr Leben wird trotzdem voller Schwierigkeiten sein.

Eltern müssen ihren Kindern ein Vorbild sein. »Tu was ich sage, nicht was ich tue!« – das ist gewiss eine Anweisung, die kaum je befolgt wird. Kinder eifern ihren Eltern nach, und scheinheilige Eltern geben ihren Kindern ohne Worte zu verstehen, dass Heuchelei und Unwahrheit in Ordnung sind. Wer seinen Kindern wirklich weiterhelfen möchte, führt ein ethisch einwandfreies Leben und begegnet anderen freundlich.

Für die Charakterbildung der Kinder ist es außerdem wichtig, dass die Eltern viel Zeit mit ihnen verbringen. Vielleicht müssen beide Eltern für den Unterhalt der Familie arbeiten, aber es ist sicher nicht notwendig, ein »Workaholic« zu werden. Immer mehr arbeiten, damit immer mehr Geld hereinkommt, das klingt vielleicht verlockend; aber wenn sie das Geld dann ausgeben müssen, um ihren Kindern, die sich ungeliebt fühlen, therapeutische Maßnahmen angedeihen zu lassen, erweist sich diese Rechnung als falsch. Das Gleiche gilt, wenn überarbeitete und gestresste Eltern sich Magengeschwüre oder andere Beschwerden zuziehen und ihr Geld in Beruhigungsmittel oder in kinderfreien Urlaub investieren müssen, um endlich mal entspannen zu können. Zu viel Arbeit bringt mehr Verlust als Gewinn ein.

Den Kindern fehlt es dabei natürlich an Liebe und Bestätigung. Selbst wenn die Eltern ersatzweise für Musik- und Kunstunterricht oder für sportliche Aktivitäten sorgen, werden sich die Kinder kaum zu glücklichen Erwachsenen entwickeln können, solange sie sich ungeliebt fühlen. Die westlichen

Gesellschaften leiden unter hochschnellenden Kriminalitäts- und Scheidungsraten, unter zunehmendem Drogenkonsum und wachsender Jugendkriminalität. Das hat viel mit dem Zusammenbruch der Familienstruktur zu tun, vor allem wohl damit, dass Eltern und Kinder kaum noch wirklich sinnvolle und erfüllte Zeit miteinander verbringen. Ich hoffe, dass die asiatischen Schwellenländer aus den Fehlern des Westens lernen und sie nicht wiederholen. Kein Geld der Welt kann die Geborgenheit in der Familie ersetzen.

Eltern sorgen für die bestmögliche Ausbildung ihrer Kinder und orientieren sich dabei an deren Anlagen und Neigungen. Wenn ein Kind nicht musikalisch veranlagt ist, weshalb sollte man es dann mit erzwungenen Klavierstunden quälen? Vielleicht hat dieses Kind Sinn für Geologie und kann auf diesem Gebiet gefördert werden.

In der modernen Welt stehen Kinder von klein auf unter dem Druck, möglichst viel zu lernen und möglichst die Besten zu sein. Das schafft viele psychische Probleme, denn Kinder müssen auch einfach Kinder sein und unbeschwert spielen können. Sie müssen Neues ausprobieren können, ohne dass alles gleich benotet oder ihre Leistung mit den Leistungen anderer verglichen wird. Sie müssen als die geliebt werden, die sie sind, ohne das Gefühl, sie müssten besonders gut sein.

Ehen werden in unserer heutigen westlichen Gesellschaft natürlich nicht mehr so in die Wege geleitet wie im alten Indien. In jener alten Zeit wurde außerdem das Geschäft der Familie – das Erbe – bei Zeiten an die Kinder weitergegeben, dann nämlich, wenn sie in der Lage waren, es selbstständig weiterzuführen. Das ist heute nicht mehr unbedingt so. Ich glaube aber, der fünfte Rat des Buddha könnte für die heutige Zeit bedeuten, dass Eltern nach bestem Vermögen für das materielle Wohl ihrer Kinder sorgen sollen.

Eltern sorgen auf ganz praktische Weise für die körperlichen und materiellen Bedürfnisse ihrer Kinder. Natürlich können sie nicht mehr geben, als ihr Einkommen ihnen erlaubt. Es tut Kindern nicht gut, wenn ihnen jeder Wunsch erfüllt wird, es macht sie eher zu unzufriedenen Nörglern als zu freundlichen Mitmenschen und Bürgern. Eltern müssen ihren Kindern vermitteln, wie man mit Frustrationen fertig wird, denn wir alle stehen immer wieder vor der Situation, dass wir nicht bekommen, was wir uns wünschen. Wo bei Kindern unerfüllte Wünsche bleiben, muss man ihnen erklären, dass das Gewünschte zu teuer oder aus anderen Gründen nicht zu beschaffen ist. Bringen wir ihnen nahe, dass auch ein erfüllter Wunsch einen nicht vollkommen glücklich macht und dass man nur noch unglücklicher wird, wenn man ein großes Gezeter darüber beginnt. Erklären Sie ihnen, wie gut es tut, seinen Besitz mit anderen zu teilen.

Wenn Eltern ihren Kindern helfen, mit unerfüllten Wünschen fertig zu werden, vermitteln sie ihnen, wie man das Haften an den Dingen vermindert. So verhindern sie auch, dass die Kinder zu Vieles für selbstverständlich nehmen, und nicht zuletzt lernen die Kinder auf diese Weise, auch die Wünsche und Bedürfnisse anderer zu berücksichtigen. Kinder verstehen oft mehr, als die Erwachsenen ihnen zutrauen. Wenn etwas bei passenden Gelegenheiten immer wieder in aller Ruhe und nachvollziehbar erklärt wird, können Kinder es schließlich verstehen.

Und sie bekommen sehr viel mehr Sinn für das, was sie haben, wenn sie unterentwickelte Länder besuchen oder die Armut im eigenen Land zu sehen bekommen. Das ist ein wunderbarer Beitrag zu ihrer Erziehung. Kinder lassen sich sogar dazu anregen, immer ein wenig für wohltätige Zwecke zu spenden. Wenn wir Kinder dazu erziehen, an das Wohl anderer zu denken und Freude am Geben zu finden, helfen wir ihnen aus der Qual der Selbstbezogenheit.

Das Bild, das ein Kind von sich selbst bekommt, hängt von den Äußerungen der Erwachsenen in seiner Umgebung ab. Sagt man einem Kind oft genug, es sei ungezogen oder dumm, wird es das schließlich glauben und auch so werden. Deshalb sind Lob und Anerkennung äußerst wichtig für Kinder.

Wenn es Fehler zu korrigieren gibt, müssen Eltern ihren Kindern erklären, weshalb das betreffende Verhalten schädlich war. Dann muss man Kindern aber auch deutlich zu verstehen geben, dass Fehler vorkommen können und man deswegen keineswegs böse ist. Wenn Kinder das Gefühl bekommen, nicht allein ihr Handeln sei falsch, sondern sie selbst seien böse, wird sich ihr Charakter nach diesem negativen Selbstbild formen.

Mitunter müssen sich Eltern recht nachdrücklich äußern, um ihrem Kind etwas klar zu machen, aber sie müssen sich dabei keineswegs vom Zorn mitreißen lassen, sondern können innerlich verständnisvoll bleiben. So können sie dem Kind einerseits vermitteln, dass ein bestimmtes Verhalten sich nicht wiederholen darf, sind aber nicht so tief erzürnt, dass das Kind sich zurückgewiesen fühlen muss.

Elternschaft ist eine Gratwanderung zwischen allzu viel Behütung einerseits und einer Vernachlässigung des Erziehungsauftrags andererseits. Eltern dürfen auch nicht vergessen, dass Kinder kein Besitz sind und man sich nicht an sie klammern darf. Jedes Kind ist von ganz eigener Persönlichkeit und muss lernen, sich seine eigene Meinung zu bilden und seine eigenen Entscheidungen zu treffen.

Wenn Eltern zu sehr an einem Kind hängen, machen sie sich letztlich nur selbst unglücklich, denn kein Kind kann immer bei seinen Eltern bleiben. Manche Eltern tun sich schwer, ihren heranwachsenden Kindern mehr Eigenständigkeit zuzugestehen, denn so haben sie nicht mehr alles genau im Auge und müssen darauf vertrauen, dass ihr Kind schon das Richtige tun wird.

Manche Eltern belehren ihre Kinder ständig, was sie zu tun und zu lassen haben. Um Entscheidung geht es hier gar nicht, denn von den Kindern wird erwartet, dass sie einfach tun, was man ihnen sagt. Natürlich gibt es Situationen, in denen das richtig ist, zum Beispiel wenn das Kind gefährdet ist und noch nicht selbst die richtige Entscheidung treffen kann.

Aber wenn man den Kindern ständig nur Vorschriften macht, können sie kein eigenes Urteilsvermögen entwickeln. Auch macht es ihnen nicht gerade Mut, die Eltern um Rat zu fragen und Probleme mit ihnen zu besprechen. Kinder fühlen sich viel mehr mit ihren Eltern verbunden, wenn diese auch zuhören und antworten. Erklären die Eltern, weshalb ein bestimmtes Handeln gut oder schlecht ist, wächst in den Kindern die Fähigkeit, richtige Entscheidungen zu treffen. So lernen sie klar zu denken und bei ihrem Tun das Ganze im Auge zu behalten. Und Eltern, die ihren Kindern dies vermittelt haben, werden ihnen ohne Unbehagen vertrauen können. So bleibt auch der Machtkampf aus, der die Jahre des Heranwachsens so häufig überschattet.

Eltern können nicht durchsetzen, dass ihr Kind sich nach irgendeiner Idealvorstellung entwickelt. Jedes Kind hat seine ganz eigenen Anlagen, die nicht unbedingt dem Wunschbild entsprechen, das seine Eltern von ihm haben. Eltern dürfen von ihrem Kind nicht erwarten, dass es ihre eigenen unerfüllten Träume lebt. Wenn es für das Kind um die Wahl des Berufs, des Partners oder auch nur des Hobbys geht, ist es wichtig, dass die Eltern an das Wohl des Kindes und nicht an ihre eigenen Interessen denken. Kluge Eltern nehmen ihre Kinder so an, wie sie sind, und unterstützen sie zugleich in der ihren Anlagen entsprechenden Entwicklung.

Das andere Extrem besteht in der Vernachlässigung des Kindes, die in unserer Gesellschaft leider häufig vorkommt. Wenn Eltern zu sehr mit der materiellen Versorgung ihrer Kinder beschäftigt sind und zu viel arbeiten, können sie kaum noch Zeit mit ihnen verbringen und ihnen die benötigte Liebe und Orientierung bieten. Eltern sollten auf eine allen Bedürfnissen gerecht werdende Zeiteinteilung achten. Lieber ein bisschen weniger Geld und dafür mehr Zusammenhalt in der Familie.

Eltern zu sein ist eine Herausforderung und kann unsere Dharma-Praxis sehr bereichern. Die Lehre der Vergänglichkeit bewahrheitet sich mit dem Heranwachsen der Kinder. Die Schattenseiten des Zorns und die Wichtigkeit der Geduld werden offensichtlich, wenn frustrierten Eltern, die ihrem Kind eigentlich nur helfen wollen, der Kragen platzt. Und Eltern, die sich vorstellen, auch andere so zu lieben wie ihr Kind, werden ahnen, was es heißt, alle Lebewesen in gleicher Weise zu schätzen. In der Achtsamkeit können Eltern und Kinder zusammen wachsen.

Unsere Eltern verstehen

Pflichten der Kinder gegenüber ihren Eltern – das ist heute ein heikles Thema geworden. Wo die Familienbande allzu locker geworden sind, versäumen es die Kinder mitunter, sich um ihre Eltern zu kümmern. Manchmal haben Eltern allzu bereitwillig alle Bedürfnisse und Wünsche ihrer Kinder erfüllt, sodass diese es für selbstverständlich halten und erwarten, dass die Eltern ihnen alles bereitstellen. Diese Haltung ist für die Eltern kränkend, aber gibt auch den Kindern ein Gefühl, beziehungslos und allein dazustehen.

Viele Schulen der Psychologie führen unsere Persönlichkeitsmerkmale und unsere Verunsicherung auf Kindheitserlebnisse zurück. Das wird von manchen falsch gedeutet und sie sehen die Schuld für alle ihre Probleme bei den Eltern. Natürlich ist es wichtig, den Einfluss unserer Erziehung zu verstehen, aber wenn wir unsere Eltern als Ursprung unserer Probleme sehen, gewöhnen wir uns eine Opfermentalität an. »Dies und das haben sie getan und daher kommen meine jetzigen Probleme« – solches Festhalten an Vergangenem erlaubt uns nicht zu wachsen. Fühlen wir uns lieber selbst für unsere Unsicherheiten und Schwächen verantwortlich, denn nur so werden wir etwas dagegen unternehmen können.

Nun wachsen manche Kinder tatsächlich in Familien auf, in denen nicht alles zum Besten steht und Vernachlässigung oder Misshandlung vorkommt. Kinder aus solchen Familien brauchen Hilfe von außen, damit sie sich nicht selbst die Schuld für die Probleme ihrer Eltern geben. Aber sie müssen sich auch vor dem anderen Extrem hüten und nicht die Schuld für ihre eigenen Probleme ausschließlich bei den Eltern suchen. Schuldzuweisungen können seelische Wunden nicht heilen. Hier helfen nur Verstehen und Verzeihen.

Die Fehler anderer aufzuzählen fällt uns im Allgemeinen nicht schwer, aber wenn es sich an ihre guten Eigenschaften und ihre Freundlichkeit zu erinnern gilt, fallen wir merklich ab. So schön einfach ist es, unseren Eltern ihre Schwächen und deren Folgen für uns vorzuhalten. Tatsächlich können unsere Eltern in unserer Jugend manches getan haben, worunter wir zu leiden hatten, aber in ihren Augen war es das Beste, was sie unter den gegebenen äußeren und inneren Bedingungen tun konnten. Wenn wir es so sehen, werden wir unsere Eltern verstehen und ihnen verzeihen können und befreien uns dadurch von dem Schmerz, der aus Zorn und Groll erwächst.

Wer sich unverstanden fühlt und beklagt, dass seine Eltern ihn nicht so akzeptieren, wie er ist, muss sich fragen, ob er denn seine Eltern versteht und so akzeptiert, wie sie sind. Es mag schwer sein, sich damit abzufinden, dass Eltern Schwächen und Probleme haben und wir sie nicht zu den idealen Eltern machen können, die uns vorschweben. Aber wenn wir das so nehmen können, wie es nun mal ist, werden wir erleichtert sein.

Sich an die Freundlichkeit der Eltern zu erinnern tut einem selbst gut und den Eltern auch. Unsere Eltern gaben uns diesen Körper und versorgten uns, als wir hilflose Säuglinge waren. Sie lehrten uns sprechen, ließen uns zur Schule gehen und versorgten uns mit den notwendigen materiellen Dingen. Ohne ihre liebevolle Fürsorge wären wir verhungert oder hätten anderen körperlichen Schaden genommen. Es war für uns kein Vergnügen, wenn wir die Folgen unseres Fehlverhaltens zu spüren bekamen, aber wären unsere Eltern hier nicht konsequent geblieben, hätten wir uns zu rücksichtslosen Erwachsenen entwickelt.

Teenagern fällt es besonders schwer, sich mit ihren Eltern zu arrangieren. Sie fühlen sich schon als Erwachsene und sind empört, wenn ihre Eltern sie gelegentlich wie Kinder behandeln. Für die meisten Eltern sind Teenager aber noch Kinder, die ihres Schutzes bedürfen. Unsere Eltern sehen uns sogar noch als Kinder, wenn wir sechzig sind. Ich musste schmunzeln, als ich meine Großmutter einmal zu meinem (damals fünfundsechzigjährigen) Vater sagen hörte, er solle sein Jackett anziehen, damit er sich keine Erkältung hole. Wenn wir so etwas verständnisvoll hinnehmen können, wird es in der Beziehung zu unseren Eltern viel weniger Zündstoff geben.

Hilfreich ist es sicher auch, wenn Heranwachsende wahrzunehmen lernen, dass ihr Verhalten mitunter recht widersprüchlich sein kann. Einmal wollen sie, dass ihre Eltern alles für sie erledigen, als wären sie kleine Kinder, die sich nicht selbst um ihre Angelegenheiten kümmern können. Ein andermal möchten sie wie selbstständige Erwachsene behandelt werden. Die beste Demonstration ihrer Reife können Heranwachsende durch Freundlichkeit, Hilfsbereitschaft und Verantwortungsbewusstsein geben.

Manche Eltern können sich nur schwer darauf einstellen, dass ihre Kinder größer und selbstständiger werden. Sie neigen dazu, sich überflüssig und ungeliebt zu fühlen. Einige werden dann trübsinnig, während andere immer mehr Druck auszuüben oder sich in das Leben ihrer Kinder einzumischen versuchen. Hier müssen sich Kinder aber nicht unbedingt in gleicher Manier zur Wehr setzen; sie können auch versuchen, ihre Eltern zu verstehen und deren Gefühle zur Sprache zu bringen. Ja, wir können für die emotionalen Bedürfnisse unserer Eltern empfänglich sein und ihnen zu verstehen geben, dass wir sie trotz unserer wachsenden Selbstständigkeit lieben.

Manchmal erkennen Eltern mögliche Gefahren, die wir noch nicht sehen: Während wir nur die momentane Situation wahrnehmen, haben sie einen Blick für die längerfristigen Auswirkungen. In solchen Fällen ist ihr Rat im Allgemeinen gut. Er mag unseren Wünschen entgegengesetzt erscheinen, aber wir erkennen doch seinen Wert. Wir können ihm folgen, ohne uns in unserer Selbstbestimmung untergraben zu sehen. Wir erkennen die Weisheit in ihm und befolgen ihn aus eigenen freien Stücken.

Haben wir jedoch das Gefühl, dass unsere Eltern falsch argumentieren, können wir den Fall mit ihnen erörtern. Dazu ist es wichtig, dass wir erst einmal unseren Zorn verrauchen lassen. Wo wir kampfbereit *gegen* unsere Eltern antreten, machen wir es ihnen nur schwer, uns anzuhören. Wir selbst würden uns ja auch nichts von Leuten sagen lassen, die erst einmal eine Breitseite auf uns abfeuern.

Und selbst wenn unsere Eltern auf dem Holzweg sind, meinen sie es trotzdem gut. Sie möchten uns helfen und leiten, so gut sie können. Wie viele Fehler sie auch haben mögen, ihre Absichten sind in den meisten Fällen gut. Vielleicht sind sie kurzsichtig oder legen viel Wert auf Dinge, die wir unwichtig finden, aber wie beschränkt sie auch sein mögen, sie meinen es gut. Wenn wir uns das vor Augen halten, werden wir zumindest ihre Liebe erkennen und uns nicht zu sehr ärgern. Erkennen wir also erst einmal an, dass sie sich um uns Gedanken machen; dann können wir unsere eigene Ansicht formulieren und ihnen so darstellen, dass sie verstehen.

Unsere Eltern sind durch ihre eigene Erziehung geprägt und unterliegen ihrer ganz eigenen Beschränktheit. Sie sind in einer Welt aufgewachsen, die sich von unserer heutigen stark unterscheidet, und es ist ganz natürlich, dass sie viele Dinge anders sehen als wir. Aus ihrer Sicht und vor dem Hintergrund ihrer Lebenserfahrung können sie ihre Anschauungen nur einleuchtend finden – genau so, wie wir unsere durch eigene Erfahrung gewonnene Sicht der Dinge vernünftig finden.

Wenn wir nur auf die Schwächen unserer Eltern blicken, können wir sie nur als mit lauter Fehlern behaftete Menschen sehen. Ihre guten Eigenschaften übersehen wir dann nur allzu leicht. Waren sie nicht auch freundlich, haben sie uns nicht behütet und versorgt? Wer sich das bewusst macht, dessen Herz wird kaum seinen Eltern verschlossen bleiben können. Und kaum begegnen wir unseren Eltern nicht mehr dickköpfig und grob, schon stellen wir fest, dass sie plötzlich viel besser zuhören.

Auch der Buddha sprach nicht nur von den Pflichten der Eltern, sondern auch von denen der Kinder gegenüber ihren Eltern:

Sie unterstützen und beschützen ihre Eltern und versorgen sie mit dem Notwendigen.
Sie übernehmen die Pflichten, die ihnen von den Eltern übertragen werden.
Sie bewahren den guten Namen der Familie.
Sie verhalten sich so, dass sie des elterlichen Erbes würdig sind.
Sie geben im Namen ihrer Eltern Almosen, auch nach deren Tod, und sie widmen ihnen das dadurch erwirkte positive Potenzial.

Es ist durchaus zumutbar, dass Kinder sich an den Arbeiten im Haushalt angemessen beteiligen und sich in allen Bereichen mit um das Wohl der Familie kümmern. Und da die Eltern ihre Kinder versorgt haben, als sie klein waren und sich nicht selbst helfen konnten, sollten die Kinder dies ihrerseits bereitwillig und mit Freuden tun, wenn die Eltern alt oder krank sind. Wer seine Eltern nicht selbst versorgen kann, sollte sich darum kümmern, dass es durch Dritte geschieht.

Ältere Menschen werden manchmal etwas fordernd, aber wer sich ernsthaft fragt, wie das Leben sich wohl im Alter anfühlt, wird Verständnis für die Schwierigkeiten des Alterns aufbringen. Wir brauchen uns nur zu fragen, wie es uns selbst wohl an ihrer

Stelle ginge. Wenn wir selbst alt sind, werden wir uns ganz gewiss wünschen, dass unsere Kinder für uns da sind.

Um sich für die Güte der Eltern erkenntlich zu zeigen, sollten Kinder nach den ethischen Werten zu leben versuchen, die ihnen von den Eltern vermittelt wurden. Sie können sich so verhalten, dass sie ihren Eltern keinen Kummer machen, und ihnen selbst bleiben damit Kritik und Schamgefühle erspart. Auch so erweisen Kinder sich würdig, das Erbe ihrer Eltern zu empfangen.

Nach dem Tod können Kinder ihre Eltern mit Opfern und Gebeten ehren und ihnen das so erzeugte positive Potenzial widmen, verbunden mit dem Wunsch, dass sie glücklich sein und eine gute Wiedergeburt finden mögen. Wenn es uns wirklich um das Wohl unserer Familie zu tun ist, sorgen wir natürlich am besten zu Lebzeiten für einen wohlwollenden, konstruktiven Umgang miteinander. Dazu können all die hier gegebenen Anregungen dienen.

3 *Freundschaft: Füreinander da sein*

Das *Dhammapada* zitiert den Buddha mit den Worten:

Wie das frische Kuschagras
um einen verwesenden Fisch
ebenfalls zu faulen beginnt,
so auch der, der sich an ungute Menschen bindet.

Wie das zur Aufnahme
eines Rauchopfers gefaltete Blatt
ebenfalls süß wird,
so auch der, der sich an Menschen von wahrer Tugend bindet.

Unsere Freunde haben großen Einfluss auf uns. Auch von der Wahl unserer Freunde hängt demnach ab, was für Menschen wir werden. Jeder wird sich an Erlebnisse erinnern können, die ihm zeigen, wie stark dieser Einfluss ist: Denken Sie an schwere, unglückliche Zeiten, und überlegen Sie, ob solche Phasen nicht viel damit zu tun hatten, dass Sie sich in falscher Gesellschaft befanden. Und wenn wir uns in der Gesellschaft zugewandter guter Freunde befanden, waren das nicht die glücklichen Zeiten voller neuer Einsichten?

Was zeichnet gute Freunde aus? Welche Eigenschaften sollten uns lieber vorsichtig machen? Der Kürze halber habe ich einfach den Abschnitt über Freundschaft im *Sigalovada-Sutra* zusammengefasst. Wer sich jeden Punkt vergegenwärtigt und an Beispiele aus dem eigenen Leben denkt, wird manches finden, was ihm Klarheit über seine Freundschaften geben kann.

Diese Punkte geben die Eigenschaften wieder, die es bei anderen zu suchen oder zu meiden gilt, aber genauso wichtig ist es natürlich, uns zu vergewissern, in welchem Maße wir diese Eigenschaften selbst besitzen. Damit bieten die folgenden Aufzählungen ganz praktische Anhaltspunkte für unsere eigene Person: Welche Züge müssen abgebaut, welche entwickelt werden, damit wir die richtigen Menschen anziehen und ihnen gute Freunde sein können?

Es gibt vier Arten von falschen Freunden, die in Wirklichkeit alles andere als Freunde sind:

Solche, die mit leeren Händen kommen, aber immer etwas mitnehmen. Sie
- besuchen uns mit der Absicht, etwas von uns zu bekommen,
- geben ein wenig, möchten dafür aber eine Menge bekommen,
- helfen uns nur, wenn sie selbst in Gefahr sind,
- suchen nur aus egoistischen Motiven unsere Nähe.

Solche, die viel Aufhebens um die Freundschaft machen, ohne dass jedoch viel dahinter wäre. Sie
- vergeuden unsere Zeit mit Gerede über Vergangenes,
- vergeuden unsere Zeit mit Gerede über Künftiges,
- möchten sich einschmeicheln, indem sie Hilfe anbieten, wenn keine Hilfe nötig ist,
- reden sich heraus, wenn wir Hilfe nötig haben und darum bitten.

Solche, die uns schmeicheln, denen wir aber trotz ihrer Beteuerungen nicht viel bedeuten. Sie
- verleiten uns zu negativem Handeln,
- versuchen uns positives Handeln auszureden,
- loben uns in unserer Gegenwart,
- ziehen hinter unserem Rücken über uns her.

Solche, die uns ins Verderben führen. Sie

- sind unsere Kumpane beim Alkohol- und Drogenkonsum,
- treiben sich bis in die Nacht mit uns herum,
- sind immer dabei, wenn es um niedere Vergnügungen geht,
- gehen mit uns zum Glücksspiel.

Es ist nicht leicht, mit solchen Menschen offene und vertrauensvolle Beziehungen zu unterhalten. Man hält sich besser von ihnen fern, aber ohne sie zu kritisieren. Es gibt sicher Verhaltensweisen, die man ungesund nennen darf, aber hüten wir uns, solche Menschen als unverbesserliche Bösewichte zu sehen. Wir können trotz allem mit ihnen fühlen und ihnen alles Gute wünschen, aber wir suchen ihre Gesellschaft nicht, da wir wissen, dass sie uns in eine Richtung führt, die wir nicht wollen.

Entsprechend nennt der Buddha auch die Kennzeichen echter Freunde. Das sind Menschen, denen wir vertrauen und auf die wir uns verlassen können. Wenn wir ihre Nähe suchen, wird es uns gut gehen, denn der Umgang mit ihnen bildet unseren Charakter. Wir halten uns nicht nur an solche Menschen, sondern suchen deren Eigenschaften auch in uns zu entwickeln.

Die vier Arten von guten Freunden sind:

Solche, die uns helfen. Sie

- behüten uns, wenn wir achtlos sind und nicht aufpassen,
- schützen unseren Besitz,
- helfen und trösten uns in angstvollen Zeiten,
- geben mehr, als wir von ihnen erbitten.

Solche, die in guten wie in schlechten Zeiten für uns da sind. Sie

- vertrauen sich uns an,
- behalten das, was wir ihnen mitteilen, für sich,
- lassen uns in Not und Unglück nicht im Stich,
- würden sogar ihr Leben für uns opfern.

Solche, die uns im Positiven bestärken und dazu beitragen, dass wir bessere Menschen werden. Sie

- reden uns negative Vorhaben aus,
- überreden uns zu positivem Handeln,
- sorgen dafür, dass wir uns hilfreiche Lehren anhören,
- machen uns auf den Pfad zum Glück aufmerksam.

Solche, die mitfühlend und verständnisvoll sind. Sie

- geben uns in schweren Zeiten Rückhalt,
- freuen sich ohne Neid an unserem Wohlstand,
- lassen nicht zu, dass andere schlecht von uns sprechen,
- spenden denen Beifall, die gut von uns sprechen.

Was hier gesagt wird, mag sehr allgemein klingen, und vielleicht denken wir, wir hätten all das bereits in der Kindheit gelernt. Trotzdem ist es gut, unsere Beziehungen und Verhaltensweisen zu betrachten und zu prüfen, wie gut wir diese Ratschläge heute in die Praxis umsetzen. Wir wenden allgemeine Prinzipien auf spezifische Situationen unseres Lebens an, und so lernen wir uns selbst besser kennen und sehen deutlicher, in welche Richtung wir uns noch weiterentwickeln möchten.

Liebe und Anhaftung

Viele fragen sich, wie die buddhistischen Lehren des Nichthaftens mit denen über die Liebe in Einklang zu bringen sind. Wie können wir andere lieben, ohne an ihnen zu hängen? Das Nichthaften ist einfach eine ausgeglichene Geistesverfassung, in der wir die Eigenschaften anderer nicht überbewerten. Haben wir uns ein realistisches Bild von anderen gemacht, fallen unsere unrealistischen Erwartungen und unser Haften weg. Jetzt erst können wir andere als die lieben, die sie sind, unabhängig von ihrer Bedeutung für uns. Alle liegen uns nun in gleicher Weise am Herzen, und wir wünschen allen ein glückliches Leben, einfach weil sie Lebewesen sind. Die warme Herzlichkeit, die bis dahin einigen wenigen vorbehalten war, kann nun sehr vielen Menschen zugute kommen.

Mit manchen Menschen haben wir viele Interessen gemeinsam. Die Gespräche sind mühelos – wir verstehen einander und helfen uns gegenseitig in unserer Entwicklung. Sie können unsere Freunde sein, ohne dass wir uns an sie klammern. Bei solchen Freundschaften geht es für beide Seiten um Entwicklung, nicht um die Befriedigung egoistischer Bedürfnisse.

Da es nicht einfach ist, sich vom Haften frei zu machen, wird es in unseren Freundschaften neben echter Zuneigung anfangs auch das Haften geben. Da wir jedoch die Nachteile des Haftens kennen, werden wir es abzubauen versuchen, damit es unsere Beziehungen nicht beeinträchtigt. Und so bekommen unsere Freundschaften mit der Zeit immer mehr Substanz.

Unseren Freunden helfen

Wichtig ist, dass wir ein Gespür für die Wünsche und Bedürfnisse anderer bekommen. Dazu gehört, dass wir die Einzigartigkeit eines jeden achten und schätzen lernen. Es gehört aber auch dazu, dass wir von unserer Selbstbezogenheit wegkommen und keine Ansprüche stellen. Sobald wir in einer Beziehung mehr an den eigenen Nutzen statt an den Gewinn für alle denken, wird es schwierig.

Manchmal sind wir ganz in Nehmerlaune. Wir betrachten alle Umstände und Menschen unter dem Gesichtspunkt, was sie uns »bringen«. Unsere Wirkung auf andere nehmen wir dann gar nicht mehr wahr; die Frage ist nur noch, welchen Nutzen oder Schaden wir durch sie haben. So können wir mit anderen unmöglich zurechtkommen, denn wir werden, was sie auch tun und wie freundlich sie auch sein mögen, immer unzufrieden sein. Wir mäkeln an allem herum und sorgen dafür, dass wir selbst und alle anderen sich unwohl fühlen.

Dieses Habenwollen zeigt sich deutlich, wenn wir einen Raum betreten, in dem sich lauter Unbekannte befinden. Beim Eintreten denken wir normalerweise nicht: »Wie kann ich den Leuten hier etwas Gutes tun? Was für Bedürfnisse haben sie? Gibt es etwas, worunter sie leiden und wo ich vielleicht lindern kann?« In der Regel liegt diese Betrachtungsweise uns doch fern, und ganz anderes geht in uns vor: »Wer hat die Connections, die mir vielleicht weiterhelfen? Wird man mich überhaupt beachten oder womöglich links liegen lassen? Ob ich dieser gut aussehenden Person da drüben wohl gefalle?«

Ich schlage ein interessantes Experiment vor. Besinnen Sie sich vor dem Eintreten kurz: »In meinem jetzigen Leben und in den früheren sind alle Lebewesen einmal freundlich zu mir gewesen. Jetzt habe ich die Chance, es ihnen zu vergelten. Egal, wie diese Leute äußerlich aussehen, sie sind genau wie ich. Manchmal sind sie verunsichert und wünschen sich Anerkennung. Sie möchten als wertvolle Menschen gelten. Ich werde dieses Zusammensein nutzen, um ihnen so viel zu geben, wie ich kann.« Wenn wir uns dieses Denken angewöhnen, werden sich unsere Gespräche, Partys oder Geschäftsbesprechungen ganz anders gestalten, als wir es gewohnt sind.

Indem wir uns immer die Frage stellen, was wir für andere tun können, wird das Geben uns nach und nach zur Selbstverständlichkeit. In dieser Haltung erleben wir unsere eigenen Probleme als nicht mehr gar so gewaltig und fühlen uns ganz gelöst im Umgang mit anderen. Anderen geht es auch so, sie mögen uns, und jetzt sind wir endlich von Herzen zufrieden, da wir unser Leben als sinnvoll erkennen.

Gespür für andere, das bedeutet auch, dass wir wissen, wann es richtig ist zu sprechen und was gesagt werden muss. Vergeuden wir unsere Zeit nicht mit belanglosem Gerede. Das kann schwieriger sein, als es klingt, denn was uns gerade interessant und wichtig erscheint, sagt einem anderen vielleicht in diesem Moment gar nichts. Diese Aufmerksamkeit, die wir anderen entgegenbringen, besteht zum Teil in diesem Gespür für das, was sie wirklich bewegt.

Rücksichtsvoll und großzügig sein bedeutet aber nicht, dass wir unsere eigene Entwicklung unterdrücken, um es anderen recht zu machen. Aus echter Zuneigung freundlich zu sein ist etwas anderes, als die eigene Selbstachtung hintanzustellen und anderen nur der Anerkennung wegen zu Diensten zu sein. Echte Freundlichkeit gegenüber anderen ist uns nur auf der Grundlage der Selbstachtung möglich.

Aber Selbstachtung ist etwas anderes als Selbstsucht. Erstere lässt uns unseren Wert als Menschen erkennen, Letztere macht uns glauben, unsere persönlichen Interessen seien wichtiger als das Glück anderer. Zwischen den Extremen der Selbstverleugnung und des Egoismus gibt es einen Punkt, an dem wir erkennen können, dass wir alle im Grunde gleich sind. Wir alle wünschen uns Glück und möchten keine Probleme haben. Wir alle haben Stärken und Schwächen. Wir alle verdienen Achtung, einfach weil wir Lebewesen sind.

Selbstbewusstsein

Gruppenzwänge bringen wir zwar eher mit der heranwachsenden Jugend in Verbindung, aber sie spielen eigentlich für jeden von uns eine Rolle, unabhängig von Alter und Umfeld. Niemand freut sich, wenn er verleumdet oder missverstanden wird. Jeder wünscht sich, dass andere gut über ihn denken. Wenn jemand sich über uns lustig macht oder uns kritisiert, wissen wir in manchen Fällen, dass wir es am besten gar nicht beachten – dennoch hören wir nicht gern, was da gesagt wird. Vielleicht schlagen wir uns sogar auf die Seite dieser Leute, um ihre Freundschaft zu gewinnen oder uns nicht ihrer Gegnerschaft auszusetzen.

Hier geht es um unser Selbstbewusstsein. Wenn wir Lob brauchen, um uns gut zu fühlen, sitzen wir in einer emotionalen

Achterbahn, immer abhängig von dem, was andere sagen. Wir werden sehr unsicher und beeinflussbar, weil wir nicht klar genug wissen, was wir selbst glauben – und wenn wir es wissen, fehlt uns das nötige Selbstbewusstsein, es auszusprechen.

So kommt es also darauf an, uns tief zu vergegenwärtigen, dass wir nicht gut werden, weil jemand uns für gut erklärt, und nicht schlecht, weil jemand uns kritisiert. Lob und Tadel sind nur die Eindrücke und Meinungen der anderen, nicht das, was wir wirklich sind. Zu einer realistischen Selbsteinschätzung gelangen wir nur, wenn wir selbst uns ein Bild von unseren Anschauungen und Verhaltensweisen machen. So lernen wir, unsere Stärken und Schwächen zu erkennen.

Wenn jemand uns zu Recht auf einen Fehler oder eine Schwäche aufmerksam macht, besteht kein Grund zur Panik. Es ist ja nur eine Feststellung wie etwa die, dass ich eine Nase im Gesicht habe. Es hat keinen Sinn, Fehler zu vertuschen, die jeder deutlich sehen kann. Und beleidigt zu sein, wenn jemand darauf hinweist, ist ebenfalls gegenstandslos. Akzeptieren wir einfach, dass wir einen Fehler gemacht haben, und entschuldigen wir uns.

Erzählt aber jemand, wir hätten Hörner auf dem Kopf, so berührt uns das nicht weiter, denn der Irrtum des anderen liegt ja auf der Hand. So braucht es uns auch nicht zu beunruhigen, wenn jemand uns etwas anlastet, was wir nicht getan haben, oder wenn ein kleiner Patzer aufgebauscht wird. Was da gesagt wird, stimmt einfach nicht, und fertig.

Wir alle besitzen gute Eigenschaften, und es ist sehr wichtig, sie anzuerkennen. Stolz auf unsere Begabungen und Leistungen ist jedoch überflüssig, denn immer sind hier andere im Spiel, die uns dazu verhalfen. Hätten andere uns nicht unterwiesen und geholfen, wo wäre dann jetzt unser Erfolg? Wie wir unsere Fehler ohne Groll zur Kenntnis nehmen können, so können wir auch Lob ohne jede Selbstgefälligkeit annehmen. Der Buddha sagte:

Wie ein Fels nicht vom Wind geschüttelt wird,
so bleibt der Weise unbewegt von Lob und Tadel.

Wenn wir bei Lob oder Tadel innerlich im Gleichgewicht bleiben, können wir das, was andere sagen, in Ruhe abwägen und daraus lernen. So gewinnen wir ein klareres Bild von uns selbst und mehr Stabilität gegenüber negativem Druck, der von unserer Umgebung ausgehen kann.

Ebenfalls wichtig für unser Selbstbewusstsein ist ein klares Gefühl für ethische Werte. Wer es besitzt, verfügt in Situationen, in denen Schaden entstehen könnte, über klare Leitlinien und kann sich gegenüber dem irreführenden Einfluss anderer abgrenzen. Wenn wir nur tief genug über die Vorteile und Nachteile bestimmter Vorhaben nachdenken, kommen wir immer zu eindeutigen Schlussfolgerungen, was unsere ethischen Wertvorstellungen angeht. Wenn wir uns dann Kritik oder Spott anhören müssen, weil wir uns an den aus unserer Sicht unvertretbaren Aktivitäten anderer nicht beteiligen, können wir innerlich ganz ruhig bleiben, da wir wissen, dass wir richtig handeln. Echtes Selbstvertrauen und ein klarer Sinn für ethische Werte setzt voraus, dass wir uns wirklich Gedanken machen.

Wie man Probleme erörtert

Manchmal müssen wir mit unseren Freunden über Probleme sprechen. Wie kann das wirklich produktiv geschehen, ohne dass wir andere mit unseren Schwierigkeiten und negativen Gefühlen belasten? Es kommt vor, dass wir einfach nur »unser Herz ausschütten« müssen, und ein guter Freund ist dann jemand, der aufgeschlossen und mitfühlend zuhört.

Es ist sicher in Ordnung, nahe stehenden Menschen unsere Schwierigkeiten anzuvertrauen, aber wir sollten ihnen nicht einfach unser Gefühlschaos aufbürden und es dabei belassen. Es taugt auch nichts, unseren Freunden etwas aufzutischen, nur um ihre Sympathie zu gewinnen oder von ihnen die Zustimmung einzuholen, dass wir von jemand anderem schlecht behandelt wurden. Das vergrößert nur unser Selbstmitleid, aber löst das Problem nicht.

Haben wir erkannt und uns eingestanden, dass tatsächlich ein Problem besteht, dass wir negative Gefühle haben oder nicht mehr klar sehen, besteht der nächste Schritt darin, dass wir uns intensiv damit befassen. Das kann darin bestehen, dass wir Freunde, mit deren Wohlwollen wir rechnen können, um ihre ehrliche Meinung bitten. Deren nach bestem Wissen erreichte Einschätzung nehmen wir erst einmal an, selbst wenn sie darin besteht, dass wir einen Fehler gemacht oder das Problem selbst heraufbeschworen haben. Freunde, die uns auf Übertreibungen oder eine unflexible Haltung unsererseits aufmerksam machen, sind eine Hilfe. Sie sagen nicht das, was wir vielleicht hören wollen, sondern helfen uns, das Problem korrekt zu benennen und zu lösen.

Wer den Wert guter Freunde kennt, wird immer die Gesellschaft von Menschen suchen, von denen ein positiver Einfluss ausgeht. Darüber hinaus versuchen wir unsere Fehler abzubauen und unsere guten Eigenschaften aufzubauen, damit wir anderen bessere Freunde sein können.

4 *Kollegen und Kunden: Gemeinsam Differenzen ausräumen*

Wir können uns bei der Meditation das hohe Ziel vor Augen halten, zum Segen aller Lebewesen Buddhas zu werden. Aber wir müssen auch ganz praktisch bleiben und gegenüber den Menschen in unserer Umgebung Liebe und Mitgefühl walten lassen, besonders am Arbeitsplatz. Ethische Lebensweise, Anerkennung für die Bemühungen anderer und Konfliktbewältigung sind hierzu konkrete Ansatzpunkte.

Ethische Lebensweise

Sinn für ethische Werte ist die Grundlage für ein friedliches, gedeihliches Miteinander. Wer sich in seiner Arbeit als vertrauenswürdig erweist, gewinnt nicht nur den Respekt seiner Vorgesetzten, Kollegen und Kunden, sondern kann auf lange Sicht mit mehr Erfolg in seiner beruflichen Laufbahn rechnen. Wenn wir faire Preise berechnen, einen guten Service bieten und im Umgang mit Kunden ehrlich sind, werden sie uns treu bleiben und empfehlen.

Lassen wir es aber an moralischem Empfinden mangeln und tun immer nur das, wovon wir uns gerade einen Vorteil für uns selbst versprechen, so entstehen Missklänge und schließlich leidet auch unsere Karriere darunter. Gerade in den letzten Jahren hat man etlichen Prominenten aus Regierung und Wirtschaft Gesetzesbrüche nachweisen können, und sie wurden öffentlich angeprangert. Grund für ihre Machenschaften und schließlich ihren Sturz waren Geldgier und Prestigesucht.

Man macht nicht gern Geschäfte mit Leuten, die vor nichts zurückschrecken. Wenn wir unsere Vorgesetzten, Kollegen oder Kunden hinters Licht zu führen versuchen, verlieren wir ihre Achtung und Kooperationsbereitschaft. Vielleicht haben wir von rüden Geschäftspraktiken vorübergehend einen Vorteil, aber auf Dauer werden unsere Tage von schlechter Zusammenarbeit und unsere Nächte vom schlechten Gewissen heimgesucht sein. Das können wir uns ersparen, wenn wir die zehn destruktiven Handlungsweisen meiden.

Wertschätzung anderer

Unsere Kollegen freuen sich, wenn wir ihnen helfen und ihre Arbeit anerkennen. Es entsteht Teamgeist. Wer spürt, dass seine Arbeit geschätzt wird, ist zu noch mehr Zusammenarbeit und Einsatz bereit. Und wo Möglichkeiten geschaffen werden, dass jeder seine Meinung äußern kann, wächst die Loyalität, weil ein Gefühl der Verbundenheit mit der Firma entsteht.

Aber unser Lob darf nicht einfach nur als Ansporn zu mehr Leistung gemeint sein. Etwas so Fadenscheiniges wird schnell durchschaut und vergiftet die Arbeitsatmosphäre. Achtung und Anerkennung anderer – auch wenn sie von ihrer Position oder Ausbildung her »unter« uns stehen – sind die entscheidende Zutat, wenn wir uns zu Liebe und Mitgefühl hin entwickeln möchten. Denken wir also daran, dass ein Chef nicht ohne die Arbeit seiner Leute erfolgreich sein kann und eine Firma nicht ohne ihre Angestellten funktioniert. Erfolg ist niemals unser eigener; er hängt immer an den wohlmeinenden Bemühungen und an der Kooperation anderer. Deshalb ist es richtig, ihnen zuzuhören, sie zu respektieren und zu loben.

Umgekehrt sollten jedoch auch Angestellte und Arbeiter den Einsatz ihrer Chefs anerkennen. Meckern und kritisieren ist nicht schwer, aber wichtiger wäre es anzuerkennen, dass andere zwar nicht vollkommen sind, aber ihr Bestes tun. Ungerechte

Firmenpolitik sollte den Beschäftigten Anlass zu konstruktiver Kritik geben; mit Gemunkel und Wühlarbeit schafft man nur immer mehr Probleme für alle Beteiligten.

Differenzen ausräumen

Solange wir im zyklischen Dasein sind, werden wir Probleme und Konflikte mit anderen haben. Hier sind wir aufgefordert, kreative Kommunikationstaktiken und Problemlösungen zu finden. Wie geht man da vor? Zunächst die Worte des Buddha:

Halte bei anderen nicht Ausschau nach Fehlern
in dem, was sie tun oder unterlassen.
Ein jeder achte auf das,
was er selbst tun oder lassen sollte.

Für gute Beziehung sind Bewusstsein und Verantwortungsgefühl für unsere eigenen Anschauungen und Handlungen wichtiger als das Wissen um das, was andere tun sollten. Unzählig sind die Fälle, in denen Probleme entstehen, weil wir nicht auf uns selbst schauen, sondern lieber über andere herziehen. Die Fehler der anderen sind immer schnell gefunden, aber unsere eigenen sehen wir uns nicht so gern an.

Diese Haltung bringt uns nicht die gewünschten Ergebnisse. Selbst wenn wir die Schwächen anderer bemerken – wir können daran ja nichts ändern. Und unsere eigenen Schwächen, an denen wir durchaus etwas ändern könnten, bleiben bestehen, solange wir sie nicht wahrnehmen. Wir können auf andere zwar Einfluss nehmen, aber nichts gegen ihren Willen durchsetzen, denn jeder ist für seine Taten, Worte und Gedanken selbst verantwortlich. Die Forderung, die anderen sollten sich ändern, ist demnach unrealistisch. In jeder Beziehung können wir uns nur unser eigenes Verhalten »vorschreiben«, und auch das ist gar nicht so einfach.

Wenn bei der Arbeit Schwierigkeiten auftreten, machen wir uns am besten erst einmal klar, wie sich die Situation dem anderen darstellt. So verstehen wir seine oder ihre Position und Gefühle besser und können verständnisvoll statt verärgert reagieren. Vielleicht fällt uns sogar auf, dass wir zufällig (oder gezielt) etwas getan haben, was den anderen aufbringt. Dann entschuldigen wir uns.

Manche entschuldigen sich aus Angst vor Gesichtsverlust prinzipiell nicht. Aber wer seine Fehler nicht eingestehen mag, sorgt für Spannungen und ungute Gefühle. Tatsächlich sind Menschen, die sich entschuldigen können, mutig. Nicht Schwäche, sondern Stärke spricht aus ihnen, denn sie sind selbstbewusst und ehrlich genug, um Fehler einzugestehen und dann auch zu beheben. Nur ein Feigling vertuscht seine Fehler und weigert sich strikt, sie zuzugeben.

Stellt sich bei genauer Betrachtung jedoch heraus, dass der Fehler offenbar nicht bei uns liegt, können wir das direkte Gespräch mit der Gegenseite suchen, um das Missverständnis oder die Meinungsverschiedenheit auszuräumen. Das kann in aller Ruhe geschehen, wenn wir vorher die vom Buddha gelehrten Methoden gegen den Zorn anwenden. Dann können wir unserem Kollegen das Problem darstellen, ohne ihn zu beschuldigen; das würde ihn nämlich nur in die Defensive drängen und die Situation verschlimmern. Stattdessen könnten wir beispielsweise sagen: »Wenn Sie das und das tun, komme ich damit ganz schlecht zurecht, weil …«, und dann erklären wir, weshalb es uns so geht. So lassen wir die Gefühle erkennbar bei uns selbst, anstatt sie dem anderen anzulasten. Außerdem wird unserem Kollegen dann verständlich, wie sein Verhalten bei uns ankommt und weshalb wir so fühlen. Dann können wir hinzufügen: »Ich bin nicht froh mit diesen Gefühlen. Ich möchte gern verstehen, weshalb Sie so handeln, bitte erklären Sie es mir.«

So geben wir dem anderen Raum, seinen Standpunkt darzulegen. Geht er auf unser Gesprächsangebot ein, hören wir ohne zu unterbrechen genau zu, um zu verstehen, was er sagt. Das kann viel Geduld erfordern, denn die Versuchung, den anderen zu unterbrechen und auf seine Irrtümer aufmerksam zu machen, ist groß. Aber letzten Ende ist aufgeschlossenes Zuhören das Einzige, was einen ersprießlichen Fortgang des Gesprächs verspricht.

In Konfliktsituationen hilft uns die Vorstellung, dass wir selbst und die Gegenseite uns gemeinsam an das Problem herantasten. So erleben wir die beiden Seiten nicht als gegnerische Linien in einer Schlacht, in der einer gewinnen und einer unterliegen muss, sondern sehen das Ganze als ein gemeinsames Problem, das zur Lösung eines gemeinsamen Handelns bedarf. Nur miteinander finden wir eine Lösung, von der wir beide etwas haben.

Es kann vorkommen, dass wir auf Kollegen neidisch sind. Der Erfolg einer Kollegin erfüllt uns mit diesem quälenden Gefühl, aber wir sind diesem Gefühl nicht hilflos ausgeliefert, denn wir können ihren Erfolg auch anders betrachten. Wenn jemand Eigenschaften und Begabungen besitzt, durch die er Chancen bekommt, die sich uns nicht eröffnen, können wir uns trotzdem mit ihm für sein Glück freuen. Schließlich sind wir nicht die Einzigen, die sich Glück wünschen. Und hat nicht jeder schon einmal gesagt: »Wie schön wäre es, wenn alle glücklich sein könnten!«? Sorgen wir also dafür, dass unsere Gefühle zu unseren Worten passen. Unsere Kollegin hat einen Erfolg zu verbuchen und freut sich. Ist das nicht Grund genug, sich mit ihr zu freuen, anstatt sich mit Neid zu quälen? Wer sich von Herzen über das Glück eines anderen freuen kann, ist ebenfalls froh.

So kann ein konstruktives Miteinander bei der Arbeit zu einem Teil unserer Dharma-Praxis werden. Es verlangt von uns, dass wir unser eigenes Denken mit den Lehren des Buddha in Einklang bringen; dann sind die Lehren nicht mehr nur intellektuelles Wissen, sondern werden Bestandteil unserer Persönlichkeit. Das erlaubt uns nicht nur Fortschritte auf dem Pfad, sondern gestaltet auch unsere Beziehungen harmonischer.

5 *Ehe: Miteinander wachsen*

Was über die Wahl von Freunden und den Umgang von Freunden untereinander gesagt worden ist, gilt auch für die Beziehung zwischen Freund und Freundin oder Ehemann und Ehefrau. Freundschaft und gemeinsame Interessen sind unabdingbar, wenn eine Paarbeziehung eine sichere Grundlage haben soll. Eine hauptsächlich auf sexueller Anziehung oder emotionaler Abhängigkeit beruhende Beziehung ist weniger haltbar und weniger befriedigend als eine Beziehung auf der Grundlage von Freundschaft, in der man einander vertraut, Mut zuspricht und verständnisvolle Geduld entgegenbringt.

Fügen wir aber hinzu, dass nicht alle Menschen sich Partner wünschen. Das ist eine individuelle Entscheidung, durch die Persönlichkeit des Einzelnen und andere Faktoren bestimmt. Wenn jemand allein bleiben möchte, ist das für sie oder ihn vielleicht die beste Voraussetzung für ein glückliches und produktives Leben. Nicht für jeden ist die Ehe das Richtige.

Die Popmusik und viele Filme halten uns idealisierte Bilder von Liebesbeziehungen vor. Wer sich daran zu orientieren versucht, darf mit Schwierigkeiten rechnen – wie immer, wenn man auf Vollkommenes aus ist. Aus unserer Haltung des Anhaftens heraus projizieren wir Eigenschaften auf jemanden oder überzeichnen die guten Eigenschaften, die er besitzt, und schon packt uns dieser Wirbel des begeisterten Verliebtseins.

Doch irgendwann platzen solche Seifenblasen. Und nicht weil wir selbst oder der andere etwas falsch gemacht hätten, sondern weil wir in unrealistischen Erwartungen leben, in denen wir dem anderen keinen Raum lassen, er selbst zu sein. Vielleicht haben wir auch von einer perfekten Beziehung ohne Meinungsverschiedenheiten geträumt. Solche aus unserem Haften entstehenden falschen Erwartungen können nur in die Enttäuschung führen.

Es ist viel besser, wenn man sich gar nicht erst verschweigt, dass der andere neben guten Eigenschaften auch Schwächen besitzt und die Beziehung ihre Höhen und Tiefen haben wird. Zwei Menschen können einander sehr nahe sein, aber dann gibt es auch wieder Zeiten, in denen das nicht so der Fall ist. Das ist ganz natürlich, damit darf man rechnen.

Ein anderer Mensch kann uns niemals die ganze Erfüllung verschaffen, denn jeder hat seine Grenzen und Beschränkungen. Außerdem ändern wir auch immer wieder unseren Sinn. Wir erwarten und wünschen nicht immer das Gleiche vom anderen.

Auch kann ein anderer nicht alle unsere Probleme lösen und unsere Unsicherheit ausräumen. Wir müssen unsere Probleme selbst lösen, indem wir uns an das halten, was uns von Ärger, Anhaftung, Verwirrung, Neid und Stolz befreit. Haben wir das deutlich vor Augen, wird es uns nicht an Geduld, gegenseitiger Achtung und der Fähigkeit zu verzeihen mangeln. So wird die Beziehung dauerhaft und kann wachsen.

Wenn zwei eine Liebesbeziehung eingehen und jeder das sucht, was ihn befriedigt, gehen beide davon aus, dass ihre persönlichen Wünsche und Bedürfnisse wichtiger sind als die des anderen. Das ist der Ursprung aller Streitigkeiten. Diese egoistische Haltung muss in die Sackgasse führen, weil beide Seiten sich weigern, einen Verzicht zu leisten. An uns ist es, unsere eigene Egozentrik im Zaum zu halten und nicht den anderen zu bearbeiten, damit er seine aufgibt.

Die Ehe bietet uns die Chance, etwas zu üben, nämlich den anderen über uns selbst zu stellen. Eine Beziehung bleibt dauerhaft und sicher, wenn beide in dem Gedanken leben, dass ihr Zusammensein der gegenseitigen Hilfe und der Unterstützung anderer dienen soll. Ist einer verärgert oder verstört, kann der andere ihn auffordern, die Situation aus einem anderen Blickwinkel zu betrachten. Oder wenn beide sich gern Auszeiten für die stille Betrachtung der Dinge nehmen und einer sich zu sehr von etwas mitreißen lässt und keine Stille findet, kann der andere ihm sanft einen Anstoß geben, sich wieder auf die persönliche und spirituelle Entwicklung zu sammeln. Solche gegenseitige Unterstützung und Ermunterung festigt die Beziehung.

Gegenseitige Achtung ist entscheidend für eine Ehe, und sie kommt darin zum Ausdruck, wie wir miteinander sprechen und umgehen. Herabsetzende Worte und Vorhaltungen dienen kaum der Harmonie. Gewalt jeglicher Art natürlich auch nicht. Alle leiden, wenn wir unseren Ärger an unserer unmittelbaren Umgebung auslassen. Sarkastische und herablassende Worte oder anhaltendes Bohren an empfindlichen Stellen machen niemanden glücklich.

Wenn wir uns selbst und unseren Partner achten, werden wir uns überlegen, was wir sagen, und stets auch die Wirkung unserer Worte bedenken. Unsere Achtung kommt auch durch umsichtigen Umgang mit dem gemeinsamen Besitz und mit dem persönlichen Eigentum des Partners zum Ausdruck. Wenn der andere Interessen und Vorlieben hat, die wir nicht teilen, lassen wir das einfach so gelten, da uns klar ist, dass unser Partner nicht unser Besitz ist. Er ist ein Individuum wie wir und möchte wie wir viele Seiten seiner Persönlichkeit entwickeln.

Achtung ist auch im Umgang mit der Familie des Partners geboten. Ob wir die Mitglieder dieser Familie mögen oder nicht, jedenfalls verdienen sie rücksichtsvolle Behandlung. Natürlich lassen wir uns von ihnen nicht vorschreiben, wie wir zu leben haben, zumal sich ihre Wertvorstellungen und ihre Lebensweise mehr oder weniger von unserer unterscheiden werden. Dennoch können wir uns die Ratschläge anderer anhören und uns dafür bedanken, ob wir sie dann befolgen oder nicht. Automatische Abwehr schafft keine Harmonie – ganz anders als eine Haltung, die erkennen lässt, dass wir die anderen als Menschen schätzen. Lassen wir uns auch nicht zu Eifersucht hinreißen, wenn wir den liebevollen Umgang unseres Partners mit seiner Familie sehen. Freuen wir uns lieber, dass sie einander etwas bedeuten.

Das in einer Beziehung so wichtige Vertrauen entsteht daraus, dass beide umsichtig und verantwortungsbewusst ihren Verpflichtungen nachkommen. Die traditionellen Geschlechterrollen beginnen sich in unserer Gesellschaft zu ändern, sodass die Aufgaben im Haushalt und bei der Kindererziehung neu aufgeteilt werden können – gerecht und so, dass beide gut damit leben können. Und wenn beide ihre Pflichten erfüllen, wird das dem gegenseitigen Vertrauen dienen.

Vertrauen hat auch sehr viel mit Aufrichtigkeit zu tun. Daher empfiehlt es sich, alles zu unterlassen, was man dann vertuschen müsste. Und wo wir doch einmal einen Fehler machen, entschuldigen wir uns. Und wenn unser Partner sich für etwas entschuldigt, können wir ihm oder ihr verzeihen, ohne dass Verletzungsgefühle oder Vergeltungswünsche zurückbleiben. Jemandem verzeihen muss nicht heißen, dass man sein Handeln billigt. Wir halten nur einfach nicht an unserem Zorn fest.

Natürlich ist Treue wichtig für anhaltendes und wachsendes Vertrauen in der Ehe. Wenn wir uns unbefriedigt fühlen und an sexuelle Abenteuer denken, müssen wir uns fragen, woher das kommt. Steckt ein Beziehungsproblem dahinter, das wir mit unserem Partner besprechen und lösen müssen? Oder sind wir einfach auf Abwechslung aus und fantasieren? Im letzteren Fall können wir uns sagen, dass ein Ausleben unserer Fantasien nur Leid und Chaos mit sich bringt, für uns selbst, unseren Partner, die Kinder und die dritte Person. Halten wir uns immer die Auswirkungen unseres Handelns auf andere vor Augen. Wer mehr auf die Gefühle anderer als auf seine wechselnden Launen achtet, wird sich kaum auf außereheliche Beziehungen einlassen.

Auch beim Umgang mit dem Geld der Familie muss für Vertrauen gesorgt werden. Die Partner müssen besprechen und beschließen, wie sie mit ihrem Geld verfahren wollen. Sobald eine Absprache getroffen wurde, ist es sehr wichtig, dass beide sich daran halten. Wenn wir Geld für unser eigenes Vergnügen vergeuden oder es gar verspielen oder mehr ausgeben, als der Etat erlaubt, wird es nicht nur finanzielle Engpässe geben, sondern wir untergraben auch das Vertrauen. Größere Ausgaben besprechen wir immer erst mit unserem Partner, und wenn er oder sie Einwände erhebt, schieben wir das Projekt auf. Wenn wir unseren Partner wirklich schätzen und achten, werden wir Geld weder als Machtmittel gegenüber dem anderen missbrauchen noch zu unserem eigenen Vergnügen verprassen.

Ob man heiratet oder nicht, muss jeder selbst entscheiden. Im Buddhismus ist die Ehe nichts Heiliges, und man heiratet auch nicht aus religiöser Pflichterfüllung. Die Ehe ist also eine weltliche Angelegenheit, weshalb es auch keine »buddhistische Anschauung« zu gleichgeschlechtlichen Ehen gibt. Für alle Beziehungen sind die gleichen Werte bedeutsam: Fürsorglichkeit und Respekt.

Aus buddhistischer Sicht besteht auch kein zwingender Grund, Kinder zu zeugen. Vielleicht wünschen sich beide Partner genügend Zeit für die Dharma-Praxis oder gemeinnützige Projekte und beschließen einvernehmlich, auf Kinder zu verzichten. Für andere Paare kann gerade eine Familie sehr wichtig sein. Jedem Paar bleibt es überlassen, ob Kinder gezeugt werden sollen und wie viele.

Wenn Eltern in Erziehungsfragen einer Meinung sind, haben Kinder immer klare Vorgaben zu dem, was erlaubt ist und was nicht. Kinder brauchen verlässliche, das heißt von beiden Eltern vertretene Leitlinien. Wenn einer der beiden mal so und mal so entscheidet oder der eine dies und der andere das sagt, verlieren Kinder völlig die Orientierung. Das kann wiederum zu Auseinandersetzungen zwischen den Eltern führen. Durch häufige Gespräche und eine gute Kommunikation zwischen den Eltern kann man diesem Problem vorbeugen oder es lösen.

Es kann vorkommen, dass alle Bemühungen, Konflikte in einer Partnerbeziehung zu lösen, fehlschlagen und beide nach einer Weile das Gefühl bekommen, es sei zu schwierig, das Zusammenleben fortzusetzen. Wie die Eheschließung im Buddhismus eine weltliche Angelegenheit ist, so auch Trennung und Scheidung. Sie sind nicht mit einem religiösen Stigma verbunden. Wer nach der Scheidung eine neue Ehe eingehen möchte, kann es tun.

Der Buddhismus ist jedoch immer für ein harmonisches Miteinander und für Geduld und Nachsicht, wenn es doch einmal zu Meinungsverschiedenheiten und verunsichernden Aktionen kommt. Eheleute sollten alles daransetzen, die Gefühle des anderen wahrzunehmen und Rücksicht auf sie zu nehmen. Auf der Suche nach glücklicherem Glück immer neue Partner und Umstände anzusteuern ist ein aussichtsloses Unterfangen und führt nur immer tiefer in die Unzufriedenheit. Wo immer möglich sollten Ehepartner sich um die Lösung ihrer Schwierigkeiten bemühen, vor allem im Hinblick auf die Kinder.

Dazu gibt Seine Heiligkeit der Dalai Lama in *Kindness, Clarity, and Insight* (*Logik der Liebe*) folgenden Rat:

> Es genügt in einer Ehe nicht, dass die beiden Beteiligten nur an ihre eigenen Liebesdinge und ihre eigene Befriedigung denken. Sie haben die moralische Pflicht, an Ihre Kinder zu denken. Mit einer Scheidung sind für das Kind Leiden verbunden, und nicht nur vorübergehend, sondern ein ganzes Leben lang. Die eigenen Eltern sind immer ein Vorbild. Ich glaube, wenn sie ständig streiten und schließlich auseinander gehen, ist das ein schlechter Einfluss, der ein Kind tief prägt. Eine Tragödie. Wenn es eine echte Ehe werden soll, rate ich deshalb zu Eile mit Weile: Gehen Sie sehr behutsam vor, und heiraten Sie erst, wenn Sie sich gut verstehen. Dann wird es eine glückliche Ehe sein. Glück daheim schafft Glück in der Welt.

Wer also mit einer realistischen Einstellung an die Ehe herangeht, mit Engagement, Demut, Geduld, Achtung und herzlicher

Aufgeschlossenheit für den anderen, der wird von Jahr zu Jahr mehr lernen und weiter wachsen. Wenn wir all diese Eigenschaften in uns entwickeln möchten, müssen wir mit Bedacht handeln, unser abträgliches Denken und Tun wandeln und unsere guten Anlagen zur Reife bringen.

DRITTER TEIL

Schlechte Gewohnheiten im Zaum halten und gute entwickeln

Wir sind zu einem guten Teil »Gewohnheitstiere«. Das muss aber nicht heißen, dass wir uns einfach darin einrichten und allem seinen Lauf lassen. Vielmehr versuchen wir unsere schlechten Gewohnheiten unter Kontrolle zu bringen und an ihrer Stelle gute auszubilden. So wird in unser jetziges Leben Frieden einkehren, und wir schaffen die Voraussetzungen für künftiges Glück, auch für Befreiung und Erleuchtung. Und da wir in vielfältigen Wechselbeziehungen mit allen anderen Lebewesen existieren, wird sich unser innerer Wandel auch der Umgebung mitteilen. Das ist es, was wir für den Weltfrieden tun können.

1 *Jammern: ein beliebter Zeitvertreib*

Manche von uns geben sich gern ihrem liebsten Zeitvertreib hin: Sie beklagen sich. Zwar erleichtert uns das nicht wirklich, sondern macht uns eher noch elender, aber wir greifen trotzdem oft zu diesem Mittel. Es ist uns auch nicht immer klar, dass wir uns beklagen; wir sagen uns gern, dass wir ja nur aussprechen, was offensichtlich der Fall ist. Sehen wir aber genauer hin, kommen wir kaum an der Einsicht vorbei, dass unsere Unkenrufe eigentlich Gejammer darstellen.

Was macht eine Aussage zur Klage? In Wörterbüchern finden wir Definitionen wie »Ausdruck des Schmerzes, der Unzufriedenheit oder des bitteren Vorwurfs«. Ich würde noch hinzufügen, dass vielfach Abneigungen, Urteile und Schuldzuweisungen hineinspielen.

Worüber wir uns beklagen

Über alles und jeden kann man sich beklagen. »Mein Flug ist gestrichen worden.« »Die Versicherung will meinen Anspruch nicht gelten lassen.« »Mir ist heiß.« »Mein Freund ist schlechter Laune.«

Man kann sich über Mangel und sogar über Reichtum beklagen. Und wie viel einer auch haben mag, es ist ihm nie genug. Wir entrüsten uns darüber, dass andere so viel mehr Geld haben als wir, weil sie einfach die besseren Chancen bekommen haben.

Dann die Gesundheit. Und hier führen durchaus nicht nur die Kranken und Alten das Wort. »Mir tut der Rücken weh.« »Meine Allergien plagen mich wieder.« »Ich hab Kopfweh.«

»Mein Cholesterinspiegel ist zu hoch.« »Ich bin fix und fertig.« »Ich habe Herzrhythmusstörungen.« »Meine Nieren funktionieren nicht richtig.« »Ich hab eine Entzündung am kleinen Zeh.« Bei unseren eigenen Wehwehchen geht uns nie der Stoff aus, aber wenn andere endlos von ihren Zipperlein erzählen, gehen sie uns auf die Nerven.

Und wo findet man immer etwas zu beanstanden? Bei den »anderen« und ihrem Verhalten. Hier schrecken wir nicht einmal vor dem Niveau der Klatschspalten zurück. »Mein Arbeitskollege kommt nie auf seine Stundenzahl.« »Mein Chef kommandiert einen nur herum.« »Meine Angestellten sind undankbar.« »Nach allem, was ich für meine Kinder getan habe, ziehen sie jetzt in eine andere Stadt und kommen nicht einmal im Urlaub.« »Ich bin fünfzig und meine Eltern wollen mir immer noch in mein Leben hineinreden.« »Der Typ da redet zu laut.«

Auch die Versuchung, über in- und ausländische Politiker und Regierungen herzuziehen, scheint unwiderstehlich zu sein – da gibt es ungerechte politische Entscheidungen, die Brutalität gewisser Regime, die Ungerechtigkeit der Justiz, die Gräuel der Weltwirtschaft. Wir schreiben einander im Kreis der Gleichgesinnten E-Mails zu diesen Themen, als berechtigte das zu der Hoffnung, dass irgendwer endlich etwas unternehmen wird.

Kurzum, wir beklagen uns über alles, was uns nicht passt.

Warum beklagen wir uns?

Da gibt es eine Reihe von Gründen. Immer sind wir jedoch auf etwas aus, auch wenn wir im Moment vielleicht nicht wissen, was es ist.

Manchmal beklagen wir uns, weil wir uns einfach wünschen, dass jemand um unser Leid weiß. Ist das erreicht, findet etwas in uns Frieden, aber bis dahin erzählen wir unsere Geschichte einfach immer wieder. Vielleicht haben wir von einem nahe stehenden Menschen zu berichten, der unser Vertrauen missbraucht hat. Wenn unsere Freunde jetzt anfangen, nach Lösungen des Problems zu suchen, befriedigt uns das ganz und gar nicht. Vielleicht bekommen wir das Gefühl, sie hätten uns gar nicht richtig angehört. Sagt jedoch einer: »Da musst du aber ganz schön enttäuscht sein«, so fühlen wir uns endlich verstanden und schweigen – unser Leid wurde zur Kenntnis genommen.

Bei anderen Anlässen jammern wir weiter, auch wenn wir verstanden worden sind. So klagen wir vielleicht immer wieder über Gesundheitsstörungen, sei es aus Selbstmitleid oder um uns der Sympathien anderer zu versichern. Vielleicht finden wir mitfühlende Zuhörer, doch was auch immer sie sagen oder für uns zu tun bereit sind, die Situation bleibt unbefriedigend.

Oder wir jammern in der Hoffnung, dass jemand sich unseres Problems annehmen wird. Anstatt direkt um Hilfe zu bitten, beten wir unsere traurige Geschichte immer wieder her – vielleicht versteht ja endlich jemand und zieht uns aus der Patsche. Trägheit oder Angst kann der Grund dafür sein, dass wir unser Problem nicht eigenhändig zu lösen versuchen. Zum Beispiel: Wir beklagen uns bei einer Kollegin über unerfreuliche Umstände bei der Arbeit und hegen die heimliche Hoffnung, dass sie diesen Fall dem Abteilungsleiter vortragen wird.

Wir beklagen uns, um unserem Gefühl von Ohnmacht und anderen Regungen Luft zu machen. Wir kritisieren Regierungsentscheidungen, die Korruption der leitenden Herren und das Treiben der Politiker, das sie nicht dazu kommen lässt, sich um ihr Land zu kümmern. Das alles gefällt uns nicht, aber was könnten wir schon daran ändern? Also machen wir ihnen den Prozess – entweder ganz für uns allein und nur im Kopf oder zusammen mit Freunden, jedenfalls verfolgen und überführen wir die Beteiligten, um sie dann in die Wüste zu schicken.

Wir betiteln unser Wettern über dies und das gern als »Luftmachen«. Ein Freund erzählte mir einmal, er höre häufig Sätze wie diesen: »Ich bin so wütend, ich muss das jetzt einfach mal rauslassen!« Wer so etwas sagt, hat offenbar das Gefühl, er werde in die Luft gehen, wenn er nicht etwas Dampf ablasse. Aber sollten wir nicht auch die Folgen dieses Luftmachens für uns selbst und andere bedenken? In den Lehren des Buddha finden wir viele Möglichkeiten, mit Frust und Ärger umzugehen, ohne andere damit zu überschütten.

Diskutieren statt zu jammern

Was ist der Unterschied zwischen Gejammer und einer konstruktiven Diskussion? Das hängt von der Haltung ab, in der wir sprechen, von unserer Motivation. Wenn irgendeine Situation diskutiert werden muss, kommt es auf Augenmaß an: Wir geben uns Mühe, den tatsächlichen Ursprung des Problems zu erkennen und verschiedene Lösungsmöglichkeiten durchzuspielen. Wir reagieren nicht bloß, sondern nehmen uns der Sache wirklich an. Wir übernehmen Verantwortung für unseren Teil und geben nicht anderen die Schuld, wenn sich eine Situation als schwer handhabbar erweist.

So lässt sich ohne Gejammer über unsere Gesundheit sprechen. Wir teilen einfach mit, was zu sagen ist, und gehen weiter. Brauchen wir Hilfe, bitten wir ganz direkt darum und setzen nicht darauf, dass unser Lamentieren irgendwen bewegt, uns zu retten oder wenigstens zu bedauern. So lässt sich auch über alles andere ohne Lamento sprechen – Finanzprobleme, eine in die Brüche gegangene Freundschaft, unfaire Behandlung im Berufsleben, mangelndes Entgegenkommen eines Verkäufers, gesellschaftliche Missstände, die Borniertheit politischer Führungsgestalten, die Unehrlichkeit der Industriebosse. Das ist viel produktiver, denn bei Gesprächen mit informierten Leuten lernen wir und auch sie die Situation neu zu sehen, was uns viel eher zu einem sinnvollen Umgang mit der Problematik befähigt.

Was hilft gegen das Klagen?

Für praktizierende Buddhisten gibt es einige Meditationen, mit denen man das gewohnheitsmäßige Jammern abbauen kann. Die Meditation über die Vergänglichkeit wäre ein guter Anfang. Haben wir erkannt, dass alles nur vorübergehend so ist, wie es gerade ist, können wir uns überlegen, auf was es uns wirklich ankommt im Leben. Dann zeigt sich schnell, dass all die Dinge, die uns Anlass zu Klagen geben, eher zweitrangig und auf lange Sicht unbedeutend sind – wir müssen sie nicht mehr so wichtig nehmen.

Ebenfalls hilfreich ist die Mitgefühl-Meditation. Sind wir von Mitgefühl durchdrungen, sehen wir andere nicht mehr als Feinde, als das, was unserem Glück im Wege steht. Wir sehen vielmehr, dass sie unverständig handeln, weil sie selbst glücklich sein möchten, aber nicht wirklich wissen, wie das zu erreichen ist. Sie sind eben wie wir: unvollkommene, beschränkte Menschen, die glücklich sein und nicht leiden wollen. So können wir sie nehmen, wie sie sind, und hoffen, dass wir einmal etwas für sie tun können. Wir sehen, dass unser eigenes Glück vor dem Hintergrund der Probleme anderer nicht gar so wichtig ist. Wir betrachten sie verständnisvoll und wohlwollend, und jeder Ansatz, uns über sie beklagen, ihnen Vorwürfe machen oder sie verurteilen zu wollen, kann sich gleich wieder verflüchtigen.

Ein weiteres Mittel ist die Meditation über die Natur des zyklischen Daseins. In dem Wissen, dass wir selbst und andere unter dem Einfluss von Unwissenheit, Zorn und Anhaftung stehen, lassen wir alle idealistischen Vorstellungen von perfekten Umständen fahren. Wie eine Freundin auf meine achtlos ausgesprochenen Beschwerden antwortet: »Das hier ist das zyklische Dasein. Was erwartest du?« In dem Augenblick habe ich wohl Vollkommenheit erwartet: Alles soll genau so sein, wie ich es möchte. Vergegenwärtigen wir uns aber die Natur des zyklischen Daseins, fällt solche unrealistisches Denken von uns ab und damit auch das Gejammer, zu dem es anstachelt.

In seinem *Leitfaden für das Leben des Bodhisattva* gibt Shantideva den Rat: »Kann etwas geändert werden, so gib dir Mühe, es zu ändern. Wenn etwas nicht zu ändern ist, wozu sich dann sorgen, grämen oder beklagen?« Erinnern wir uns an diesen klugen Rat, wenn wir merken, dass uns Klagen über die Lippen wollen.

Wenn andere sich beklagen

Was tun, wenn jemand sich endlos über etwas beklagt, woran wir nichts ändern können. Ein paar Möglichkeiten gibt es, je nach Sachlage.

Eine ist das »spiegelnde« Zuhören. Wir nehmen die Klagen eines anderen ernst und hören mitfühlend zu. Dadurch spiegeln wir ihm seine eigenen Gefühle: »Es klingt so, als wärest du wirklich beunruhigt über diese Diagnose.« »Du hast dich darauf verlassen, dass dein Sohn sich darum kümmert, und er hat es vergessen, weil er so beschäftigt war. Jetzt fühlst du dich im Stich gelassen.« Der andere fühlt sich verstanden und kann sich dadurch von diesem Thema lösen.

Wir können auch versuchen, das Thema zu wechseln. Ein älterer Verwandter pflegte sich bei jedem meiner Besuche über sämtliche Familienmitglieder zu beklagen. Erstens fand ich das nicht sehr abendfüllend, zweitens schmerzte es mich zu sehen, wie er sich in seine Übellaunigkeit hineinredete. So hakte ich mitten in seinem Bericht bei irgendetwas Beiläufigem ein und lenkte das Gespräch in eine andere Richtung. Beklagte er sich etwa über jemandes Kochkünste, so fragte ich nach, ob er dieses so köstlich klingende Rezept in der Sonntagsbeilage der Zeitung gesehen habe. Dann sprachen wir weiter über die Zeitung, und dabei vergaß er seine Beschwerden zu diesem Thema und kam auf erfreulichere Gegenstände zu sprechen.

Auch Scherze können lösend wirken. Nehmen wir eine Frau, die ihre kleinen körperlichen Störungen gern aufbauscht und alle Aufmerksamkeit damit zu binden versucht. Man wird ihr nicht immer aus dem Weg gehen können, und wenn man ihr sagt, sie sei doch eigentlich ganz gut dran, gießt man nur Öl ins Feuer. Aber mit einer spielerisch humorvollen Antwort ist vielleicht etwas zu erreichen. Wir könnten auf eine als scherzhaft erkennbare Art den Schwerkranken spielen und sie um Hilfe anflehen. Oder wir eilen ihr auf so übertrieben dramatische Art zur Hilfe, dass sie lachen muss. Ich habe eine Bekannte, bei der das anschlägt.

Manchmal ist zu spüren, dass jemand ganz mechanisch jammert, um sich reden zu hören, aber nicht wirklich an der Behebung seiner Probleme interessiert ist. Er oder sie hat diese Geschichte offenbar schon so oft erzählt, dass sie sich wie von selbst immer wieder abspult. In solch einem Fall spielt man den Ball am besten zurück und fragt: »Was denken Sie denn selbst, was man da machen könnte?« Wird die Frage überhört und geht die alte Leier weiter, fragen Sie erneut: »Können Sie sich etwas vorstellen, was in dieser Lage Abhilfe schaffen könnte?« Versuchen Sie zu erreichen, dass diese Person wirklich auf die Frage aufmerksam wird und nicht einfach die Standardgeschichte weiter laufen lässt. Irgendwann wird Ihr Gesprächspartner merken, dass er seine Sicht der Situation oder sein Verhalten zu ändern vermag.

2 *Über die Fehler anderer reden: Wie man sich und andere unglücklich machen kann*

Viele von uns haben das Reden über die Fehler anderer sehr gut eingeübt. Manchmal ist das so zur Gewohnheit geworden, dass wir es gar nicht mehr merken, höchstens hinterher. Betrachten wir aber einmal die Auswirkungen, die das auf unser Leben hat, stellt sich schnell heraus, dass weder wir selbst noch andere davon glücklicher werden.

Was steckt dahinter?

Woher kommt dieser Hang, über andere herzuziehen? Einer meiner Lehrer sagte: »Du triffst dich mit einem Freund, und ihr redet über die Schwächen von diesem und die Fehltritte von jenem. Dann der Nächste: Was hat er falsch gemacht, was für schlechte Eigenschaften hat er? Wenn ihr alle durch habt, fühlt ihr euch großartig, denn jetzt ist ja bewiesen, dass ihr zu den besten Menschen auf der Welt gehört.«

Wer einmal in sich geht, wird sich vielleicht eingestehen müssen, dass mein Lehrer Recht hat. Eigene Unsicherheit führt uns zu der irrigen Annahme, wir stünden vergleichsweise gut, gerechtfertigt und fähig da, wenn wir nachweisen, dass andere im Irrtum oder schlecht oder voller Fehler sind. Funktioniert diese Strategie, andere herabzusetzen, um das eigene Selbstwertgefühl aufzubauen? Überhaupt nicht.

Auch wenn wir verärgert sind, haben wir es gern mit den Fehlern der anderen. Das kann verschiedene Hintergründe haben. Manchmal möchten wir gern unseren Gesprächspartner auf unsere Seite ziehen. »Wenn ich anderen von dem Streit zwischen Bob und mir erzähle und sie von seinem Unrecht überzeuge, bevor er mit ihnen redet, habe ich sie auf meiner Seite.« Dahinter steht der Gedanke: »Wenn andere glauben, dass ich im Recht bin, dann bin ich es.« Das ist der schwächliche Versuch, uns vor uns selbst zu rechtfertigen, ohne unsere eigenen Motive und Verhaltensweisen überprüfen zu müssen.

Ein anderes Mal ist Neid oder Eifersucht das Motiv, über die Fehler anderer zu sprechen. Wir möchten so geschätzt und anerkannt sein wie sie. Im Hinterkopf regt sich dabei der Gedanke: »Wenn ich andere von den schlechten Eigenschaften der Leute überzeugen kann, denen ich mich unterlegen fühle, werden sie nicht denen helfen und Beifall spenden, sondern mir.« Oder: »Wenn meine Chefin einsieht, dass diese Person nicht für den Job taugt, wird sie mich befördern.« Gewinnen wir mit dieser Strategie die Achtung und Anerkennung anderer? Die Antwort muss wieder nein lauten.

Manche »psychoanalysieren« andere gern; sie nehmen ihr bisschen Pop-Psychologie her, um anderen einen Aufkleber zu verpassen, der sie in einem schlechten Licht erscheinen lässt. Dieser gehört in die Schublade »Borderline«, jener ist »paranoid«, und es klingt so, als hätten wir tatsächlich Einblick in das Innenleben anderer, während in Wirklichkeit nur unser Ego angekratzt ist, weil wir bestimmte Züge an diesen Personen nicht gut vertragen. Dieses beiläufige Analysieren anderer kann besonders viel Schaden anrichten, denn unter Umständen verleitet es Dritte zu Vorurteilen und ungerechtfertigtem Misstrauen.

Schließlich kann das Reden über die Fehler anderer auch ein Versuch sein, uns von den eigenen schwer erträglichen Gefühlen abzulenken. Nehmen wir an, jemand, der uns sehr am Herzen liegt, habe lange nichts von sich hören lassen. Wir sind gekränkt oder fühlen uns vernachlässigt. Anstatt uns jetzt das zwangsläufig mit allem Haften verbundene Leid einzugestehen, nörgeln wir an diesem geliebten Menschen herum und nennen ihn unzuverlässig oder rücksichtslos.

Wohin führt es?

Was kommt dabei heraus, wenn wir über die Fehler anderer reden? Zunächst einmal machen wir uns einen Namen als jemand, der seine Nase ständig in anderer Leute Angelegenheiten steckt. Andere vertrauen sich uns nicht mehr gern an, wir könnten das vertraulich Mitgeteilte ja weitertragen und womöglich noch durch eigene Urteile anreichern, um sie in ein schlechtes Licht zu rücken. Bei Leuten, die ständig etwas an anderen auszusetzen haben, bleibe ich wachsam. Wenn sie so über andere sprechen, denke ich, wird es mir unter entsprechenden Umständen nicht anders gehen. Kurz, man tut sich nicht leicht, Menschen zu trauen, die an anderen so viel zu kritisieren finden.

Zweitens müssen wir auch mit der Reaktion der Person rechnen, deren Fehler wir ausposaunt haben. Wenn sie davon erfährt und unsere Mitteilungen inzwischen womöglich noch weiter aufgebauscht wurden, was dann? Vielleicht verbreitet sie dann zur Vergeltung Gerüchte über unsere Fehler – keine sehr reife Reaktion, zugegeben, aber sie entspricht unserer Aktion.

Drittens lieben es manche Leute, sich zu ereifern, wenn sie von den Fehlern anderer erfahren. Wenn zum Beispiel jemand im Büro Gerüchte über einen anderen verbreitet, kann es sein, dass die anderen sich empören und gegen den Beschuldigten zusammenrotten. Dadurch kann ein sehr bissiges Klima entstehen, das schließlich Gräben zwischen verschiedenen Parteien schafft. Sicherlich trägt das nicht zu einer harmonischen Arbeitsumgebung bei.

Viertens: Macht es uns froh, wenn wir anderen etwas ankreiden können? Wenn wir so auf Schlechtes und auf Fehler fixiert sind, können wir selbst kaum sehr glücklich sein. Mit Gedanken wie »Sue ist so aufbrausend. Joe hat das Projekt vermasselt. Liz ist unfähig. Auf Sam kann man sich nicht verlassen«, schaffen wir uns keinen eigenen Seelenfrieden.

Und schließlich bahnen wir mit abschätzigen Worten über andere den Weg für abschätzige Worte über uns. Das kann in diesem Leben geschehen, indem beispielsweise jemand, über den wir schlecht gesprochen haben, uns auflaufen lässt; oder in einem späteren Leben, etwa in der Form, dass wir uns zu Unrecht beschuldigt sehen. Sehen wir uns also einmal in der Lage des Empfängers harter Worte, können wir uns sagen, dass es das Ergebnis unseres eigenen Tuns ist: Wir haben die Ursachen geschaffen, jetzt holen uns die Folgen ein. Wir haben das Universum und unseren eigenen Geist-Strom mit Negativem befrachtet, jetzt kommt es zu uns zurück. Es hilft nichts, wütend zu werden und anderen Vorwürfe zu machen, wenn wir die Anstöße zu unserem Problem selbst gegeben haben.

Mögliche Verwechslungen

Es gibt ein paar Situationen, in denen es richtig und sogar notwendig sein kann, die Fehler anderer zu benennen. Äußerlich ähneln solche Fälle vielleicht den üblichen kritischen Äußerungen, aber sie sind doch etwas anderes. Worin besteht der Unterschied? Das Sich-Auslassen über die Fehler anderer hat etwas von grimmiger Genugtuung, und es geht dabei eigentlich nur um einen selbst. Unser Ego möchte etwas davon haben; es möchte gut dastehen, also setzt es andere herab. Aber es gibt auch eine richtige Art, über Fehler zu sprechen, nämlich mitfühlend und aus echtem Interesse: Wir möchten etwas klären, wir möchten Schaden abwenden und wirklich helfen.

Schauen wir uns ein paar Beispiele an. Wenn wir für jemanden ein Zeugnis auszustellen haben, müssen wir wahrheitsgemäß seine Begabungen und Fähigkeiten mitteilen, aber auch die fehlenden Qualifikationen benennen, damit ein künftiger Arbeitgeber abschätzen kann, ob diese Person den an sie gestellten Erwartungen gerecht werden kann. Es kann auch vorkommen, dass wir jemanden vor bestimmten Neigungen eines anderen warnen müssen, um möglichen Problemen vorzubeugen. In beiden Fällen geht es uns nicht um Kritik am anderen und wir schmücken seine Schwächen nicht aus. Wir versuchen in bester Absicht eine unvoreingenommene Darstellung dessen, was wir sehen.

Mitunter haben wir das Gefühl, dass unser negatives Bild von einem Menschen vielleicht doch kurzsichtig und einseitig sein könnte; dann sprechen wir mit einem Freund, der diese Person nicht kennt, und werden vielleicht auf einen neuen Blickwinkel aufmerksam gemacht. Jetzt sehen wir die Sache neu und entwickeln vielleicht konstruktivere Ideen, wie mit dieser Person zurechtzukommen sein könnte. Es kann auch sein, dass unser Freund uns auf unsere eigenen Auslöser aufmerksam macht, auf Widerstände und empfindliche Stellen, die uns die Mängel des anderen übertreiben lassen und mit denen wir uns aufgrund des Hinweises jetzt auseinander setzen können.

Denkbar ist auch der Fall, dass wir durch das Verhalten eines anderen verunsichert werden und einen gemeinsamen Freund befragen, um mehr über diese Person zu erfahren. Vielleicht finden wir so heraus, wie sie die Lage sieht und was man von ihr erwarten darf. Oder wir haben mit einem Menschen zu tun, der unserer Einschätzung nach Probleme haben könnte, mit denen sich bestimmte Fachleute auskennen. Im Gespräch mit solchen Fachleuten finden wir vielleicht heraus, wie wir mit solch einem Menschen sinnvoll umgehen können. In beiden Fällen geht es uns darum, dem anderen zu helfen und die Schwierigkeiten zu beseitigen.

Betrachten wir schließlich noch den Fall, dass ein Freund unwissentlich etwas Schädliches tut oder andere vor den Kopf stößt. Wir sprechen darüber mit ihm, um ihn vor den Folgen seiner eigenen Fehler zu bewahren. Wir lassen jeden kritischen oder urteilenden Unterton weg, sondern äußern uns so einfühlsam, dass er seinen Irrtum erkennen und beheben kann. Hierbei darf aber der Wunsch, den anderen zu ändern, keine Rolle spielen. Jeder lernt am besten aus seiner eigenen Erfahrung, und das haben wir nicht in der Hand. Wir können nur für ihn da sein.

Die Grundhaltung

Wenn wir aufhören wollen, auf den Fehlern anderer herumzureiten, müssen wir etwas an dieser Gewohnheit zu urteilen ändern. Selbst wenn wir nichts Herabsetzendes mehr zu anderen oder über sie sagen – solange wir dabei bleiben, sie innerlich herunterzumachen, werden wir das auch äußerlich irgendwie zu erkennen geben. Vielleicht durch abschätzige Blicke oder dadurch, dass wir jemanden bei einer Gesellschaft geflissentlich übersehen oder die Augen verdrehen, wenn auch nur der Name fällt.

Das Gegenteil des Urteilens und Kritisierens besteht in unserer Empfänglichkeit für die guten Eigenschaften und die Freundlichkeit anderer. Wir können uns regelrecht dazu erziehen, auf das Gute in anderen zu blicken statt auf das, was wir nicht an ihnen schätzen. Unsere Bereitschaft entscheidet darüber, ob wir glücklich, offen und liebevoll oder deprimiert, ohne Verbindung und bitter sind.

Versuchen wir uns anzugewöhnen, das Schöne, Liebenswerte, Verletzliche, Tapfere, Beschwerte, Hoffnungsvolle, Freundliche und Inspirierende an den Menschen zu bemerken. Haben wir vor allem das im Auge, werden wir nicht die Fehler anderer hochspielen. Im Gegenteil, die Freude, die wir ausstrahlen, und unsere verständnisvollen Worte werden die Menschen in unserer Umgebung bereichern und in uns selbst Zufriedenheit, Glück und Liebe wachsen lassen. Die Qualität unseres eigenen Lebens hängt davon ab, ob wir an dem, was uns begegnet, eher die Mängel oder eher das Schöne sehen.

Sehen wir nur die Fehler der anderen, versäumen wir die Gelegenheit, sie zu lieben. Um uns selbst in eine bessere Richtung zu lenken, müssen wir den Dingen eine das eigene Herz wärmende Deutung geben, anstatt uns von vergiftenden Gedanken zu ernähren.

Und wenn wir bei anderen gern die Schwachstellen suchen, tun wir uns meist auch schwer, mit uns selbst einverstanden zu sein. Damit werten wir uns aber ab. Wie traurig, wenn wir die

Kostbarkeit unseres Lebens übersehen und damit auch die Chance, die in unserem Buddha-Potenzial liegt.

Wir brauchen hier also eine leichtere Hand, wir brauchen Mitgefühl mit uns selbst, um uns so annehmen zu können, wie wir eben jetzt sind, während wir zugleich daran arbeiten, bessere Menschen zu werden. Wir ignorieren unsere Fehler nicht, aber setzen uns deswegen auch nicht herab. Wir achten unser Menschsein, wir vertrauen auf unser Potenzial und auf das Herzliche und Zugewandte, das bereits in uns lebendig ist.

Was sind das für Züge? Unsere Fähigkeit, zuzuhören, zu lächeln, zu verzeihen und hier und da kleine Hilfestellungen zu geben. Viele haben aus den Augen verloren, was auf der persönlichen Ebene wirklich zählt; sie fragen lieber, was nach außen hin gut wirkt. Sollten wir nicht lieber unseren Sinn für das Schöne im Gewöhnlichen wieder entdecken, anstatt immer nach Hochleistung, Hochglanz und Berühmtheit zu schielen? Jeder möchte geliebt werden, jeder möchte, dass das Gute an ihm bemerkt und geschätzt wird, dass man ihn wichtig nimmt und respektvoll behandelt. Niemand mag beurteilt, kritisiert und als unbrauchbar abgelehnt werden. Gewöhnen wir uns an, die eigene Schönheit und die Schönheit anderer zu bemerken, macht es uns selbst und die anderen froh: Wir empfinden Zuneigung zu anderen, und es fällt uns nicht schwer, sie zu lieben. Wenn wir uns vom gewohnheitsmäßigen Fehlersuchen bei anderen lösen, ersparen wir uns und ihnen leidvolle Erfahrungen. Das gehört zum Kern spiritueller Praxis, und daher sagt seine Heiligkeit der Dalai Lama: »Meine Religion ist Güte.«

Wir nehmen dann immer noch das Unvollkommene an uns selbst und anderen wahr, aber in einer freundlicheren, annehmenden und allen Dingen Raum bietenden Haltung. Wer darauf bauen kann, dass er uns etwas bedeutet und wir das Schöne an ihm schätzen, dem wird es nicht viel ausmachen, dass wir auch die Fehler bemerken.

Verständnisvoll und mitfühlend sprechen

Was hilft gegen das Reden über die Fehler anderer? Verständnisvoll und mitfühlend sprechen. Das ist sehr wichtig für jeden, der einer spirituellen Praxis nachgeht, und für jeden, der im guten Einvernehmen mit anderen leben möchte. Auf die guten Eigenschaften anderer hinweisen zu können, macht uns selbst froh; es stiftet ringsum Harmonie und gibt den Menschen die Rückmeldungen, die sie brauchen.

Lob für andere sollte zu unserem täglichen Leben ebenso gehören wie zu unserer Dharma-Praxis. Stellen Sie sich vor, was für ein Leben das wäre, wenn wir uns daran gewöhnten, unser Augenmerk auf die Begabungen und guten Eigenschaften anderer zu richten. Wir wären so viel glücklicher und sie auch! Wir kämen besser mit anderen aus, und in der Familie, bei der Arbeit, in allen Lebenslagen würde es viel harmonischer zugehen. Entsprechend ist die Saat, die wir in unserem Geist-Strom ausbringen und mit der wir die Voraussetzungen für harmonische Beziehungen und für Erfolg bei unseren spirituellen und sonstigen Zielen schaffen.

Ein interessantes Experiment könnte darin bestehen, dass Sie einen Monat lang jeden Tag etwas Gutes zu oder über jemanden sagen. Probieren Sie es aus. Es wird uns dadurch viel bewusster, was wir sagen und warum. Es gibt Anstöße zur Veränderung unseres Blickwinkels, sodass uns die guten Eigenschaften anderer immer mehr ins Auge fallen. Außerdem tut es unseren Beziehungen sehr gut.

Vor einigen Jahren stellte ich dies bei einem Dharmakurs als Hausaufgabe und machte den Teilnehmern Mut, sogar über Leute, die ihnen nicht besonders lagen, Lobendes zu sagen. In der nächsten Woche fragte ich, wie es gegangen sei. Ein Mann sagte, am ersten Tag habe er sich noch etwas aus den Fingern saugen müssen, um zu eine bestimmten Kollegen etwas Gutes sagen zu können. Danach zeigte sich dieser Mann jedoch so viel netter ihm gegenüber, dass es nicht mehr schwer war, seine guten Seiten zu sehen und darüber zu sprechen.

3 *Grübeln: in Vergangenheit und Zukunft leben*

Wir haben dieses kostbare menschliche Leben, das uns Liebe, Mitgefühl und Weisheit grenzenlos auszuweiten erlaubt. Und was machen wir damit? Was beschäftigt uns die meiste Zeit? Wer sich beobachtet, dem könnte auffallen, dass er viel Zeit mit dem Wiederkäuen von Gedanken über Vergangenes und Zukünftiges zubringt. Gedanken und Gefühle scheinen wie von selbst herumzuschwärmen, aber manchmal müssten wir wohl zugeben, dass wir sie selbst aufgewirbelt haben oder zumindest nichts gegen sie unternehmen. Weshalb grübeln wir und wie wirkt es sich auf unser Leben aus?

Vergangenheit

Ein Lieblingsthema beim Grübeln sind mehr oder weniger alte Kränkungen. »Mein Mann hat mich dumm genannt, das hat mich so verletzt.« »Ich habe mich so für die Firma ins Zeug gelegt und ernte nichts als Undank.« »Meine Eltern hatten immer etwas an meinem Aussehen auszusetzen.« Wir haben ein ausgezeichnetes Gedächtnis für Kränkungen und Enttäuschungen, wir können Stunden damit zubringen und schmerzhafte Situationen immer wieder neu durchleben. Aber was kommt dabei heraus? Wir verrennen uns nur in Selbstmitleid und Trübsinn.

Alter Zorn ist ein weiteres Thema. Nach einem Streit kauen wir immer wieder in allen Einzelheiten durch, wer was gesagt hat, und je länger wir uns damit befassen, desto aufgebrachter werden wir. Setzen wir uns zum Meditieren hin, können wir uns kaum auf das Meditationsobjekt konzentrieren. Aber wie konzentriert wir sein können, wenn wir über einen Streit nachdenken! Wir können sogar in perfekter Meditationshaltung dasitzen und äußerlich die Ruhe selbst sein, während innen der Zorn lodert und wir uns vollkommen gesammelt an Vergangenes erinnern, ohne uns auch nur für einen Augenblick davon ablenken zu lassen. Läutet dann am Ende der Meditationssitzung die Glocke, geht uns erst beim Öffnen der Augen auf, dass nichts von dem, womit wir die letzte halbe Stunde beschäftigt waren, hier und jetzt stattfindet. Wir befinden uns vielmehr an einem sicheren Ort und sind von netten Leuten umgeben. Ärgerliches Grübeln erzeugt immer mehr Ärger und macht uns unglücklich.

Fühlen wir uns unverstanden, und grübeln wir darüber, dann geht es wie ein Mantra in unserem Kopf herum: »Meine Freundin versteht mich nicht. Meine Freundin versteht mich nicht.« Schließlich verfestigt sich das Gefühl, wir sind gänzlich überzeugt davon, und das Ganze sieht hoffnungslos aus. Wir spüren wachsende Entfremdung, während wir uns von jemandem, dem wir eigentlich nahe sein möchten, innerlich abwenden, weil er oder sie uns ja doch nicht verstehen wird. Oder wir überschütten diesen Menschen mit unserer ganzen Bedürftigkeit und versuchen durchzusetzen, dass er uns so versteht, wie wir verstanden sein wollen.

Das Gedankenkarussell ist nicht immer so unerfreulich. Man kann sich auch stundenlang in vergangenen Freuden sonnen. »Ach, war das schön damals am Strand mit diesem tollen Typ, der sich in mich verguckt hatte«, und schon geht die Fantasiereise los. »Toll, dass ich diesen Preis gewonnen und dann auch noch die Beförderung bekommen habe, die ich wollte« – schon ist die ganze Geschichte wieder gegenwärtig, als liefe ein Film ab. »Was war ich doch sportlich und gesund! Werfen konnte ich wie kein anderer und die Pässe fangen auch« – und glückliche Erinnerungen an vergangene Siege ziehen vorbei. Kein Wunder, dass wir der Vergangenheit wehmütig nachhängen. Oder wir versuchen, diese Dinge in unserer Unzufriedenheit und Beklemmung wiederherzustellen, aber es gelingt nicht, weil die Umstände sich geändert haben.

Meditierende bilden da keine Ausnahme. Wir klammern uns an wunderbare Erlebnisse während der Meditation und versuchen sie bei weiteren Meditationen wiederherzustellen. Und siehe da, es geht nicht. Da war doch diese tiefe Einsicht, und sie will sich einfach nicht wieder einstellen, es ist zum Verzweifeln. Es fällt uns schwer, eine Erfahrung einfach so zu nehmen, wie sie ist, und nicht an ihr festzuhalten. Wir klammern uns an spirituelle Erfahrungen ebenso wie zuvor an die des normalen Lebens.

Zukunft

Viele unserer Grübeleien spielen in der Zukunft. Stundenlang spielen wir unsere Vorhaben durch. »Zuerst erledige ich das, dann das und zuletzt das. Oder werde ich vielleicht schneller fertig, wenn ich es anders herum mache? Oder ist es besser, nicht alles am selben Tag zu machen?« So geht es hin und her auf der Suche nach der optimalen Lösung. »Ich fange mal an dieser Uni an, den Abschluss mache ich an jener – und dann kann ich meine Bewerbungen rausschicken und den Job landen, den ich schon immer wollte.« Und wir Dharma-Schüler können während unserer gemeinsamen Meditationstage von all den schönen Praxismöglichkeiten träumen, die noch vor uns liegen. »Dieser Lehrer leitet ein Retreat in den Bergen. Da gehe ich hin und lerne diese wirklich tief gehende Praxis. Danach gehe ich in dieses andere Meditationszentrum und mache ein richtig langes Retreat. Und wenn ich das habe, bin ich sicher reif für die lange Einzelklausur.« Eben jetzt ist es dann allerdings nichts mit der Praxis, weil wir mit unseren Planungen ausgelastet sind – all die wunderbaren Unterweisungen, die wir noch bekommen werden, und all die Retreats, die wir vor uns haben.

Kaum schweifen unsere Gedanken in die Zukunft, schon entstehen idealistische Träume. »Der richtige Mann/die richtige Frau wird auftauchen und mich total verstehen, und dann bin ich endlich ganz.« »Diese Arbeit wird mich ganz und gar erfüllen. Der schnelle Erfolg ist mir sicher, und dann bin ich im ganzen Land als Spitzenkraft auf meinem Gebiet bekannt.« »Ich werde Bodhichitta und die Leerheit realisieren, und dann werde ich ein großer Dharma-Lehrer mit lauter ergebenen Schülern.« So schüren wir unser Haften, bis wir voller unrealistischer Erwartungen sind, gegen die unsere derzeitige Realität sich enttäuschend ausnimmt. Außerdem kommen wir nicht dazu, die Grundlagen für das Vorgestellte zu legen, weil wir ganz im Kopf und bei den Vorstellungen bleiben.

Zukunftsgrübeleien können auch sorgenvoller Art sein. »Was, wenn meine Eltern krank werden?« »Was, wenn ich meinen Job verliere?« »Was, wenn meine Kinder nicht zurechtkommen?« Auch wenn unsere Schulaufsätze nicht gerade vor Erfindungsreichtum strotzten, was wir im Kopf an Fantasiedramen und Horrorgeschichten zusammenspinnen, kann sich durchaus sehen lassen. Wir haben davon aber nur unnötig viel Stress, weil wir ständig Tragödien dräuen sehen, die meistens gar nicht eintreten.

Auch der Zustand der Welt eignet sich sehr schön für sorgenvolle Gedanken. »Was, wenn die Wirtschaft einbricht? Wenn der Abbau der Ozonschicht weitergeht? Wenn es weitere Anthrax-Anschläge gibt? Wenn die Terroristen die Oberhand im Land bekommen? Wenn die Bürgerrechte beim Kampf gegen den Terrorismus ausgehebelt werden?« Bei all diesen Horrorszenarien sind der Kreativität keine Grenzen gesetzt. Sie mögen eintreten oder nicht, jedenfalls schaffen wir es, uns in einen nie da gewesenen Zustand ständiger unterschwelliger Panik hineinzusteigern. Das wiederum kann in blinde Wut auf »die da oben« oder in Apathie umschlagen: Wenn sowieso alles morsch und faul ist, weshalb dann überhaupt noch etwas unternehmen? In beiden Fällen erscheint uns alles so finster, dass wir es versäumen, irgendwelche konstruktiven Ansätze zu kleinen Verbesserungen zu machen.

Gegenwart

Unser tatsächliches Leben spielt sich aber nie zu einer anderen Zeit als eben jetzt ab. Und spirituelle Praxis kann auch nur jetzt geschehen. Wenn wir Liebe und Mitgefühl üben wollen, muss es im gegenwärtigen Augenblick geschehen, denn wir leben in keinem anderen Augenblick. Die Gegenwart, auch wenn sie sich ständig ändert, ist demnach alles, was wir haben. Leben ereignet sich jetzt. Vergangene Herrlichkeiten sind genau das. Alte Verletzungen geschehen uns nicht jetzt. Zukunftsträume sind einfach Zukunftsträume. Die kommenden Tragödien, die wir ausmalen, ereignen sich jedenfalls nicht jetzt.

Wer einer spirituellen Praxis nachgeht, mag sich an lichtvolle Augenblicke erinnern oder sich in glühenden Farben eine Zukunft voller erleuchteter Lehrer und glückseliger Erkenntnisse ausmalen, doch in Wahrheit kann Praxis nur jetzt stattfinden. Der Mensch, den wir eben jetzt vor uns haben, vertritt alle Lebewesen. Wenn wir uns für das Wohl aller Lebewesen einsetzen möchten, müssen wir bei diesem hier anfangen, bei diesem ganz gewöhnlichen Menschen unseres Alltags. Wirklich aufgeschlossen zu sein für den Menschen, dem wir jeweils gegenüber stehen, verlangt Disziplin und beharrliches Bemühen. Um uns auf den Menschen vor uns einlassen zu können, müssen wir völlig präsent sein und dürfen nicht in Vergangenheit und Zukunft herumschwirren.

Dharma-Praxis heißt, dass wir uns mit dem abgeben, was eben jetzt in uns vorgeht. Träumen wir nicht von dem irgendwann einmal zu erringenden Sieg über unsere Anhaftungen, sondern fragen wir lieber nach dem Verlangen, das wir jetzt haben. Und anstatt uns von Zukunftsängsten überschwemmen zu lassen, könnten wir uns der eben jetzt bestehenden Angst zuwenden und fragen, was es mit ihr auf sich hat.

Gegenkräfte

Seine Heiligkeit der Dalai Lama spricht von Gegenkräften dieser verstörenden Gefühle. Es handelt sich bei den Gegenkräften um bestimmte Geistesverfassungen, die wir trainieren, um realitätsfernen oder ungesunden Zuständen entgegenzuwirken. Gedanken über Vergänglichkeit und Tod wirken vorzüglich gegen Sorgen und Begierden. Solche Gedanken machen uns erneut klar, worum es uns wirklich geht. Mit dem Gedanken, dass der Tod gewiss ist, sein Zeitpunkt aber nicht, wird uns klar, dass nichts anderes so wichtig sein kann wie eine positive Geisteshaltung im Jetzt. Sorgenvolle Gedanken finden keinen Halt in einem Geist, der mit dem, was wir jetzt haben, tun und sind, zufrieden ist. Da alle Dinge vergänglich sind, klammern wir uns nicht länger an sie – und unsere Erinnerungen und Tagträume sind dann längst nicht mehr so fesselnd.

Haben wir das Grauen der Vergangenheit und die in der Zukunft spielenden Blütenträume einmal als bloße Projektionen erkannt, werden wir uns nicht mehr an ihnen festbeißen. Das Gesicht im Spiegel ist kein Gesicht aus Fleisch und Blut und ebenso wenig Realität besitzen die Inhalte unserer Erinnerungen und Tagträume. Sie ereignen sich nicht jetzt. Sie sind einfach innerlich aufflackernde Bilder.

Auch Betrachtungen über die Kostbarkeit unseres menschlichen Lebens können den Hang zum Grübeln verringern. Unser staunenswertes Potenzial tritt in den Vordergrund, und plötzlich wird erschreckend deutlich, wie selten und kostbar diese gegenwärtige Chance ist. Wer möchte sich noch über Vergangenheit und Zukunft das Hirn zermartern, wenn wir in der Gegenwart so viel Gutes tun und uns spirituell entwickeln können?

Eine ebenfalls gut funktionierende Gegenkraft besteht in der Erkenntnis, dass in all diesen Grübeleien ICH der Hauptdarsteller bin, Nabel der Welt. Alle Geschichten, Tragödien, Komödien, Dramen drehen sich um ein und dieselbe Person, offenbar die wichtigste im ganzen Universum. Das bloße Eingeständnis, dass unser Geist es wahrhaftig fertig bringt, dieses Ich als Inhalt, Sinn und Zweck der Schöpfung zu präsentieren, offenbart den ganzen Unsinn des Grübelns. Dieses gewaltige Universum birgt unzählige Lebewesen, die sich alle genauso intensiv Glück wünschen und genauso wenig leiden möchten wie ich. Aber der selbstbezogene Geist vergisst sie alle und starrt wie gebannt auf dieses Ich. Haben wir diesen Mechanismus durchschaut, verflüchtigt sich ein erheblicher Teil unserer Egozentrik, denn wie kann man ausschließlich an sich selbst denken, wenn es so viele andere Lebewesen gibt?

Die stärkste Gegenkraft besteht in der Weisheit, die erkennt, dass es ein Ding namens Ich gar nicht gibt. Forschen Sie einmal, es ist wirklich faszinierend: Wer ist dieses Ich, das in diesem 1-Personen-Stück meiner Gedanken so groß herauskommt? Und wer macht sich eigentlich all diese Gedanken? Untersuchen wir das, finden wir nichts, wovon wir sagen könnten: »Das ist mein Ich.« Wie kein konkretes Ich in einem Teppich zu finden ist, so auch nicht in diesem Körper und Geist. In beiden ist keine letzte Personenhaftigkeit, kein eigenständig existierendes Ich.

In diesem Wissen kann sich der geistige Krampf lösen. Das Grübeln lässt nach, und mit Weisheit und Mitgefühl kann das Ich, das nur in Abhängigkeit von Körper und Geist eine nominelle Existenz besitzt, Freude in der Welt verbreiten.

4 *Verantwortung für unser Leben tragen: Erkenntnisse eines Insassen*

Anderen die Schuld in die Schuhe schieben, das tun wir wirklich gern, vor allem wenn es darum geht, Erklärungen für äußeres und inneres Durcheinander in unserem Leben zu finden. »Ich bin in diese Ehe reingeschlittert, weil mein Partner nicht sein wahres Gesicht gezeigt hat.« »Meine seelischen Störungen, die mich falsche Entscheidungen treffen lassen, haben mit der Behandlung zu tun, die ich als Kind in meiner Familie erfahren habe.« »Die Wirtschaftslage lässt nicht zu, dass ich einen anständigen Job finde.« »Ich habe mich auf dieses Gebiet verlegt, weil es hieß, dass man da schnell zu was kommt, aber als ich dann mein Examen in der Tasche hatte, war der Markt inzwischen übersättigt, und ich bekam keine Stelle.«

Unser Denken arbeitet hier nach einer sonderbaren Logik. Gehen wir in die Irre, liegt es an anderen. Machen andere etwas falsch, dann taugen sie halt nichts. Für uns selbst und unsere Lieben bringen wir gern Sympathie auf, für andere nicht so sehr und am wenigsten für solche, die die Gesellschaft ausgestoßen hat, Gefängnisinsassen zum Beispiel.

Sicher, es gibt äußere Umstände wie Vorurteile, Armut und Unterdrückung, aber es empfiehlt sich trotzdem, einen Blick auf unsere eigenen Entscheidungen zu werfen. Wie haben wir selbst zum Lauf unseres Lebens beigetragen? Ohne ins andere Extrem zu fallen und uns selbst mit Vorwürfen zu überhäufen, können wir die Verantwortung für unser Leben übernehmen, anstatt zu beklagen, dass sich die Dinge einfach nicht nach unseren Wünschen und Erwartungen fügen wollen.

Unlängst erzählte mir einer der Strafgefangenen, mit denen ich korrespondiere, von seinen frühen Jahren. Als Kind hatte er mit Hindernissen zu kämpfen, die sicher nicht jedem begegnen. Später wurde er Drogendealer, bis er mit zweiunddreißig Jahren gefasst und zu zwanzig Jahren Gefängnis verurteilt wurde, von denen er fast vierzehn schon abgesessen hatte. Er hätte seine Verurteilung und all das Leid, das er im Gefängnis erlebte, auf seine Kindheit schieben können, doch das tat er nicht. Ich beantwortete seinen Bericht über seine Jugend verständnisvoll und mitfühlend, aber ohne Mitleid, und erhielt darauf folgenden Brief von ihm:

Ich mache mir schon länger Gedanken über die Frage der persönlichen Veränderung. Nach vierzehn Jahren im Gefängnis und einer Menge Selbsterforschung kann ich mit Gewissheit sagen, dass ich mich zum Besseren gewandelt habe. Den Menschen, der ich einmal war, gibt es nicht mehr. Würde ich ihm heute begegnen, hätte ich nicht sehr viel für ihn übrig.
Das Gefängnis und die Tatsache, dass dir ein beträchtlicher Teil deines Lebens und deiner Freiheit genommen wird, kann eine sehr ernüchternde Erfahrung sein. Man muss nicht übermäßig schlau sein, um sich auszurechnen, dass ein Verhalten, mit dem man sich fünfzehn oder zwanzig Jahre seines Lebens beraubt, falsch ist und man sich ändern muss. Manche kommen mit langjährigen Haftstrafen ins Gefängnis und ändern ihr Leben von Grund auf, bei anderen wird alles nur noch schlimmer. Aber keiner kommt aus dem Gefängnis, ohne sich irgendwie geändert zu haben. Ich hatte das Glück, dass mir ein paar positive und dauerhafte Veränderungen in meinem Leben geglückt sind.
Ich bin zwar unter nicht gerade idealen Umständen aufgewachsen, aber ich mache meine Eltern nicht verantwortlich für den Lauf, den mein Leben genommen hat. Was damals geschehen ist, ist halt geschehen – richtig oder falsch spielt jetzt keine Rolle mehr. Ich selbst bin für mich verantwortlich. Wäre ich in einem anderen

Umfeld aufgewachsen, wäre ich vielleicht ein anderer Mensch geworden. Aber darauf kommt es jetzt nicht an, es sind ja ohnehin nur Mutmaßungen. Man verschwendet Zeit und Kraft mit der Frage »Was, wenn«. Mein Weg war immer schon mein Weg. Die Gesamtsumme aller Tage meines Lebens mit ihren Menschen, Situationen und Dingen ergibt das, was ich jetzt bin.

Ich trage niemandem mehr irgendetwas nach. Früher schon, aber das hörte auf, als ich merkte, dass alles Negative mir Energie und Lebenskraft raubt. Manchmal kommt es noch hoch, dieses »Was, wenn«, aber im Kern weiß ich, dass alles, worauf mein jetzt fünfundvierzigjähriges Leben schließlich hinausläuft, mit dem zu tun hat, was ich lerne und anders erlebe.

Die Richtungsentscheidungen, die ich seit meiner Kindheit getroffen habe, bringen mich an diesen Punkt hier und jetzt. Meine Entscheidungen, meine Konsequenzen, mein Leben, mein Weg. Wie meine Eltern, Großeltern, Geschwister, Cousins, Freunde, Lehrer und alle anderen in die Geschichte meines Lebens verwickelt sind, ist zweitrangig. Am Ende bin ich es, der die Verantwortung für mein Leben trägt. Ich mache niemandem Vorwürfe für die Richtung, die es genommen hat.

Und ich denke, dass dieser Weg sich nun doch als ein guter erweist, auch wenn er streckenweise unerfreulich und schwierig ist. Ich sehe die Dinge in einem ganz neuen Licht, und das ist eine Stärke, die mir zugute kommen wird. In dieser Sicht der Dinge und mit meinem jetzigen Wissensschatz werde ich aus dem Rest meines Lebens viel Besseres machen als bisher. Ich hoffe für die Menschheit ein Nutzen sein zu können – eher zur Lösung als zum Problem zu gehören. Hier, in dieser Phase meines Lebens, kann ich endlich denken!

Seine Worte berührten mich tief. Wer sich selbst für seine Entscheidungen verantwortlich fühlt, kann in seinem Leben große Veränderungen bewirken, aber wer ständig anderen die eigenen Schwächen und krausen Gedanken anlasten will, gräbt sich nur selbst ein. Sehen wir uns als Opfer von Umständen, für die andere verantwortlich sind, sitzen wir in der Falle, denn hier wäre unsere Lage ja nur zu verbessern, wenn wir die anderen oder unsere eigene Vergangenheit änderten. Wie wollen wir denn andere dazu bringen, sich zu ändern, wenn wir nicht einmal unseren eigenen Geist in der Hand haben?

Übernehmen wir jedoch die Verantwortung für unsere Entscheidungen – auch wenn wir sie trafen, als wir noch jung und unwissend waren, auch wenn sie unter ungünstigen Umständen oder unter dem Einfluss von Zwang oder Manipulation durch andere zustande kamen –, so ermächtigen wir uns selbst zu Veränderungen. Wir verbeißen uns nicht mehr in die Vergangenheit, sondern verzeihen uns und anderen. Wir lernen aus unseren Fehlern und forschen nach Alternativen zu unseren jetzigen Gefühls- und Verhaltensmustern. Wir beginnen die Arbeit an unserem Geist, um das Beste an ihm zu Tage zu fördern – Liebe, Mitgefühl und Weisheit.

Versuchen wir es!

5 *Gute Gewohnheiten ausbilden: Dharma-Praxis im Alltag*

Manche sind der irrigen Auffassung, spirituelles oder religiöses Leben spiele sich in höheren Sphären, in einer irgendwie ätherischen oder mystischen Wirklichkeit ab, und der Alltag sei doch so diesseitig und prosaisch. Ein spiritueller Mensch ist aus dieser Sicht jemand, der dem Alltagsleben kaum Beachtung schenkt und meist in Bereiche von besonderer Art entrückt ist. Ich sehe das Wesen der Spiritualität darin, dass man ein ganzer Mensch wird. Der vietnamesische Mönch Thich Nhat Hanh sagt: »Ob du auf dem Wasser oder durch die Luft gehen kannst, ist nicht so wichtig. Auf der Erde zu gehen, das ist das wahre Wunder.« So ist es. Ein freundlicher Mensch zu werden dürfte das größte Wunder sein, das wir vollbringen können. Wir können es nur, wenn wir neue Gewohnheiten des Denkens und Fühlens annehmen.

Einmal hielt ich in einer Schule in Hongkong einen Vortrag vor Kindern. Ich bekam Fragen wie: »Können Sie allein mit geistigen Kräften Löffel verbiegen?« »Hat Gott schon einmal mit Ihnen gesprochen?« Als ich mit »Nein« antwortete, zeigten sie sich enttäuscht. Ich sagte, das wahre Wunder bestehe für mich darin, dass man ein freundlicher Mensch wird. Wenn jemand übernatürliche Kräfte, aber kein gütiges Herz besitzt, sind die Kräfte nutzlos. Sie können einem sogar zum Nachteil gereichen: Die Leute könnten unangenehm werden, wenn man ihnen die Löffel verbiegt.

Den Tag beginnen

Wie schaffen wir uns ein freundliches Herz? Hier genügt es nicht, uns zu sagen, dass wir nett sein sollten, denn durch bloße

Vorschriften – wie wir sein oder nicht sein sollten, was wir fühlen oder tun sollten – werden wir noch nicht so, wie es uns vorschwebt. Eher macht dieses ständige »sollte« uns noch ein schlechtes Gewissen, weil wir ihm nur zu selten entsprechen. Wir müssen vielmehr wissen, wie wir uns geistig wandeln können. Und das bedeutet, dass wir uns klar machen, wie nachteilig Selbstbezogenheit ist. Wir müssen also ernst machen mit dem freundlichen Herzen und uns nicht nur sagen, dass wir es haben *sollten*.

Am Morgen, gleich nach dem Aufwachen und bevor wir überlegen, was wir frühstücken wollen oder welchem unangenehmen Zeitgenossen wir im Büro begegnen werden, können wir zur Einstimmung in den Tag denken: »Heute will ich mir alle Mühe geben, niemandem zu schaden. Heute will ich nach besten Kräften anderen nützen und zu Diensten sein. Heute will ich alles so tun, dass ich zum Wohl aller Lebewesen ein Buddha werde.«

Wir können kaum etwas Besseres tun, als uns gleich am Morgen auf eine positive Motivation zu besinnen. Beim Aufwachen ist unser Geist besonders weich und formbar. Wenn wir jetzt eine starke positive Motivation fassen, ist die Chance, dass sie uns den Tag über erhalten bleibt, besonders groß. Haben wir uns dieser Motivation versichert, stehen wir auf, waschen uns und trinken eine Tasse Tee, um dann zu meditieren, Gebete zu rezitieren oder ein Dharma-Buch zu lesen. Wenn wir so in den Tag gehen, kommen wir mehr zu uns selbst und werden uns selbst ein Freund, der unsere guten Eigenschaften schätzt und fördert.

Manchmal fällt es uns nicht leicht, jeden Tag Zeit für die Meditation zu finden. Aber zum Fernsehen haben wir immer Zeit, für einen Einkaufsbummel oder den Zwischenstop am Kühlschrank auch. Wie kommt es, dass die vierundzwanzig Stunden ausgerechnet dann voll sind, wenn es Zeit zum Meditieren wäre? Haben wir den Wert und die Wirkung der spirituellen Praxis einmal erfasst, wird sie immer ganz oben auf unserer Liste stehen, und wenn wir etwas wichtig nehmen, finden wir auch Zeit dafür. Am besten planen wir fünfzehn Minuten oder eine halbe oder sogar eine ganze Stunde für die regelmäßige morgendliche Meditation ein. Vielleicht müssen wir dafür die Fernsehzeit am Abend ein wenig beschneiden, um früh genug ins Bett zu kommen. Aber wer um den großen Wert der Dharma-Praxis weiß, wird kleine Einbußen beim Fernsehen leicht verkraften. So selbstverständlich, wie wir uns Zeit zum Essen nehmen, weil es unseren Körper ernährt, werden wir auch Zeit zur Meditation oder Rezitation finden, denn das ist unsere spirituelle Nahrung. Achten wir auf unsere spirituellen Bedürfnisse, so achten wir uns als Menschen. Unsere spirituelle Ernährung wird zum Wichtigsten überhaupt, und es fällt uns nicht schwer, die Zeit dafür aufzubringen.

Beginnen Sie Ihre Morgenmeditation mit der Rezitation einiger Verse, und besinnen Sie sich auf Ihre altruistische Motivation. Dann kann eine Phase der Atemmeditation folgen. Sie sitzen ruhig da, verfolgen das Ein und Aus des Atems und erleben den Atem als etwas, das Sie nährt. Bleiben Sie nur ganz beim Atem, überlassen Sie alle Gedanken und Sorgen sich selbst. Vielleicht rezitieren Sie das Mantra des Avalokiteshvara (Chenresig, Kuan Yin) – OM MANI PADME HUM – oder das Mantra des Buddha – OM MUNI MUNI MAHA MUNIYE SOHA. Denken Sie beim Rezitieren an die Eigenschaften des Buddha, denn das wird Sie dazu anregen, dem Buddha bei Ihren täglichen Verrichtungen in seiner Güte, seiner Weisheit und seiner Geschicklichkeit nachzueifern. Sie könnten auch eine analytische Meditation über eines der in diesem Buch angesprochenen Themen wählen. Dabei denken Sie über eine bestimmte Lehre des Buddha und über ihre Anwendung auf Ihr eigenes Leben nach. Auch das lenkt Ihre Energie gleich zu Beginn des Tages in eine positive Richtung.

Manche werden sagen: »Ich habe Kinder. Wie soll ich am Morgen meditieren oder Gebete sprechen, wenn sie meine Aufmerksamkeit brauchen?« Sie könnten zum Beispiel vor Ihren Kindern aufstehen. Denkbar wäre auch, dass Sie Ihren Kindern das Angebot machen, mit Ihnen zu meditieren oder zu rezitieren. Als ich einmal bei der Familie meines Bruders zu Besuch war, blieb ich bei meiner Gewohnheit, früh aufzustehen, um zu meditieren. Meine Nichte, damals sechs Jahre alt, kam dann gern in mein Zimmer. Ich erklärte ihr, dies sei für mich eine Zeit der Stille, in der ich nicht gern gestört würde. Sie ließ sich in meiner Nähe nieder und malte still. Manchmal setzte sie sich mir auf den Schoß und bat mich, ihr etwas zu singen. Dann rezitierte ich Gebete und Mantras. Das gefiel ihr sehr und sie störte mich überhaupt nicht.

Kindern tut es gut, ihre Eltern bewegungslos und in Stille dasitzen zu sehen. Es hinterlässt bei ihnen den Eindruck, dass sie es selbst auch können. Sind Mama und Papa stets geschäftig auf den Beinen oder am Telefon, immer unter Stress, bis sie nur noch vor dem Fernseher herumhängen können, werden es die Kinder auch so machen. Ich glaube nicht, dass Eltern sich das für ihre Kinder wünschen. Einstellungen und Verhaltensweisen, die wir uns bei unseren Kindern wünschen, müssen wir ihnen erst einmal vorleben. Wie sonst sollten sie etwas lernen? Wenn Ihre Kinder Ihnen am Herzen liegen, müssen Sie sich selbst wichtig genug nehmen. Um Ihrer Kinder, aber auch um Ihrer selbst willen sollten Sie ein achtsames, gesundes und ausgewogenes Leben führen.

Sie können Ihren Kindern auch zeigen, wie man dem Buddha opfert und einfache Gebete und Mantras spricht. Einmal war ich bei einer Freundin und ihrer dreijährigen Tochter zu Besuch. Morgens, wenn wir aufstanden, verneigten wir uns dreimal vor dem Buddha. Dann schenkte die Kleine dem Buddha etwas, einen Keks oder ein Stück Obst, und der Buddha schenkte ihr auch etwas, einen Bonbon oder Kräcker. Wie schön für sie, dass sie schon mit drei Jahren eine so gute Beziehung zum Buddha aufbauen konnte und dabei auch noch großzügig zu teilen lernte. Wenn meine Freundin bei der Hausarbeit war oder ihre Tochter irgendwohin mitnahm, rezitierten sie zusammen Mantras. Die Kleine liebte die Melodien dieser Mantras. Und nützlich waren sie auch, denn sie konnte jederzeit, wenn etwas sie aufregte oder ängstigte, Mantras rezitieren, um sich zu beruhigen.

Andere begrüßen

Nach der Morgenmeditation geht es zum Frühstück. Die Begrüßung ihrer Familie am Morgen gehört auch zur Dharma-Praxis. Viele sind Morgenmuffel. Sie sitzen am Frühstückstisch und stecken den Kopf in die Zeitung oder studieren zum siebzehnten Mal den Text auf der Müslischachtel. Wenn ihre hellwachen Kinder hereinschneien und guten Morgen sagen, knurren sie nur kurz und lesen weiter, ohne auch nur den Kopf zu heben. Stellt der Partner eine Frage, antworten sie nicht oder werfen ihm einen kurzen Blick zu, der sagt: »Lass mich bloß in Ruhe.« Später fragen sie sich dann, warum es in der Familie so schwierig ist!

Manche kommen morgens schwer in Gang. Aber wenn wir uns schon beim Aufwachen auf Freundlichkeit einstimmen, haben wir bereits etwas gegen die gewohnte Brummigkeit in der Hand und können uns etwas Neues angewöhnen: Freude an dem, was wir haben. »Was habe ich für ein Glück, dass ich lebe! Wie wunderbar, dass ich mit Menschen lebe, die mir etwas bedeuten! Wie schön, dass ich auch heute wieder etwas zu essen habe!« Solche Gedanken machen es leichter, unseren Angehörigen liebevoll zu begegnen und ihren Blick mit der echten Zuneigung zu erwidern, die wir im Herzen haben.

Ein paar Minuten freundliches Plaudern am Morgen verhilft allen zu einem guten Start in den Tag. So entsteht echte Nähe, in der Eltern ihren Kindern kaum noch einfach als Einpeitscher begegnen werden. Nur zu leicht verfällt man in das Austeilen von Befehlen: »Steh auf!« »Putz dir die Zähne!« »Was hast du denn da wieder an? Das sieht ja furchtbar aus. Zieh dich um!« »Spiel nicht rum, iss dein Frühstück!« »Beeil dich, du kommst zu

Spät zur Schule!« Viele Kinder, die so behandelt werden, fügen sich widerwillig. Wenn Sie Ihren Kindern jedoch liebevoll begegnen und ihnen bestimmt, aber freundlich durch alle Schritte der morgendlichen Anlaufphase helfen, werden sich alle viel besser fühlen. Nehmen Sie sich ein wenig Zeit, sich nach den Interessen Ihrer Kinder zu erkundigen. Was geht in ihren Köpfen vor? Was weckt ihre Neugier? Erkundigen Sie sich auch nach den Freunden. Wenn Sie sich frühzeitig für das Leben ihrer Kinder interessieren und engagieren, werden Sie ihnen taugliche Wertvorstellungen vermitteln können. Das gibt Ihnen das Zutrauen, dass Ihre Kinder in späteren Jahren mit allem zurechtkommen können und Sie sich keine Sorgen machen müssen.

Der Arbeitstag

Wenn Sie das Haus verlassen, um sich auf den Weg zur Arbeit zu machen, halten Sie kurz inne, um Ihre Motivation zu festigen: »Ich arbeite nicht einfach nur, um meinen Lebensunterhalt zu verdienen, sondern auch zum Nutzen anderer. Mögen alle, die schließlich die Produkte oder Dienstleistungen meiner Firma nutzen, sich wohl fühlen und glücklich sein.« Legen Sie Ihr Herz in das, was Ihre Firma produziert; so werden Sie sich den Menschen verbunden fühlen, die das Resultat Ihrer Mühen erwerben.

Versichern Sie sich auch Ihres Vorsatzes, den Arbeitskollegen freundlich zu begegnen. »Heute werde ich zu allen, mit denen ich bei der Arbeit zu tun habe, freundlich und hilfsbereit sein. Ich werde ihnen zuliebe eine angenehme Arbeitsatmosphäre schaffen.« Am Arbeitsplatz angekommen begrüßen Sie alle mit einem freundlichen »Guten Morgen« und einem Lächeln. Das allein kann darüber entscheiden, wie der ganze Tag läuft. Die anderen begegnen gleich am Morgen einem fröhlichen Menschen und keinem übellaunigen Muffel, der vielleicht im Laufe des Tages noch unangenehmer wird und mit nichts zufrieden ist.

Noch ein Gedanke, der beim Aufbruch zur Arbeit nützlich ist: »Ich werde alles, was heute bei der Arbeit passiert, als Teil meiner Dharma-Praxis sehen.« Nehmen Sie sich vor, an diesem Tag für alles offen und empfänglich zu sein. Wenn Sie gelobt werden, erinnern Sie sich daran, dass Sie Ihre Fähigkeit der Freundlichkeit Ihrer Lehrer und anderer verdanken; das verhindert, dass Sie sich etwas auf Ihre Leistungen einbilden. Werden Sie zu Unrecht kritisiert, halten Sie sich vor Augen, dass der andere wahrscheinlich einen schlechten Tag hat. Dann müssen Sie die Worte nicht persönlich nehmen, sondern können dem anderen mitfühlend begegnen. Ist Ihnen jedoch tatsächlich ein Fehler unterlaufen, so nehmen Sie die Kritik an, entschuldigen sich und lernen daraus. Es muss nicht sein, dass man sich ärgert und in die Defensive geht.

Denken Sie den Tag über immer wieder daran, dass Sie niemandem schaden wollen, dass Sie die anderen unterstützen möchten, dass Sie mit allem, was Sie tun, auf Ihre Erleuchtung und die Erleuchtung aller anderen hinarbeiten. Nutzen Sie irgendein kleines wiederkehrendes Ereignis, um sich so oft wie möglich daran zu erinnern. Zum Beispiel die roten Ampeln auf der Fahrt zur Arbeit. Anstatt ärgerlich zu denken: »Warum bleibt das so lange rot? Ich werde noch zu spät zur Arbeit kommen«, könnten Sie sich auch bei jeder Rotphase sagen: »Heute möchte ich allen freundlich begegnen.« So kann die rote Ampel eine Hilfe zur Erinnerung an das freundliche Herz werden. Wenn des Telefon läutet, greifen Sie nicht sofort zum Hörer, sondern denken Sie kurz: »Möge ich etwas für den Anrufer tun können.« Dann nehmen Sie ab. Sooft sich Ihr Piepser rührt, kehren Sie gefasst zum freundlichen Herzen zurück, dann erst melden Sie sich. Eine Freundin erzählte mir, ihr Auslöser für die Rückkehr zum freundlichen Herzen sei das »Mami! Mami!« ihrer Kinder. Und da dieser Ruf häufig zu hören war, wurde ihr das freundliche Herz sehr vertraut, sodass sie viel geduldiger mit ihren Kindern umgehen konnte.

Achtsam werden

Schalten Sie während des Tagesablaufs nicht auf Automatik, sondern versuchen Sie zu bemerken, was Sie denken, fühlen und sagen. Ohne dieses Bemerken reagieren wir nur, aber erleben die Dinge nicht wirklich. Deshalb bekommen so viele Menschen sogar von dem nicht viel mit, was in ihnen selbst vorgeht. Wenn Sie dann zum Beispiel morgens ihren Arbeitsplatz erreichen und jemand Sie fragen würde: »Was ist dir Unterwegs so durch den Kopf gegangen?«, dann wüssten Sie wahrscheinlich nichts zu antworten. Tatsächlich geht eine Menge in uns vor, und auch wenn wir es kaum bemerken, hängt davon doch zu einem großen Teil ab, wie wir uns fühlen und wie unsere Beziehungen zu anderen aussehen.

Solch einem mehr oder weniger automatisch ablaufenden Leben können wir durch Achtsamkeit begegnen. Achtsamkeit heißt, dass wir bemerken, was wir in jedem Augenblick denken, fühlen, sagen und tun. Außerdem behalten wir auch unsere ethischen Werte und das freundliche Herz im Auge, denn nur so können wir im Alltag danach leben. Wenn wir diese Bewusstheit ausbilden, werden wir auf die Dinge des Tages nicht mehr einfach nur reagieren und uns am Abend fragen, weshalb wir so durcheinander und erledigt sind. In der Achtsamkeit spüren wir unser freundliches Herz und nähren es und lassen unser Handeln von dort ausgehen. Oder wir spüren, dass etwas uns nervt und gereizt oder wütend macht, sodass wir am liebsten auf jemanden einschimpfen würden. Bemerken wir es rechtzeitig, können wir zum Atem und zu unserem freundlichen Herzen zurückkehren, anstatt negative Energie in die Welt hinauszuschicken.

Achtsamkeit bedeutet auch, dass wir unsere Interaktion mit der Umwelt deutlicher wahrnehmen. Da erkennen wir, dass wir in einer Welt wechselseitiger Abhängigkeiten leben und dass wir selbst, unsere Kinder und andere Lebewesen darunter zu leiden haben, wenn wir die Umwelt belasten. Wo wir auf Freundlichkeit achten, können wir solche Belastungen gering halten. Wenn es um den Weg zur Arbeit oder Ausbildungsstätte geht, wählen wir öffentliche Verkehrsmittel oder bilden Fahrgemeinschaften, anstatt allein mit unserem Wagen zu fahren und unnötig Benzin zu verbrauchen. Wir kümmern uns um das getrennte Recycling von Verbrauchsartikeln wie Glas, Papier und Plastik, denn wir wissen: Wenn all das im gleichen Müll landet, schaden wir der Erde und ihren Lebewesen. Deshalb benutzen wir auch Plastik- und Papiertüten mehrmals zum Einkauf im Supermarkt. Wir lassen unsere Klimaanlage oder Heizung nicht einfach laufen, wenn wir das Haus verlassen, und verwenden Materialien wie Styropor, deren Produktion bereits umweltbelastend ist, möglichst wenig.

Lebte der Buddha heute, würde er wohl Gelübde für das Recycling und gegen Verschwendung einführen. Etliche der Gelübde für Mönche und Nonnen entstanden aus Beschwerden über das Verhalten von ordinierten Anhängern des Buddha. Wenn das der Fall war, führte der Buddha ein Gebot ein, um dieses schädliche Verhalten einzudämmen. Heute würde man dem Buddha vielleicht Beschwerden wie diese vortragen: »So viele Buddhisten werfen ihre Blechdosen, Flaschen und Zeitungen einfach in den Müll. Sie verwenden Einmalgeschirr und -besteck, das dann ebenfalls in den Müll wandert. Dadurch wächst nicht nur der Müllberg, sondern es müssen auch mehr Bäume gefällt werden. Sie kümmern sich anscheinend wenig um die Umwelt und die übrigen Lebewesen.« Der Buddha würde sich davon überzeugen lassen und ein Gelübde einführen, das uns Recycling und Verbrauchsreduzierung auferlegt.

Achtsamkeit macht uns auch auf jeden Ansatz zu destruktivem Verhalten aufmerksam. Wir merken frühzeitig: »Ich werde wütend« oder »Jetzt regt sich die Habgier« oder »Ich bin eifersüchtig.« Dann können wir die vom Buddha empfohlenen Mittel anwenden, um wieder Ruhe des Geistes einkehren zu lassen. Wenn wir zum Beispiel merken, dass wir von etwas unangenehm berührt sind und Ärger sich zusammenbraut, können wir innehalten und die Situation mit den Augen des anderen zu sehen versuchen. Dann zeigt sich uns schnell, dass unser Gegenüber glücklich sein möchte, es aber nicht ist und deshalb dieses Verhalten zeigt, an dem wir Anstoß nehmen. Anstatt unserem Ärger freien Lauf zu lassen und weiteren Schaden anzurichten, werden wir mitfühlend und verständnisvoll reagieren und mit dem anderen ins Gespräch zu kommen versuchen, um eine für beide annehmbare Lösung zu finden.

Wie kann das noch gelingen, wenn der Streit bereits anfängt oder wir schon mitten drin sind? Wir müssen es vorher üben, durch unsere Meditationspraxis. Im Eifer des Gefechts werden wir uns schwerlich der Unterweisungen des Buddha entsinnen, sofern wir es nicht zuvor in gelassener und friedvoller Verfassung geübt haben. Wie eine Fußballmannschaft regelmäßig trainiert, müssen wir täglich über Geduld meditieren und inspirierende Verse rezitieren, um darin trainiert zu sein. Wenn wir dann im Alltag vor einer Herausforderung stehen, werden wir die Lehren anwenden können.

Sehr gut ist es für unsere Achtsamkeit und die Festigung unserer Motivation, wenn wir unsere Speisen vor der Mahlzeit darbringen. Davon war schon in Kapitel 4 des ersten Teils die Rede. Wenn Sie mit Freunden oder Kollegen im Restaurant sitzen, können Sie Ihr Essen unbemerkt innerlich dem Buddha darbringen, während die anderen weiterplaudern. Im Kreis der Familie kann es, wenn niemand etwas dagegen hat, sehr schön sein, die Verse des Speiseopfers gemeinsam vor der Mahlzeit zu sprechen. Beim gemeinsamen Essen mit einer Familie habe ich einmal erlebt, wie der sechsjährige Sohn die Rezitation der Gebete anführte, während sich alle ringsum an den Händen hielten. Das war sehr anrührend.

Auch während der Mahlzeit: Essen Sie achtsam. Seien Sie sich all der Mühen bewusst, die Anbau, Transport und Zubereitung der Speisen erfordern. Denken Sie an Ihren Zusammenhang mit anderen Lebewesen und wie viel wir ihnen verdanken, zum Beispiel unsere Nahrungsmittel. Wenn Sie sich darauf vor dem Essen besinnen, werden Sie froh und dankbar sein und auch aufmerksamer essen.

Es ist wichtig, dass die Mahlzeiten einen gewissen Rahmen haben. In Selbstbedienungsrestaurants sehen wir mitunter Leute, die noch an der Kasse anstehen und bereits ihr Essen hineinschaufeln. Das ist besinnungsloses Essen, es hat mehr von einem Hund, der seinen Napf einfach leerschlingt, sobald er gefüllt wird. Wer sich vor dem Essen besinnt und die Speisen von Herzen dem Buddha darbringt, wird mit mehr Bedacht und entspannter essen.

Nach Hause kommen

Machen Sie vor dem Betreten Ihrer Wohnung eine kleine Pause, um zu Ihrer Motivation zurückzufinden: »Jetzt treffe ich die Menschen, die mir besonders am Herzen liegen. Weil sie mir so lieb sind, werde ich achtsam sein und mich auf sie einlassen.« Erst dann öffnen Sie die Tür und treten ein. Sind Sie verheiratet und haben Kinder, begrüßen Sie alle herzlich. Schauen Sie ihnen auch in die Augen, damit sie sehen, wie viel sie Ihnen bedeuten. Oft genug sehen wir diese Menschen gar nicht mehr als etwas Besonderes, sondern denken: »Wir leben zusammen, also müssen sie mich einfach so nehmen, wie ich bin.« Diese Denkweise führt zu nichts Gutem. Besser, wir gehen mit freundlichem Herzen auf unsere Lieben ein, dann geht es allen besser. Wir können uns besser mitteilen und gegenseitig unterstützen.

Anstatt sich am Abend vom Fernseher hypnotisieren zu lassen oder einfach ins Bett zu fallen und einzuschlafen, sollten Sie lieber ein paar Minuten still dasitzen. Lassen Sie den Tag Revue passieren, und überlegen Sie: »Was ist heute gut gelaufen? Habe ich aus freundlichem Herzen gehandelt?« Vermerken Sie Ihre

Freundlichkeiten und freuen Sie sich daran. Widmen Sie das damit erzeugte positive Potenzial Ihrer Erleuchtung und der Erleuchtung anderer.

Bei dieser Rückschau finden Sie vielleicht auch Augenblicke, in denen Sie ärgerlich, neidisch oder gierig waren. Im Augenblick selbst ist es Ihnen vielleicht nicht aufgefallen, aber später sind Sie nicht mehr gar so froh mit dem was Sie gefühlt, gedacht, gesagt oder getan haben. Sie können es läutern, indem Sie es jetzt bedauern und eine Reinigungsübung machen, die Ihnen erlaubt, sich selbst zu verzeihen und die negative Energie loszulassen. Bereinigen Sie auf diese Weise alle unbehaglichen Gefühle oder unklugen Handlungen des zurückliegenden Tages.

Sie werden danach ruhiger schlafen können. Wenn Sie sich hinlegen, freuen Sie sich daran, dass Sie wieder einen Tag mit dem Dharma leben konnten. Beten Sie darum, dass anderen dieses Glück auch zuteil wird und sie von allen Leiden frei werden. Lassen Sie Freundlichkeit auch die Motivation zu Ihrem Schlaf sein: »Ich werde jetzt schlafen, um meinen Körper auszuruhen, damit ich morgen auf dem Pfad der Erleuchtung weitergehen und den Lebewesen im Kleinen oder Großen helfen kann, wie ich es vermag.« Stellen Sie sich den Buddha auf Ihrem Kopfkissen vor, und legen Sie Ihren Kopf auf seinen Schoß, wenn Sie einschlafen. Vielleicht möchten Sie sich ein sanftes Licht vorstellen, das vom Buddha auf Sie überströmt. Das wirkt lösend und beruhigend; Sie werden sich besser an die guten Eigenschaften des Buddha erinnern können und angenehmere Träume haben.

Dharma-Praxis ist weder schwierig noch zeitaufwändig. Zeit haben wir immer, jeder Tag hat vierundzwanzig Stunden. Haben wir unseren Geist positiv ausgerichtet, kann alles, was wir tun, zum Erleuchtungsweg gehören. So wird der Dharma zu einem wirklich innigen Bestandteil unseres Lebens. Am Morgen aufstehen ist Dharma, essen und zur Arbeit gehen ist Dharma, schlafen ist Dharma. Wir wandeln uns inmitten all dessen, was täglich zu tun ist, und das verleiht unserem Leben tiefen Sinn.

VIERTER TEIL

Die Ausbreitung der Buddha-Lehren

Bis hierher haben wir die Lehren des Buddha auf ihren Kerngehalt hin betrachtet und uns gefragt, welche Bedeutung sie in unserem heutigen Leben haben können. Aber sicher wäre es auch interessant zu wissen, wie diese Lehren entstanden und in reiner Form auf uns überkommen sind. Weshalb gibt es viele buddhistische Traditionen und worin bestehen sie? Wie wird der Buddhismus in den verschiedenen Ländern praktiziert? Diesen Fragen wollen wir uns jetzt zuwenden.

1 *Das Leben des Buddha: Inspiration für uns alle*

Er brachte Lehren von immerwährendem Wert zum Ausdruck und formulierte die Ethik nicht allein Indiens, sondern der Menschheit. Der Buddha war eines der größten ethischen Genies, die der Welt je geschenkt wurden.

Albert Schweitzer

Das Leben wahrhaft außergewöhnlicher Menschen wirkt sich segensreich auf die Gesellschaft aus, und wir sind dankbar, dass sie gelebt haben. Die Biografien solcher Menschen inspirieren uns, denn sie zeigen auf, wie auch wir Schwierigkeiten überwinden und zum Wohl anderer beitragen können. In der Lebensgeschichte des Buddha finden wir manches, womit wir uns identifizieren können. Es hat einen Bezug zu unserem Leben und zu unserem Bemühen, bessere Menschen zu werden.

Der Buddha wurde um das Jahr 560 vor dem Beginn unserer Zeitrechnung als Siddharta, Prinz des Herrscherhauses Shakya, in Kapilavastu im heutigen Nepal geboren. Seine Mutter hatte vor der Niederkunft mehrere Glück verheißende Träume gehabt, und der Prinz soll gleich nach seiner Geburt sieben Schritte getan und dazu erklärt haben: »Dies soll meine letzte Wiedergeburt sein.«

Manche hören mit großem Vergnügen von den vielen wunderbaren Erscheinungen rund um Geburt und Leben des Buddha – Ausdruck seiner hohen spirituellen Verwirklichung. Andere begegnen diesen Berichten skeptisch, da es für solche Erscheinungen noch keine wissenschaftlichen Erklärungen gibt.

Darüber ließe sich endlos debattieren, aber das dürfte gegenstandslos sein. Es kommt ja darauf an, dass wir einem tauglichen Weg folgen und die Qualität unseres Lebens verbessern. Die Lebensgeschichte eines anderen kann inspirierend sein und uns als Vorbild für unsere eigene spirituelle Entwicklung dienen. Wenn Sie durch Berichte von wunderbaren Begebenheiten Ihr Leben bereichert sehen, kann das nur gut sein. Und wenn Sie es nicht so empfinden, ist das auch in Ordnung. Betrachten Sie einfach die Teile der Lebensgeschichte, die Ihnen etwas sagen.

Die Mutter des Buddha starb eine Woche nach seiner Geburt, und so wurde er von Prajapati, seiner Stiefmutter, aufgezogen. Ein Weiser sagte zum Vater des Buddha, dem König von Kapilavastu, sein Sohn werde zu einem außergewöhnlichen Menschen heranwachsen – entweder zu einem Herrscher von großer äußerer Macht oder zu einem großen Weisen, dessen Weisheit und Mitgefühl ihn befähigten, andere auf dem spirituellen Pfad anzuleiten.

Der König wünschte sich das Beste für seinen Sohn, und das lag in seinen Augen in Macht und Reichtum. Er brauchte einen Thronfolger und sah nicht ein, weshalb er seinen Sohn an die Religion verlieren sollte. So schuf er die in seinen Augen bestmöglichen Voraussetzungen für die Entwicklung des Prinzen. Siddharta sollte alles haben, was sein Herz begehrte, und alles Unerfreuliche sollte von ihm fern gehalten und seinem Blick verborgen werden. Deshalb durfte er sich auch nur innerhalb der Palastmauern aufhalten, denn draußen hätte ihm etwas von den Schattenseiten des Lebens begegnen können.

Siddharta war ein sehr mitfühlender Junge und tat sich in allen geistigen und sportlichen Disziplinen hervor. Schließlich heiratete er und zeugt mit seiner Frau einen Sohn. Er entsprach in jeder Hinsicht den Erwartungen seiner Familie und der Gesellschaft, sein Leben war das, was man eine »Erfolgsstory« nennt.

Irgendwann musste der Vater ihm natürlich Ausflüge in die Umgebung gestatten, und so ließ Siddharta sich von seinem

Wagenlenker durch die Stadt rings um den Palast fahren. Er sah einen alten Menschen, runzlig, gebrechlich, gebeugt und von Schmerzen geplagt. Das war für den so behütet aufgewachsenen Prinzen etwas Neues, denn alte Menschen wurden im Palast nicht geduldet. Als er seinen Wagenlenker über diesen alten Menschen befragte, erfuhr er, dass das Alter jeden Menschen ohne Unterschied ereilt. Bedrückt kehrte er in den Palast zurück. Seine Vorstellung von heiler Welt und ungetrübtem Glück war dahin.

Bei einem anderen Ausflug sah er auf der Straße einen Kranken. Wieder erkundigte er sich bei seinem Wagenlenker und erfuhr, dass Krankheit keinem Menschen erspart bleibt.

Beim dritten Ausflug begegneten sie einem Leichenzug, und als der Wagenlenker erklärte, dass der Tod jeden ereilt und alle irgendwann von ihrem Körper, von allen Freuden des Lebens und von geliebten Menschen scheiden müssen, war der Prinz entsetzt. Er begann sich zu fragen, was es wohl mit einem solchen Dasein auf sich haben möge, in dem niemandem Alter, Krankheit und Tod erspart bleiben. Was nützten all die Herrlichkeiten, die er besaß, was nützten Macht und Ansehen, wenn sie das nicht verhindern konnten? Selbst seine Angehörigen und Freunde, mochten sie ihn noch so sehr lieben, konnten weder ihm noch sich selbst Krankheit, Alter und Tod ersparen.

Bei der vierten Fahrt vor die Tore des Palasts sah Siddharta einen sehr einfach gekleideten und so gut wie besitzlosen Wandermönch. Der Wagenlenker erklärte, dieser Mann habe die Ablenkungen des Familienlebens gänzlich hinter sich gelassen und versuche den Sinn des Lebens und die Lösung aller mit ihm verbundenen Probleme zu finden.

Eines Abends nach einem großen Gelage, als auch die hübschen Tänzerinnen berauscht und mit zerwühltem Haar schnarchend dalagen, beschloss Siddharta, das Unbefriedigende dieses Lebens zu ergründen und eine Lösung zu finden. Welchen Sinn hatte dieses Leben der Sinnenfreuden, wenn der Tod ihm eines Tages doch alles nehmen würde, ohne dass er sein ganzes Menschsein verwirklicht hatte?

Er verabschiedete sich mit einem Kuss von seiner schlafenden Frau und seinem Sohn und verließ in Begleitung des Wagenlenkers den Palast. Er tauschte seine kostbaren königlichen Gewänder und allen Schmuck gegen einfache Kleidung und schnitt sich das Haar. Dann machte er sich auf die Suche nach einem Lehrer, der ihm helfen konnte, die Geheimnisse des Lebens zu lüften.

Einige Jahre blieb er Schüler des bekanntesten Meditationsmeisters weit und breit, bis er es in allem, was jener lehrte, zur Meisterschaft gebracht hatte. Aber sein Geist war doch noch nicht frei von Anhaftung, Zorn und Unwissenheit. Um auch das noch zu erreichen, entschied er sich für den Pfad der konsequenten Askese. Zusammen mit fünf Gefährten meditierte er sechs Jahre lang und ernährte sich von einem einzigen Reiskorn am Tag. Doch obwohl er sehr hohe Samadhi-Zustände erreichte, war sein Geist immer noch nicht vollkommen frei. So gelangte er zu der Einsicht, dass Züchtigung des Körpers auch nicht der Weg zur Erleuchtung des Geists ist.

Erleuchtung

Da gab er die extreme Askese auf, sodass er bald wieder zu Kräften kam, und suchte die Stadt Bodhgaya im nordöstlichen Indien auf. Dort setzte er sich unter einen Bodhibaum und gelobte, sich erst wieder zu erheben, wenn er vollkommene Erleuchtung erlangt hatte.

Der Legende zufolge entsandte Mara, der Anführer der Dämonen, seine Streitmacht, um Siddharta aus seiner meditativen Versenkung zu reißen. Wir können uns Mara als ein äußeres Wesen denken, das uns Hindernisse setzt, oder als den Teil unseres Geistes, in dem immer noch Unklarheit und Gier herrschen. Die Geschichte des nun folgenden Kampfes enthält jedenfalls manches Aufschlussreiche für uns.

Zuerst entsandte Mara schwer bewaffnete Krieger, die Siddharta stören sollten, doch der verwandelte ihre Waffen in einen Blütenregen: Was an Furcht und Zorn in uns ist, kann durch Liebe überwunden werden.

Nun schickte Mara seine Töchter, die von zauberhafter Wohlgestalt waren. Sie sollten den Bodhisattva so umgarnen, dass er in seinem Entschluss schwankend wurde und damit seine tiefe Konzentration aufgab. Siddharta verwandelte sie jedoch in hässliche alte Weiber, sodass sie tief gedemütigt die Flucht ergriffen: Unsere Begierden werden kraftlos, wenn wir hinter die äußere Erscheinung all dessen blicken, woran wir haften.

Zuletzt trat Mara selbst vor und äußerte Zweifel am Recht des Bodhisattva, an diesem Ort zu sein, denn sicher besitze er doch nicht genügend positives Potenzial. Siddharta berührte die Erde, und es erschien die Erdgöttin, um zu bestätigen, dass er ein gewaltiges positives Potenzial angesammelt hatte: Alle Zweifel werden zerstreut, wenn wir sicher in der Wirklichkeit verankert sind.

Jetzt war Mara besiegt und zog sich zurück.

Die Nacht hindurch meditierte der Bodhisattva weiter und klärte nach und nach die allerletzten Reste von Verunreinigung durch Unwissenheit und Selbstsucht, und als der Morgen dämmerte, wurde er ein voll erleuchteter Buddha, der seinen Geist von allen Makeln befreit und alle guten Anlagen zu voller Entfaltung gebracht hat.

Der Dharma-Lehrer

Anfangs scheint der Buddha gezweifelt zu haben, ob es sinnvoll sei, die außergewöhnlichen Erfahrungen, die er gemacht hatte, auch anderen zu vermitteln. Gab es wohl jemanden, der imstande war zu verstehen? Dann jedoch traten große Himmelswesen, angeführt von Brahma, vor ihn hin und beschworen ihn zu lehren, denn es gebe durchaus Menschen, deren Weisheitsauge nur wenig von Staub getrübt sei und die mit seiner Lehre etwas anfangen könnten.

So machte sich der Buddha nach Sarnath auf. Er wusste, dass dort seine früheren fünf Gefährten waren, die sich empört von ihm abgewandt hatten, als er dem Weg der Askese abschwor. Sie sahen ihn von Weitem kommen und verständigten sich darauf, ihn keines Blickes zu würdigen. Doch als er sich näherte, konnten sie sich dem Strahlen seines Mitgefühls und seiner Weisheit nicht länger verschließen, ihr Zorn verrauchte, ihre alten Anschauungen zählten nicht mehr. Sie empfingen ihn herzlich und er gab seine erste Unterweisung.

In dieser ersten Lehrrede sprach der Buddha von den vier edlen Wahrheiten. Die Asketen erfassten diese Wahrheiten, baten um Ordination und wurden später alle Arhats. So entstand der Sangha, die Gemeinschaft der Schüler.

Fünfundvierzig Jahre lang durchwanderte der Buddha lehrend und ratgebend das nördliche Indien. Menschen jedweder Herkunft wurden seine Schüler und fanden großen Nutzen durch die Praxis der Lehren. Einmal kehrte der Buddha nach Kapilavastu zurück und unterwies seine Familie im Dharma. Auch sein Vater erkannte jetzt den Wert seines spirituellen Weges; er freute sich an ihm und lernte von ihm. Der Sohn des Buddha wurde ein Mönch.

Nach dem Tod des Vaters ersuchte die Stiefmutter des Buddha zusammen mit fünfhundert Shakyafrauen um Ordination. Anfangs wies der Buddha sie zurück; vielleicht wollte er verhindern, dass seine Stiefmutter nur aus Schmerz über den Tod ihres Mannes solch eine Entscheidung traf.

Prajapati war sich jedoch ganz sicher, dass sie diesen Weg gehen wollte. Sie und die anderen fünfhundert Frauen folgten dem Buddha auf dem langen Weg nach Vaishali. Sie schoren sich die Köpfe und legten die safranfarbenen Gewänder an, um deutlich zu machen, dass sie es ernst meinten. Ananda, der persönliche Begleiter des Buddha, fragte seinen Meister, ob Frauen

Arhats werden könnten. Der Buddha bejahte und entschloss sich, die Frauen zu ordinieren. So entstand der Frauenorden. Auch die Frau des Buddha wurde später Nonne.

Der Buddha war in mancher Hinsicht ein gesellschaftlicher Revolutionär. Er sprach sich entschieden gegen Rituale als Selbstzweck aus und zwang die Menschen seiner Zeit, sich einmal nach dem Sinn der zu allen Gelegenheiten stattfindenden brahmanischen Rituale zu fragen. Er wandte sich auch gegen Diskriminierungen und Vorurteile, die das Kastensystem mit sich brachte, und ließ innerhalb des Sangha keinerlei Unterscheidungen dieser Art zu. Alle Menschen waren gleich zu behandeln. Respekt gebührte denen, die schon länger ordiniert oder zu tiefen Einsichten gekommen waren, niemandem jedoch bloß aufgrund seiner Herkunft aus einer bestimmten Kaste.

Angesichts der völlig untergeordneten Stellung der Frau im damaligen Indien war es für viele schockierend, als der Buddha auch den Frauen die Befähigung zur spirituellen Entwicklung zusprach. So war es den Frauen jetzt sogar erlaubt, ihr Zuhause zu verlassen, wo sie bisher ganz selbstverständlich immer den Männern unterstanden hatten, zuerst dem Vater, dann dem Ehemann und im Alter den Söhnen.

Viele herausragende Nonnen sind Arhats geworden. Ihre Lehren finden wir in einer Textsammlung mit dem Titel *Therigatha.* Es gibt auch die Auffassung, der Buddha habe die Frauenordination zunächst abgelehnt und später widerwillig erlaubt – und damit wohl einen Fehler begangen. Aber der Buddha wollte auch anfangs nicht als Dharma-Lehrer tätig werden und änderte später seine Meinung. Hier kam noch niemand auf die Idee, von einer Fehlentscheidung zu sprechen!

Im Gegensatz zu der autoritären Regierungsform im damaligen Indien setzte sich der Buddha für ein eher republikanisches und demokratisches System ein, das er im Sangha verwirklichte. Wer zehn Jahre lang ordiniert war, galt als in seiner Praxis ausreichend gefestigt und wurde zu den »Älteren« gezählt. Die

Älteren traten zusammen und erörterten alles, was innerhalb der Sangha-Gemeinschaften zu regeln war. Dann trafen sie Entscheidungen und sorgten für ihre Umsetzung.

Das »Gesetz« des Sangha bestand in den vom Buddha eingeführten Gelübden für Mönche und Nonnen. Bei der Ordination der ersten Schüler gab es noch keine ausformulierten Gelübde. Sie entstanden erst als Reaktion auf Fehlverhalten von Mönchen und Nonnen, durch das sie Anstoß erregten oder sich selbst und andere schädigten. Wann immer so etwas dem Buddha vorgetragen wurde, ordnete er an, dass seine Schüler künftig alles derartige Verhalten unterlassen sollten.

Die grundlegenden Gebote sind: niemals Menschen töten, nicht stehlen, sich keine spirituellen Errungenschaften anmaßen, keine sexuellen Beziehungen unterhalten. Weitere Gelübde betreffen das äußere Erscheinungsbild und die Kleidung, den Umgang mit anderen Mitgliedern des Sangha und das gute Benehmen. Außerdem sind berauschende Substanzen jeder Art verboten.

Neben den ordinierten Anhängern hatte der Buddha auch viele Laienschüler aus allen Gesellschaftsschichten. Ordinierte und Laienanhänger lebten in gegenseitiger Wertschätzung und unterstützten einander. Den Mitgliedern des Sangha oblag es, die Lehren nach bestem Vermögen zu praktizieren, anderen ein inspirierendes Vorbild zu sein und sie zu unterweisen und anzuleiten. Dazu mussten sie ein sehr einfaches Leben führen. Für ihren Lebensunterhalt durften sie sich weder landwirtschaftlich noch geschäftlich betätigen, da solche Arbeit nicht nur viel Zeit kostet, die dann bei Studium und Meditation fehlt, sondern auch leicht zu Anhaftungen führt.

Deshalb machten Mönche und Nonnen jeden Morgen einen Almosengang durch die Wohngebiete der übrigen Bevölkerung. Hier wird gelegentlich vom »Betteln« gesprochen, doch das ist ein Missverständnis. Es wurde weder um Nahrung gebeten, noch war irgendwer verpflichtet, etwas zu geben. Die Sangha-

Mitglieder gingen einfach schweigend an den Häusern entlang, und wer ihrem spirituellen Weg einen Wert beimaß und dazu beitragen wollte, gab aus freien Stücken.

Die Ordensangehörigen waren keineswegs Parasiten. Ihnen fiel im Gegenteil eine tragende Rolle zu, denn sie praktizierten die Lehren, und indem sie den Dharma zum Bestandteil ihres Geist-Stroms machten, wurden sie bessere Menschen und wuchsen an Weisheit. Danach konnten sie das Gelernte an die Laienbevölkerung weitergeben und jedem erkennbar machen, dass es möglich ist, friedfertiger, mitfühlender und aufgeschlossener zu werden.

Nicht dass ordinierte Menschen automatisch von tadellosem Benehmen wären. Sie schulen sich. Die meisten Buddhisten, ordiniert oder nicht, sind noch keine Buddhas! Sie bemühen sich um Erleuchtung. Der Pfad, den der Buddha lehrte, ist vollkommen; die Menschen, die ihn gehen, sind es nicht unbedingt.

Der Buddha starb achtzigjährig in Kushinagar, nachdem er fünfundvierzig Jahre lang den Dharma dargelegt und den Sangha geführt hatte. Wir sprechen hier vom *Parinirvana* des Buddha. Anstatt Nachfolger zu benennen und eine Hierarchie zu etablieren, hielt er seine Anhänger an, sich vom Dharma – seiner Lehre – leiten zu lassen. Damit hob er noch einmal die entscheidende Bedeutung individueller Praxis hervor und bekräftigte seinen Wunsch nach demokratischen Verhältnissen innerhalb des Dharma.

2 *Buddhistische Traditionen: Finden, was uns liegt*

In der auf das Parinirvana des Buddha folgenden Regenzeit fand in Rajagriha das so genannte erste Konzil statt. Die fünfhundert versammelten Arhats rezitierten die Sutras – die Lehrreden des Buddha – und trugen sie zusammen. Einige Jahrhunderte lang wurden diese Sutras ausschließlich mündlich von einer Generation an die nächste weitergegeben.

Der Buddha hatte mit Menschen aus allen Bereichen der Gesellschaft gesprochen, mit Gebildeten und Ungebildeten, Reichen und Armen. Es waren Menschen der unterschiedlichsten Anlagen, Interessen und Neigungen. Immer stellte der Buddha sich auf die Bedürfnisse seiner Zuhörer ein und teilte sich ihnen in Worten und Begriffen mit, die ihnen etwas sagten.

Die verschiedenen Unterweisungen entwickelten sich später zu zwei Haupttraditionen, Theravada und Mahayana. Das Theravada konzentriert sich auf Worte des Buddha an Menschen, die vor allem das zyklische Dasein hinter sich lassen und frei werden wollten. Diese Sutras wurden erstmal im ersten vorchristlichen Jahrhundert in Sri Lanka niedergeschrieben und sind uns als der Pali-Kanon bekannt.

Die Mahayana-Lehren gab der Buddha an Zuhörer weiter, die sich für den Bodhisattvaweg zur Buddhaschaft begeisterten. Diese Mahayana-Lehren wurden nach dem Hinscheiden des Buddha nicht publik gemacht, sondern ganz im Stillen vom Lehrer an den Schüler weitergegeben. Der Tradition zufolge wurden bestimmte Mahayana-Sutras in andere Länder gebracht und dort gehütet, bis die Zeit für ihre Verbreitung kommen würde. Seit dem ersten Jahrhundert vor dem Beginn unserer

Zeitrechnung wurden immer mehr dieser Mahayana-Sutras bekannt, und die in Ihnen niedergelegte Praxisform fand immer mehr Anhänger.

In seinem äußeren Erscheinungsbild hat sich der Buddhismus als erstaunlich flexibel erwiesen. So war er in der Lage, sich der Kultur all der Länder anzupassen, in denen er Fuß fassen konnte. Die verschiedenen buddhistischen Traditionen unterscheiden sich zwar in der Wahl der zugrunde gelegten Haupttexte, in der Betonung bestimmter Praxisformen und in deren äußerer Ausgestaltung, aber als Lehren eines sehr geschickten und weisen Lehrers, des Buddha, sind sie letztlich doch eins.

Die verschiedenen Traditionen bewahren die Lehre des Buddha in ihrer ursprünglichen Reinheit. Das ist wichtig, denn um Fortschritte auf dem Weg zu machen, müssen wir ihm so folgen, wie es der Buddha vorsah. Eine Veränderung der Lehren könnte nichts Gutes erbringen, denn hier würden wir ja nach eigenem Gutdünken den Weg zur Erleuchtung zu gehen versuchen, anstatt uns jemandem anzuschließen, der sie bereits verwirklicht hat.

Viele stehen bei ihrer ersten Berührung mit dem Buddhismus etwas ratlos vor der Vielfalt seiner Traditionen. In den nächsten Kapiteln sehen wir uns die heute noch lebendigen größeren Traditionen und ihre historische Entwicklung an. Das ist ein weites Feld, und wir können hier wirklich nur die bekanntesten Traditionen erörtern: Theravada, Reines Land, Ch'an (Zen) und den tibetischen Buddhismus.

Wahrscheinlich wird uns eine der Traditionen besonders anziehen, und ihr wenden wir uns dann zu. Es wäre aber falsch zu denken, diese Tradition sei besser als andere oder sie sei auch für alle anderen Menschen besonders geeignet. Es gibt kaum etwas Schlimmeres als solches Sektendenken. Nein, wir werden den Buddhismus eher noch mehr zu schätzen wissen, weil er die verschiedenen Anlagen, Interessen und kulturellen Bindungen der Menschen bejaht und berücksichtigt.

3 *Theravada, die Schule der Älteren: Buddhismus in Sri Lanka und Südostasien*

Gelb gewandete Mönche, duftende Blütenopfer in Tempeln, melodiöse Gesänge auf Pali und der tiefe Friede stiller Meditation – solche Bilder ruft die Theravada-Tradition in uns wach.

Das Theravada war die Tradition, die nach dem Tod des Buddha in Indien praktiziert wurde. Im dritten vorchristlichen Jahrhundert hatte sie bereits im heutigen Pakistan und Afghanistan Fuß gefasst. Zentralasien erreichte sie in den ersten Jahrhunderten nach der Zeitwende. Später, im elften und zwölften Jahrhundert, wurde der Buddhismus auf dem indischen Subkontinent und in Zentralasien durch die islamischen Eroberer praktisch ausgelöscht.

Im dritten vorchristlichen Jahrhundert hatte der indische König Ashoka Missionare nach Sri Lanka entsandt, wo der Buddhismus eine sichere Heimat fand. Das Theravada ist hier bis zum heutigen Tag lebendig. Von Indien und Sri Lanka aus breitete es sich nach Südostasien aus und ist heute noch in Thailand, Kambodscha, Laos und Myanmar vertreten, während kommunistische Regierungen dieser Region den Buddhismus unterdrückten. In jüngster Zeit ist ein Erstarken des Theravada in Malaysia und Singapur zu beobachten.

Im neunzehnten Jahrhundert begannen westliche Intellektuelle sich für das Theravada zu interessieren. Heute zieht es Menschen aller Art an und es gibt überall im Westen Klöster, Dharmazentren und Meditationshäuser des Theravada.

Da die Theravada-Tradition auf dem Pali-Kanon fußt, setzt sie bei der Darlegung der Lehren des Buddha bei den vier edlen Wahrheiten, den drei höheren Schulungsformen und dem edlen achtfachen Pfad an. Davon war in früheren Kapiteln die Rede.

Nach Auffassung des Theravada können alle Menschen, ob Mann oder Frau, Arhats werden, aber nur wenige erreichen Buddhaschaft und können das Dharma-Rad andrehen, das heißt die Lehren dort darlegen, wo es noch keinen Buddhismus gibt. In unserem Zeitalter wird es tausend Buddhas geben, die das Dharma-Rad andrehen; der Buddha Shakyamuni war der vierte. Die übrigen 996 künftigen Buddhas sind jetzt Bodhisattvas. Da wir Übrigen also nicht Buddhas werden können, sollten wir nach Arhatschaft streben: nach Befreiung aus dem zyklischen Dasein und nach dem Nirvana. (Zum Unterschied zwischen Buddhas und Arhats siehe im ersten Teil das zweite Kapitel, »Die vier edlen Wahrheiten«.)

Wer Nirvana erlangen möchte, kann Zuflucht nehmen und die fünf Laiengelübde ablegen. Es steht ihnen auch frei, die Gelübde für Mönche oder Nonnen abzulegen. Im Theravada gilt die volle Ordination als wichtige Voraussetzung des Nirvana.

In den Theravada-Ländern Asiens wird, was die Dharma-Praxis angeht, ein erheblicher Unterschied zwischen Ordensangehörigen und Laien gemacht. Die Mönche halten die Gebote, sie studieren, meditieren und widmen alles so erzeugte positive Potenzial dem Wohlergehen aller. Da ihre Praxis der ganzen Gesellschaft zugute kommt, stellt die übrige Bevölkerung ihnen gern den Bedarf des täglichen Lebens bereit, Nahrung, Kleidung, Unterkunft und medizinische Versorgung.

Diese Rollenverteilung zwischen Sangha und Laien ändert sich mit der Ausbreitung des Theravada in den Westen. Die meisten buddhistischen Laien im Westen interessieren sich für Meditation und viele meditieren jeden Tag vor und nach ihrer Arbeit. Sie verbringen ihren Jahresurlaub in Meditationszentren, und manche lassen sich sogar monatelang beurlauben, um an langen Retreats teilnehmen zu können. Dharma-Lehrer können hier im Westen Ordensangehörige oder Laien, Männer oder Frauen sein.

Die Praxis im Theravada

Je länger ich mich mit dem *Satipatthana* (Achtsamkeitsmeditation) befasste, desto mehr beeindruckte es mich als ein System geistiger Schulung. Es verträgt sich mit unserer abendländischen wissenschaftlichen Haltung insofern, als es vorurteilslos, objektiv und analytisch ist. Es beruft sich auf unmittelbare persönliche Erfahrung und nicht auf die Ideen und Meinungen anderer … Es hebt dich aus deiner eingefahrenen Selbstbefangenheit, aus deinen Vorurteilen und Klischees, aus deiner Blindheit und Einbildung heraus und setzt dich in den Stand, eine reale Welt zu sehen und nachzuweisen.

E. Graham Howe
(britischer Arzt)

In allen buddhistischen Traditionen hat Meditation zwei Hauptziele: meditative Stille und besondere Einsicht. In der Regel geht es erst einmal um meditative Stille, um das innere Plappern abzustellen und die Konzentration zu schulen. Im Theravada nimmt man den Atem als Meditationsobjekt und trainiert den Geist, die Empfindungen des Atmens Augenblick für Augenblick mit wacher, gesammelter Aufmerksamkeit zu verfolgen.

Bei den ersten Versuchen, sich zu konzentrieren, trifft man auf ein undurchdringlich erscheinendes inneres Stimmengewirr, als befände man sich in einem Zimmer mit fünfzehn Radios, die alle etwas anderes dudeln. Hier gibt es verschiedene Hilfen. Man kann alle Teile des Körpers nacheinander entspannen und dabei von einem ablenkenden Gedanken nach dem anderen loslassen. Oder man nimmt die Gedanken und Gefühlsregungen einfach zur Kenntnis, sobald sie sich einstellen, schenkt ihnen jedoch keine Beachtung und schneidet sie so von ihrer Energieversorgung ab. Dann legen sie sich ganz von selbst wieder. Eine weitere Möglichkeit besteht darin, beim Ein- und Ausatmen die Silben »Bud … dha« zu sprechen und so die Konzentration zu stärken.

Es wird nicht nur im Sitzen, sondern auch im Gehen meditiert. Man geht langsam und konzentriert sich auf jede Bewegung, auf jede Empfindung beim Heben, Bewegen und Absetzen der Füße. Das wird auf alles ausgedehnt, was im Laufe eines Tages geschieht. Ob man sitzt, steht, sich hinlegt, redet oder sonst irgendetwas tut, stets versucht man sich jeder kleinsten Aktion, jedes kleinsten Geschehnisses bewusst zu sein.

Durch Sammlung auf die Empfindungen des Atmens bei der Meditation im Sitzen und auf alle Bewegungen beim Gehen wird man auf die Fülle des gegenwärtigen Augenblicks aufmerksam. Außerdem wird die Konzentration von den Tagträumen und von den tausend Gedanken abgezogen, die nur unsere geistigen Trübungen verstärken. Der Geist bleibt in Ruhe, und so können wir alles, was sich in unserem Leben abspielt, voll und ganz erleben.

Durch die Praxis der besonderen Einsicht, Vipassana, gewinnt unser Geist eine so scharfe Wahrnehmungs- und Unterscheidungsfähigkeit, dass wir die höchste Wirklichkeit, das Fehlen einer eigenständigen, festgefügten Ich-Identität, unmittelbar gewahren können. Im Theravada geschieht dies durch die vier Grundlagen der Achtsamkeit: Achtsamkeit auf den Körper, die Gefühle, den Geist und die Phänomene.

Diese vier Gegenstände der Achtsamkeit weisen bei näherer Betrachtung drei Kennzeichen auf: Sie sind vergänglich, leidbehaftet und ohne letzte Ich-Identität. Betrachtung und Erforschung des Atems, der Gefühle und Körperempfindungen, der verschiedenen Arten von Bewusstsein und der an jedem Augenblick beteiligten geistigen Faktoren offenbart uns, dass da kein kleines Männlein oder Weiblein in unserem Kopf sitzt und die ganze Darbietung organisiert. Wir sind »selbstlos«, ohne eine festgefügte Ich-Identität, der man es recht machen und die man verteidigen müsste.

Auch die besondere Einsicht wird nicht nur während der formellen Meditation geschult. Wir sind uns jeder Handlung, jedes

Gefühls, jedes Gedankens deutlich bewusst und fragen, wer das alles tut und erlebt. Und da wir nichts als einen stetigen Strom geistiger und körperlicher Ereignisse finden und keine konkrete Person dingfest zu machen ist, die hier als der Chef fungieren könnte, erkennen wir, was Ich-Losigkeit bedeutet.

Gelingt es uns, die Konzentration der meditativen Stille mit der besonderen Einsicht zu verknüpfen, können wir unseren Geist-Strom von allen Trübungen und Leid erzeugendem Karma befreien. Wer so Befreiung findet, wird ein Arhat.

Beliebt ist in der Theravada-Tradition auch die Meditation über Güte oder *Metta*. Sie beginnt mit dem Gedanken: »Möge es mir gut gehen, möge ich glücklich sein«, und weitet dieses Gefühl nach und nach auf Freunde, auf Fremde und sogar Feinde aus. Man betrachtet sie einen nach dem anderen und denkt dabei: »Möge es ihnen gut gehen, mögen sie glücklich sein.« Man muss diese Worte in sich schwingen lassen, damit sie wirklich unsere Einstellung werden. Auch die meditative Stille wird durch die Metta-Meditation gefördert.

Bei uns im Westen wenden sich der Theravada-Praxis vor allem Menschen zu, die den Wildwuchs ihrer Gedanken und Gefühle eindämmen und sich auf etwas Positives ausrichten möchten. Gerade Menschen aus der Geschäftswelt finden die Atemmeditation besonders hilfreich. Die Metta-Meditation gibt ihnen Hilfen für die Verbesserung ihrer Beziehungen zu Angehörigen und Kollegen. Ohne Frage ist diese zweitausendfünfhundert Jahre alte Tradition heute noch relevant und segensreich.

4 *Mahayana, Reines Land und Zen: Buddhismus im Fernen Osten*

Im ersten nachchristlichen Jahrhundert gelangte der Buddhismus erstmals von Zentralasien aus nach China. Eine zweite Ausbreitungswelle ging von Indien aus und erreichte China auf dem Land- und Seeweg. Bis zum vierten Jahrhundert wurden in China Linien der Bhikshu- und Bhikshuni-Ordination ins Leben gerufen. In den folgenden Jahrhunderten brachte chinesische Pilger weiterhin eine Fülle buddhistischer Texte von Indien nach China.

Das vorbuddhistische China besaß seine eigenen philosophischen Traditionen, Konfuzianismus und Taoismus. Bei der Ausbreitung nach China erwies sich der Buddhismus als flexibel genug, um sich im äußeren Erscheinungsbild der vorgefundenen Kultur anzugleichen. Im Konfuzianismus beispielsweise spielen Verhaltensregeln und Umgangsformen, Achtung gegenüber Älteren und Lehrern und Ergebenheit gegenüber den Eltern eine große Rolle. Deshalb legten die frühen buddhistischen Mönche in China besonderes Gewicht auf das Sutra der elterlichen Güte, denn so entstand eine Nähe zu den Werten, die in der chinesischen Kultur eine tragende Rolle spielten. Die buddhistischen Klöster legten überdies Wert auf Umgangsformen und Zeremoniell.

Zur taoistischen Praxis gehörten Atemübungen und Techniken, mit denen die feinstofflichen Energien des Körpers entwickelt werden. Außerdem wurde in China seit Jahrhunderten Chigong praktiziert, ein System von Übungen, die ebenfalls mit den Energien des Körpers arbeiten. Auch der Buddha hatte Atemübungen und Meditationen für die Beherrschung der feinstofflichen körperlichen Energien empfohlen.

Als der indische Meditationsmeister Bodhidharma nach China kam, gestaltete er die bestehenden Formen aus und erarbeitete eine Serie von Übungen, die den Mönchen zur Verbesserung ihrer Gesundheit dienen sollten. So kam es, dass man in buddhistischen Klöstern diese so genannten Kampfkünste zu üben begann. Anders als in manchen Filmen dargestellt, verbrachten die Mönche ihre Zeit allerdings nicht damit, irgendwelche Gegner über die Schulter zu hebeln. Ihr oberstes Anliegen war, die Lehren des Buddha zu studieren und zu praktizieren.

Die von indischen Missionaren und chinesischen Pilgern nach China gebrachten buddhistischen Texte wurden zunächst nicht systematisiert. Im Laufe der Zeit entstanden jedoch Unsicherheiten, wie scheinbare Widersprüche zwischen den Sutras aufzulösen seien und wie die Lehren dieses gewaltigen Korpus von Schriften in die Praxis umzusetzen seien.

So kam es im siebten Jahrhundert zu spontanen ersten Versuchen, die buddhistischen Lehren in eine Ordnung zu bringen. Es bildeten sich Gruppen, die bestimmte Sutras oder Zusammenstellungen von Sutras zum Zentrum ihrer Studien und ihrer Praxis machten. Aus diesen Anfängen entwickelten sich buddhistische Traditionen, jede mit ihrer eigenen Linie von Meistern. Ich will hier nur die acht bedeutendsten dieser Schulen nennen:

1. San-lun orientierte sich an der im indischen Buddhismus entstandenen Madhyamaka oder »Schule des Mittleren Weges«.
2. Fa-hsiang entsprach der Yogachara- oder Chittamatra-(»Nur-Geist«-)Schule des indischen Buddhismus.
3. Satyasiddhi (Ch'eng-shih) ist eine Theravada-Tradition.
4. Hua-yen, beruft sich auf das *Avatamsaka-Sutra* und verwendet eine Vielzahl metaphysischer Vorstellung als Gegenstände der Kontemplation.
5. T'ien-t'ai stellt das *Lotos-Sutra* in den Mittelpunkt und erhebt ein ausgewogenes Verhältnis von Meditation, philosophischen Studien und guten Taten zum Ideal.

6. Die »Dritte Periode« (San-chieh-chiao) versteht sich als Weg der Läuterung durch strikte Einhaltung der Gelübde und Mildtätigkeit.
7. Ch'an (jap. Zen) stellt Meditation und das *Lankavatara-Sutra* in den Mittelpunkt.
8. Reines Land, eine Schule, in der man nach Wiedergeburt im reinen Land des Amitabha- oder Maitreya-Buddha strebt.

Daneben existierte im China des achten und neunten Jahrhunderts eine tantrische Schule namens Chen-yen oder »Wahre Welt«.

Die Buddhistenverfolgungen der T'ang-Zeit führten in den Jahren 842 bis 845 zu einem starken Rückgang der in China vertretenen Schulen des Buddhismus. Übrig blieben eigentlich nur Ch'an und die Schule des Reinen Landes, wenngleich die übrigen Schulen nie gänzlich untergingen und heute wieder Interesse an ihnen besteht. Nach 845 waren jedenfalls Ch'an und Reines Land die beiden Hauptschulen des chinesischen Buddhismus, und in beiden spielten die Philosophie des Mittleren Weges und die Nur-Geist-Lehre eine wesentliche Rolle. Seit dem sechsten Jahrhundert haben sich die Übungsformen des Ch'an und des Reinen Landes in vielen chinesischen Klöstern vermischt.

Von China aus gelangte der Mahayana-Buddhismus ab dem zweiten Jahrhundert nach Vietnam und im vierten Jahrhundert nach Korea. Im zwölften und dreizehnten Jahrhundert breiteten sich etliche neue Traditionen in Japan aus. Dazu kam es, weil die Menschen von der unüberschaubaren Fülle der buddhistischen Lehren überwältigt waren und sich eine einfache, effektive Praxis wünschten, an die sie sich halten konnten.

In dieser Zeit spalteten sich zwei Reines-Land-Traditionen von der T'ien-t'ai-Schule ab. Eine dieser beiden, die Jodo-shinshu oder »Wahre Schule des Reinen Landes«, stellte die Familie in den Mittelpunkt des religiösen Lebens. Hier entstand die Tradition der verheirateten Priester, die die Gelübde ablegten und einem Tempel vorstanden und dieses Amt zu gegebener Zeit an den ältesten Sohn übergaben.

Ch'an (Zen) kam bereits im siebten Jahrhundert nach Japan, wurde jedoch erst im zwölften Jahrhundert populär. Auch hier gibt es viele Traditionen, am bekanntesten wurden jedoch Rinzai und Soto.

Im dreizehnten Jahrhundert entstand die Nichiren-Schule, die sich vor allem auf das *Lotos-Sutra* beruft. In dieser Zeit wurde auch Shingon, die tantrische Tradition Japans, wiederbelebt.

Während der Meiji-Restauration von 1868 verfügte die japanische Regierung, dass alle buddhistischen Geistlichen heiraten durften. Zur Zeit der japanischen Besetzung Koreas Anfang des zwanzigsten Jahrhunderts wurde die nicht zölibatäre Priesterschaft eingeführt. Heute hält sich jedoch der größte Teil des koreanischen Sangha an die Ordinationsgelübde der Mönche und Nonnen, was zwangsläufig ein Zölibat mit sich bringt.

Nach dem Krieg entstand in Japan eine Vielzahl kleiner Gruppierungen, jede mit ihrer eigenen Praxisform. Manche haben Züge der vorbuddhistischen Shinto-Religion angenommen, andere weisen eine christliche Prägung auf. Wer buddhistische Praxis sucht, sollte sich die Lehren dieser Gruppen genau ansehen, um festzustellen, ob die Auslegungen wirklich den Lehren des Buddha entsprechen.

Vor allem von Japan aus haben sich Zen und Nichiren in den Westen ausgebreitet. Zen ist bei uns sehr populär geworden, und viele nehmen an kürzeren oder längeren Meditationsklausuren teil. Manche Zen-Zentren treten durch soziales Engagement hervor; sie setzen sich für Aidskranke ein oder gründen Hospize für die Begleitung von Sterbenden.

Da wir jetzt einen Überblick über die Geschichte des Buddhismus in Ostasien haben, wollen wir die beiden bekanntesten Traditionen ein wenig näher betrachten, Reines Land und Ch'an (Zen).

Reines Land

Das melodiöse, gelassene Ruhe verströmende »Namo Amito Fo« (»Preis dem Buddha Amitabha«) tönt aus zahllosen chinesischen Tempeln und Privathäusern. Die Gestalt des Amitabha mit den beiden flankierenden Bodhisattvas Avalokiteshvara und Mahasthamaprapta inspiriert viele Menschen. In ihrer Schlichtheit zieht diese Praxis, den Namen des Buddha Amitabha zu rezitieren, seit Jahrhunderten Menschen aller Gesellschaftsschichten an.

Die Reines-Land-Schule beruft sich auf das *Sukhavativyuha-Sutra* und einige andere Sutras, in denen dargestellt ist, wie man in Amitabhas reinem Land Sukhavati (»glückseliges reines Land« oder »westliches Paradies«) wiedergeboren wird. Die Amitabha-Praxis hatte es schon in Indien gegeben, aber sie besaß dort längst nicht den Stellenwert, den sie in Ostasien bekam. Im zweiten Jahrhundert wurde das *Sukhavativyuha-Sutra* ins Chinesische übersetzt und fand bis zum sechsten Jahrhundert weite Verbreitung.

Diese Praxis fügte sich sehr gut in die chinesische Kultur ein. In der taoistischen Praxis ging es um ein langes Leben, und da der Buddha Amitabha mit Amitayus, dem Buddha des unermesslichen Lebens, identisch ist, begannen die Leute sich für die Reines-Land-Praxis zu interessieren. Das taoistische Streben nach einem langen Leben wandelte sich zu dem Wunsch nach Wiedergeburt in Amitabhas reinem Land. Die Rezitation von *Dharanis* (mit Symbolkraft aufgeladenen Silben) erfreute sich in Nordchina bereits großer Beliebtheit, und es fiel den Menschen nicht schwer, ihre Rezitationen auf den Namen Amitabhas umzustellen.

So konnte die Reines-Land-Praxis mühelos Fuß fassen, zumal schlechte Zeiten herrschten und diese einfache und direkte Methode den Menschen sehr gelegen kam. Das Reine Land galt nicht als eine Praxis für Auserwählte, sondern als für jedermann geeignet, sei er gebildet oder ungebildet.

Auch bei dieser Praxis geht es letztlich darum, dass man zum Wohl aller Lebewesen Erleuchtung findet. Nahziel ist jedoch die Wiedergeburt im glückseligen reinen Land Sukhavati. Es gehört nicht zu den sechs Bereichen des zyklischen Daseins, denn wer einmal dort wiedergeboren wird, steht definitiv vor seiner Erleuchtung und wird nie wieder im Reich des zyklischen Daseins wiedergeboren. Wer im reinen Land Sukhavati ein Buddha geworden ist, wird sich dann natürlich in der Welt manifestieren, um andere zur Erleuchtung zu führen.

Was macht die Geburt in einem reinen Land so erstrebenswert? In der Menschenwelt steht jemand, der ernsthaft praktizieren möchte, oft vor großen Hindernissen: Die Arbeit verschlingt viel Zeit, sodass wenig Zeit für konzentrierte Praxis bleibt; Kriminalität und Verärgerung prägen die gesellschaftliche Atmosphäre; die Versorgung der Familie bringt Geldsorgen mit sich; und die Medien bieten so viele Ablenkungsmöglichkeiten, die einen von der Praxis weglocken.

In einem reinen Land existieren solche Hindernisse nicht. Alle geben sich hier der Dharma-Praxis hin, und die äußeren Bedingungen sind optimal darauf abgestimmt. Erleuchtung zu erlangen ist hier nicht schwer, und das macht die Wiedergeburt im reinen Land so erstrebenswert. Sukhavati unterscheidet sich von anderen reinen Ländern dadurch, dass man es besonders leicht erreichen kann. Hier kann man als ganz gewöhnlicher Mensch wiedergeboren werden, der weder die Leerheit wahrzunehmen vermag noch eine voll ausgebildete altruistische Intention (Bodhichitta) vorweisen kann.

Sukhavati entstand durch die Praxis eines Bodhisattva-Mönchs namens Dharmakara, der vor Äonen den Wunsch verspürte, einen Ort zu schaffen, an dem andere mühelos den Dharma praktizieren können. Er legte eine Reihe von Gelöbnissen ab, in denen er versicherte, er werde ein reines Land schaffen, sobald er ein Buddha geworden sei, und er verriet, wie man es anstellt, dort wiedergeboren zu werden. Dann wurde er Schüler eines früheren Buddha, erzeugte die altruistische Intention und absolvierte die Praxis der meditativen Stille und der besonderen Einsicht. So wurde er schließlich der Buddha Amitabha, und die Kraft seines positiven Potenzials und seiner Weisheit ließ Sukhavati entstehen.

Wie wird man nun im reinen Land Sukhavati wiedergeboren? Manche glauben, ein starker Glaube an Amitabha und die Rezitation seines Namens seien ausreichend. Nach einem davon erfüllten Leben werde man von Amitabhas Kraft in das reine Land entrückt.

Ist es so einfach? Der nahe liegende Einwand lautet: »Der Buddha sagte, dass nur wir selbst uns erlösen können. Wir müssen den Dharma praktizieren und uns innerlich wandeln. Kann man wirklich behaupten, schlichter Glaube genüge und Amitabha werde dann schon für alles Weitere sorgen?«

Der Einwand ist berechtigt. Amitabha kann uns inspirieren und anleiten, aber praktizieren müssen wir doch. Und die Sukhavati-Sutras bezeichnen diese Praxis auch: sittliche Lebensführung, destruktives Verhalten bereinigen, die altruistische Intention (Bodhichitta) heranbilden, Konzentration und schließlich Meditation über die Eigenschaften des Buddha und des reinen Landes. Dann widmet man das aus dieser Praxis entstehende positive Potenzial von ganzem Herzen der Wiedergeburt im reinen Land Sukhavati, damit man dort zum Wohl aller anderen Erleuchtung finden kann.

Glaube ist ein Begleitphänomen der Meditation. Er ist niemals blinder oder aus Verzweiflung geborener Glaube, sondern Glaube aus dem Wissen um das wahre Wesen von Buddha, Dharma und Sangha.

Durch die Rezitation des »Namo Amito Fo« können die genannten Ziele der Schulung erreicht werden. Denken wir dabei zum Beispiel an Amitabhas altruistische Intention, so bekommen wir ein Gefühl dafür und können sie in unserem eigenen Leben verwirklichen. Durch Sammlung auf den Klang des

Namens werden Ablenkungen ausgeschaltet und die Konzentration nimmt zu. Wir können auch zur meditativen Stille finden, indem wir Amitabha und das reine Land als Meditationsobjekt visualisieren. Besondere Einsicht in die Ich-Losigkeit gewinnen wir durch Meditation über die Tatsache, dass Amitabha und wir selbst letztlich ohne innewohnendes Sein sind. Die Reines-Land-Praxis ist also durchaus vielfältig und beschränkt sich nicht auf die Rezitation des Namens.

Bei den alltäglichen Verrichtungen setzt man die Rezitation fort, um die Eigenschaften der Drei Kostbarkeiten vor Augen zu behalten. Beim Gehen oder Autofahren können wir unsere Achtsamkeit durch den Klang des Namens Amitabha üben. Und da ethisches Verhalten eine der wichtigsten Bedingungen für die Wiedergeburt in einem reinen Land ist, achten wir auf alles, was wir denken, sagen und tun.

Die Unsicherheit um die Frage, ob die Rezitation des »Namo Amito Fo« genüge, entstand zum Teil aus der Mehrdeutigkeit des chinesischen Begriffs *Nien-fo*. Nien bezeichnet »Konzentration/Meditation« oder »Augenblick« oder »stimmliche Rezitation«. In Indien stand bei der Amitabha-Praxis die Meditation im Mittelpunkt, in China die Rezitation seines Namens. Der chinesische Begriff erfasst beides.

Außerdem: Wenn ein Meister großen Wert auf die Hinwendung zu Amitabha legt, heißt das nicht, dass wir uns Amitabha als einen allmächtigen Gott denken sollen, der alles kann. Ein Buddha ist nach buddhistischer Auffassung zwar allerkennend, aber nicht allmächtig. Niemand ist allmächtig. Ein Buddha kann sich nicht über das Karma eines Menschen hinwegsetzen. Hat man nicht durch positives Handeln die Voraussetzungen für eine Wiedergeburt in Sukhavati geschaffen, kann Amitabha einen nicht durch Zauberkraft dorthin versetzen.

Der Tiefe und Kraft unseres Verstehens und unserer Praxis entspricht unser Bild des Buddha Amitabha. Der äußere Amitabha weilt im reinen Land. Der innere Amitabha jedoch ist ein erleuchteter Geist, und so kann unser eigener Geist durch die Praxis des Dharma ebenfalls werden. Weder der äußere noch der innere Amitabha ist eine konkrete, aus sich selbst existierende Person. Je mehr wir die Ich-Losigkeit erfassen, desto näher kommen wir einer angemessenen Sicht dessen, was Amitabha ist.

Wie bei allen Formen buddhistischer Praxis können wir auch hier verschiedene Ebenen unterscheiden, je nach den Voraussetzungen, die der Einzelne mitbringt. Rezitation des Namens und Hingabe an Amitabha wirken segensreich bei Menschen, denen es an Bildung mangelt oder die weder Zeit noch Lust haben, sich mit buddhistischer Philosophie zu befassen. Ihnen gibt diese Praxis eine Ausrichtung und bietet ihnen in schwierigen Zeiten Zuflucht. Sie erzeugen positives Potenzial, indem sie Amitabhas Namen rezitieren und an ihn denken. Wer schon ein vollständigeres Bild vom buddhistischen Pfad zur Erleuchtung hat, kann sein Wissen auf die Reines-Land-Praxis anwenden und zu tiefen Einsichten gelangen.

Die Reines-Land-Tradition eignet sich besonders für Menschen, denen Andachtsübungen dazu verhelfen, ihre geistigen Trübungen zu überwinden und ihre guten Eigenschaften zu entwickeln. Durch ihr Vertrauen in Amitabha bestärkt praktizieren sie den Dharma und realisieren Amitabha in ihrem eigenen Geist-Strom.

Ch'an (Zen)

Das Zen sieht seinen Ursprung in einer Unterweisung, die der Buddha gab, indem er schweigend eine Lotosblüte hochhielt. Die Zuhörer starrten ihn nur an, einzig sein Schüler Mahakashyapa verstand und lächelte. Diese Szene besagt, dass die Essenz des Dharma jenseits der Worte ist. Und im Zen wird diese Essenz in Augenblicken eines plötzlichen Erwachens und Begreifens vom Lehrer an den Schüler weitergegeben.

Der Sinn, den Mahakashyapa erfasst hatte, wurde in einer indischen Linie so genannter Patriarchen bis zu Bodhidharma, dem achtundzwanzigsten Patriarchen, weitergegeben. Bodhidharma war ein Meditationsmeister, der das *Lankavatara-Sutra*, einen Yogachara-Text, besonders schätzte. Er setzte um das Jahr 470 nach China über und rief hier die Ch'an-Tradition ins Leben. Sie breitete sich nach Korea und Vietnam aus und erreichte im zwölften Jahrhundert eine Hochblüte in Japan.

Ch'an ist die chinesische Lesart des Sanskritbegriffs *Dhyana*, der »meditative Konzentration« bedeutet. Alle frühen indischen Missionare und chinesischen Mönche waren Meditationsmeister. Meditation war eine von vielen Praxisformen, zu denen der Buddha Unterweisungen gab – vergessen wir nicht Sittlichkeit, Großzügigkeit, Geduld, Weisheitsschulung und andere –, und die Ch'an-Tradition entstand aus dem von manchen gehegten Wunsch, die Meditation in den Mittelpunkt zu stellen.

Zu den Grundprinzipien des Zen gehört, dass alle Lebewesen mit Buddha-Wesen begabt sind, einem Keim von Buddhaschaft, der in jedem angelegt ist. Manche Zen-Meister sagen sogar, alle Wesen seien bereits Buddhas, nur sei ihr Geist von Trübungen und Verdunkelungen umwölkt. Es kann also nur darum gehen, dieses Buddha-Wesen wahrzunehmen und ungehindert leuchten zu lassen.

Da die Grundvoraussetzung der Buddhaschaft, das Buddha-Wesen, bereits in jedem vorhanden ist, strebt man im Zen nach Erleuchtung in *diesem* Leben. Karma und Wiedergeburt werden zwar auch von Zen-Meistern akzeptiert, aber sie gehen bei diesen Themen im Allgemeinen nicht sehr in die Tiefe.

Im Zen ist es nicht notwendig, sich von der Welt abzuwenden, um das Nirvana anderswo zu suchen. Erstens haben alle Wesen bereits Buddha-Wesen und zweitens werden sie, nachdem sie die Leere selbst erfahren haben, sehen, dass Nirvana und das zyklische Dasein nicht verschieden sind.

Im Zen wird die Beschränktheit der Sprache sehr klar gesehen, weshalb die Zen-Praxis darauf abgestellt ist, diese Beschränktheit zu unterlaufen. Es geht vor allem um Erfahrung, nicht um intellektuelles Wissen. Deshalb ist es so wichtig, sich einem erfahrenen Lehrer anzuschließen. Dem Zen-Lehrer obliegt es, seine Schüler in die Wirklichkeit des gegenwärtigen Augenblicks zurückzuholen, wenn sie sich zu sehr vom begrifflichen Denken gefangen nehmen lassen. Das zeigt sich in vielen Anekdoten von Zen-Meistern, die ihre Schüler mit unverhofften Aktionen überraschen, um so ihre unrealistischen Anschauungen, ihre Verblendung, zu durchbrechen.

In Zeiten intensiver Meditation findet täglich ein Sanzen oder persönliches Gespräch mit dem Meister statt. Ein kurzer, aber genau auf den gegenwärtigen Stand der Dinge zugespitzter Austausch mit dem Meister kann nicht nur beim Schüler plötzliche Einsichten auslösen, sondern gibt dem Lehrer Gelegenheit, sich ein Bild von der meditativen Erfahrung des Schülers zu machen. Außerdem erlaubt eine tiefe persönliche Beziehung die direkte Übertragung der Dharma-Erfahrung von Geist zu Geist, vom Lehrer auf den Schüler.

Kernpraxis ist die Meditation im Sitzen, *Zazen* genannt. Hier gibt es bei den beiden wichtigsten Zen-Traditionen, Soto und Rinzai, kleine Unterschiede. Die Soto-Praxis wird »einfach nur Sitzen« genannt, und man sammelt sich hier schlicht auf das Wesen des Geistes. Im Soto-Zen gehen wir von der »ursprünglichen Erleuchtung« aus, und hier wird nicht zwischen den Mitteln und dem Ziel unterschieden. Anstatt ständig irgendetwas erreichen zu wollen, sind wir aufgefordert, einfach nur zu sein und dessen voll bewusst zu sein.

Im Soto-Zen entsteht meditative Stille dadurch, dass wir einfach sitzen und den Geist auf einen Punkt sammeln. In dem Vertrauen, dass allein dieses Sitzen vollkommener Ausdruck der uns innewohnenden Vollkommenheit, das heißt der Erleuchtung ist, beinhaltet die Praxis der besonderen Einsicht nichts weiter als das vollkommene Gewahrsein unseres Sitzens Augenblick für Augenblick.

Im Rinzai-Zen wird für die Schulung der besonderen Einsicht das *Koan* (chin. *Kung-an*) eingesetzt. Nicht alle Lehrer benutzen die gleichen Koans, und jedes Koan hat einen besonderen Zweck. Gemeinsam ist allen »Koan-Rätseln« – zum Beispiel »Was ist dein ursprüngliches Gesicht vor der Geburt deiner Eltern?« oder »Was ist der Ton des Klatschens einer Hand?« –, dass sie unseren gewohnten Bezug zu uns selbst und zur Welt infrage stellen. Man kann mit dem Verstand an die Koans herangehen, doch das wahre Verstehen liegt jenseits aller sprachlichen Erklärungen und setzt voraus, dass wir erfassen, was wir letztlich sind.

Das Sitzen mit einem Koan zielt nicht darauf ab, die »richtige« Antwort zu finden. Es geht vielmehr darum, uns mit unseren eingefahrenen geistigen Abläufen zu konfrontieren. Der schlafende Geist wird aufwachen, wenn Verstand und Gefühle sich lange genug vergeblich abgemüht haben, dem Koan einen nachvollziehbaren Sinn abzuringen. Unser diskursiver Oberflächengeist kann das Koan nicht lösen; nur tiefe Einsicht kann es. Im Rinzai-Zen kommt man durch Sammlung auf das Koan zur meditativen Stille. Ist es gelöst, bedeutet dies, dass man besondere Einsicht gewonnen hat.

Durchbricht man schließlich die mentale Barriere, sodass sich die ganze Wirklichkeit urplötzlich erschließt, so spricht man im Zen von einem *Satori*. Aber eine tiefe intuitive Erfahrung wie ein Satori ist kein Selbstzweck, sondern ein Aufruf, sich weiter in die Praxis zu vertiefen. Auch nach solch einem Durchbruch muss unser Buddha-Wesen immer weiter ans Licht gefördert werden. Im Zen spricht man zwar von der »plötzlichen Erleuchtung«, aber die einzelnen vorbereitenden Erkenntnisschritte werden offenbar doch nach und nach gewonnen. Plötzlich ist es aber das Durchbrechen der letzten Barriere einer bestimmten Stufe, das eine ganz neue Sicht der Dinge erschließt.

Zen-Schüler bemühen sich um Achtsamkeit in allen Dingen des Alltags, insbesondere bei der Arbeit. Dies kommt auch darin zum Ausdruck, dass die Gelübde der individuellen Befreiung in den chinesischen Zen-Klöstern abgewandelt wurden und die Sangha-Mitglieder handwerkliche und landwirtschaftliche Arbeiten zugewiesen bekamen. Das hat auch etwas mit der notwendigen Selbstversorgung der Klöster im China des neunten Jahrhunderts zu tun, aber sicher ist auch, dass solche Arbeit die Achtsamkeit schulen kann, indem man alles, was man tut, sagt und denkt mit Aufmerksamkeit begleitet. Beim achtsamen Arbeiten üben Zen-Schüler eben die innere Stille, die sie auch beim Meditieren im Sitzen erleben. Arbeit kann auch das Bewusstsein verstärken, das Nirvana nicht irgendwo anders zu suchen, sondern nur im Hier und Jetzt zu erleben ist.

Obgleich Zen eine Mahayana-Tradition ist, wird die altruistische Intention von vielen Meistern nicht eigens thematisiert, und sie sagen nicht viel darüber, wie man sie entwickelt. Sie setzen auf Meditation und das Entstehen von Weisheit: Wenn die Anschauungen des Ego einmal durchbrochen sind und die Leerheit realisiert ist, wird die Einheit von allen und allem vollkommen offenbar. Dann herrschen Liebe und Mitgefühl, weil ihnen nichts mehr im Wege steht.

Im Zuge ihrer Ausbreitung in Ostasien nahm die Zen-Tradition allerlei kulturelle Besonderheiten in sich auf. Zen-Praxis im Alltag nahm zum Beispiel in Japan viele verschiedene Züge an; wohl bekannt sind das Blumenstecken, die Teezeremonie und die Gartenkunst. Hier fand der für die vorbuddhistische Shinto-Religion kennzeichnende Sinn für Naturschönheit Eingang in den Buddhismus.

Die Japaner schätzen die strenge Disziplin des Kriegers, und so wird in der Zen-Praxis großer Wert darauf gelegt, dass man in perfekter Meditationshaltung sitzt und die Schmerzen in Rücken und Knien »besiegt«. Entsprechend benutzt der Aufseher in manchen Zen-Klöstern einen flachen Stock, mit dem er zusammensinkende oder einnickende Meditierende auf die Schultern schlägt, um sie zu wecken.

Im Zen zählen Schlichtheit des äußeren Erscheinungsbildes und der Meditationspraxis. Das war ursprünglich eine Reaktion auf die allzu verstandesbetonte chinesische und japanische Gelehrsamkeit. Außerdem fanden sich viele Menschen in der unübersehbaren Vielfalt buddhistischer Praxisformen nicht zurecht und suchten etwas, das ohne Umschweife direkt zur Sache kam.

Heutzutage ist unser Zuhause und unser Leben ja häufig allzu sehr mit den Errungenschaften des Technologiezeitalters angefüllt, und vielleicht zieht uns gerade deshalb die Schlichtheit des Zen so an. Beim Betreten der Meditationshalle atmen wir angesichts der klaren Einfachheit des Raums auf, und der strenge Ablauf der Meditation tut uns gut. Darin liegt ein Teil der Anziehungskraft des Zen in der modernen Gesellschaft.

5 *Integration von Sutra und Tantra: der tibetische Buddhismus*

Zum ersten Mal kam der Buddhismus im siebten Jahrhundert nach Tibet, und zwar durch zwei buddhistische Prinzessinnen – die eine aus Nepal, die andere aus China –, die den tibetischen König Songtsen Gampo heirateten. Größere Verbreitung fand der Buddhismus hier jedoch erst im achten Jahrhundert, als der Mönch Shantarakshita und der tantrische Yogi Padmasambhava aus Indien kamen und sowohl das Mahayana als auch die tantrischen Lehren mitbrachten. Im achten Jahrhundert gelangte von China her auch der Ch'an-Buddhismus nach Tibet.

Bald kam es zu Kontroversen zwischen den buddhistischen Gruppierungen. Im Ch'an wurde eine Meditationsform propagiert, bei welcher der Geist gänzlich leer bleiben sollte und alle Gedanken, welcher Art auch immer, als störend galten. Die nach indischer Tradition geschulten Meister hielten dagegen, man brauche erst einmal das richtige Verständnis der Dinge, dann könne man darüber hinaus zur unmittelbaren Erfahrung in der Meditation kommen. Im Ch'an galt, dass Erfahrungen einer höheren Ebene plötzlich und spontan eintreten können. Die indischen Buddhisten sagten, zur Erleuchtung führe ein allmählicher Weg, zu dem gute Werke ebenso gehören wie die Meditation.

In Indien gab es eine Tradition, Dispute zu führen, um erstens falsche Anschauungen von Nichtbuddhisten zu widerlegen und zweitens bei den Buddhisten das Verständnis der Lehren zu vertiefen. Auf Vorschlag des Königs wurde auch in Tibet ein solcher Disput abgehalten, und dabei zeigte sich der Inder Kamalashila dem Vertreter des Ch'an überlegen. Seit dieser Zeit orientiert sich Tibet am indischen Buddhismus.

Im elften Jahrhundert gelangten weitere indische Übermittlungslinien nach Tibet. Man bezeichnete sie als Schulen der »neuen Übersetzung«, um sie von Padmasambhavas Schule der »alten Übersetzung« oder Nyingma zu unterscheiden. Unter den neuen Schulen waren die Kadam, die auf den auch in Tibet lehrenden indischen Mönch und Gelehrten Atisha zurückgeht; die Sakya, von einem Tibeter namens Drokmi gegründet, der die Vikramashila-Universität in Indien besucht hatte; und die Kagyu, die von Marpa ausging, einem Tibeter, der an der indischen Nalanda-Universität studiert und sich unter dem großen Yogi Tilopa geschult hatte. Tsongkhapa, ein Mönch und Gelehrter des vierzehnten Jahrhunderts, vereinigte Züge aller dieser Schulen, vor allem der Kadam, zu einer neuen, die den Namen Gelug erhielt.

Diese vier tibetischen Traditionen gleichen sich in den Grundzügen; der Hauptunterschied liegt in den Linien. Die wesentlichen Meditationen – über den Entschluss zur Freiheit, über die altruistische Intention und über die Weisheit, welche die Leere begreift – sind in allen vier gleich.

In allen gibt es auch bestimmte vorbereitende Übungen. Schüler der Nyingma, der Kagyu und der Sakya absolvieren diese Übungen vielfach während einer dreijährigen Klausur, während sie in der Gelug über einen längeren Zeitraum verteilt werden. In der Gelug ist die dreijährige Klausur fortgeschritteneren Schülern vorbehalten, die über eine bestimmte Manifestation des Buddha meditieren.

Es bestehen in den vier tibetischen Traditionen einige Unterschiede in der Praxis für die letzten Stufen des tantrischen Pfades und die Meditation selbst wird nicht überall in den gleichen Begriffen dargestellt. Doch wie Seine Heiligkeit der Dalai Lama, das religiöse und politische Oberhaupt Tibets, gern sagt, zielen alle vier Schulen auf das Gleiche ab, und zur Erleuchtung kann man in jeder gelangen.

Die Gelübde für Mönche und Nonnen werden in allen vier Traditionen gleich gehandhabt, aber ein spiritueller Meister kann ordiniert oder ein Laie sein. Manche Laienmeister tragen, wenn sie lehren, braunrote Gewänder, die denen der Mönche und Nonnen ähnlich sehen, aber nicht ganz gleichen. Laienlehrer können heiraten und eine Familie gründen, aber für alle Ordinierten in der tibetischen Tradition gilt das Gelübde des Zölibats.

Lama, Geshe und Rinpoche

Bei tibetischen Titeln besteht vielfach Unklarheit, zumal sie in den verschiedenen Traditionen teilweise unterschiedlich gehandhabt werden. Den Titel »Lama«, der sich mit »Lehrer« übersetzen lässt, verleiht man in der Gelug-Tradition einem besonders angesehenen Lehrer. Aber im Prinzip ist jeder ein Lama, der Schüler hat. In den übrigen drei Traditionen wird jeder Lama genannt, der die dreijährige Klausur absolviert hat. Lamas können also von recht unterschiedlicher Ausbildung und Kompetenz sein.

Den Titel »Geshe« erhält man nach umfangreichen philosophischen Studien. Er ist eine Art tibetischer Doktortitel im Fach Buddhismus.

Der Titel »Rinpoche« bedeutet »Kostbarer« und wird in zwei Fällen verliehen, am häufigsten Personen, die als Reinkarnationen früherer spiritueller Meister anerkannt werden. Außerdem dürfen Schüler ihren persönlichen Lehrer und den Abt oder früheren Abt eines Klosters respektvoll Rinpoche nennen.

Seine Heiligkeit der Dalai Lama gibt spirituellen Suchern gern den Rat, sich Lehrer nicht nach ihren Titeln, sondern nach ihren spirituellen Qualitäten auszusuchen. Viele, die schon weit fortgeschritten sind, machen sich nichts aus Titeln, während mancher andere außer seinen vielen Titeln kaum etwas vorzuweisen hat. Lassen wir uns nicht von Äußerlichkeiten blenden, sondern forschen wir bei einem möglichen Lehrer nach echten spirituellen Qualitäten.

Die Entwicklung des Buddhismus in Tibet

Die vorbuddhistische Bon-Religion Tibets prägte bis zu einem gewissen Grad das äußere Erscheinungsbild, das der Buddhismus dort annahm, wurde ihrerseits jedoch erheblich vom Buddhismus beeinflusst. Die Tradition, auf Berggipfeln Räucherwerk zu opfern, stammt aus dem Bon und erhielt eine buddhistische Auslegung. Ähnlich ist es mit den bunten Tuchstücken, die an einer Leine aufgereiht im Wind flattern und Gebetsfahnen genannt werden. Heute werden sie mit buddhistischen Gebetsformeln und Mantras bedruckt, die der Wind als gute Wünsche in die Welt trägt.

Auch die kunstvollen und farbenfrohen Tänze zu religiösen Themen entstammen der vorbuddhistischen Kultur. Die große Trommel, die Becken und die Hörner sind uraltes tibetisches Kulturgut, während der *Vajra* (tib. *Dorje*), die Glocke und die kleine Handtrommel zum tantrischen Ritual gehören und aus Indien stammen.

Bei der Übertragung des Buddhismus von Indien nach Tibet achteten die Tibeter auf genaue Übersetzungen und eine standardisierte Terminologie. Übersetzergemeinschaften aus Indern und Tibetern bemühten sich um die Übertragung möglichst großer Teile des Sanskritkanons. Deshalb ist der tibetische Kanon umfangreicher als der chinesische, auch wenn er nicht sämtliche indischen Texte enthält. Der chinesische Kanon wiederum enthält einige Texte, die nicht ins Tibetische übertragen wurden.

Auch viele der indischen Sutrakommentare wurden ins Tibetische übersetzt und die Tibeter fügten bald eigene Kommentare hinzu. Sie übernahmen auch die indische Kunst der Disputation und die Vorliebe der Inder für klare, bündige Auslegungen der Lehren, was man dem tibetischen Buddhismus bis heute ansieht.

Heute ist der tibetische Buddhismus vor allem in Nordindien und in einigen Gebieten Nepals zu Hause. Im dreizehnten Jahrhundert hatte er sich außerdem in die Mongolei und Mandschurei ausgebreitet. Seit der Okkupation Tibets durch das kommunistische China, in deren Verlauf Tausende von Tibetern ins Exil nach Indien und Nepal fliehen mussten, ist der tibetische Buddhismus der übrigen Welt viel näher gerückt. Im Mutterland selbst wurde der tibetische Buddhismus von den Chinesen mit aller Macht unterdrückt, aber etliche Klöster sind in Indien von den Flüchtlingen neu gegründet worden. Viele Lamas und Geshes haben sich in westliche und asiatische Länder aufgemacht, und so sind auch dort überall Dharma-Zentren entstanden.

Vajrayana

Im tibetischen Buddhismus mischen sich Sutra (wie die Theravada- und allgemeinen Mahayana-Lehren zusammenfassend genannt werden) und Tantra (nämlich Vajrayana oder Mantrayama), das als eine Mahayanarichtung ganz eigener Art zu sehen ist. Der Überlieferung zufolge legte der Buddha die Tantras einer Zuhörerschaft von hohen Bodhisattvas dar. Diese Lehren konnten kein Gemeingut sein, weil ihre Praxis ganz bestimmte Persönlichkeitsmerkmale voraussetzte.

So blieb es in Indien das Kennzeichen tantrischer Übermittlungslinien, dass die Meister die Lehren immer nur an wenige ausgewählte Schüler weitergaben. Größere Bekanntheit erlangte die Vajrayana-Praxis erst ab dem sechsten Jahrhundert. Es fand Verbreitung in der gesamten buddhistischen Welt, überlebte jedoch vor allem in Tibet und in der japanischen Shingon-Tradition.

Das buddhistische Tantra darf nicht mit dem hinduistischen verwechselt werden. Die Terminologie ist in beiden zwar ähnlich, und die Atemübungen lassen die Verwandtschaft erkennen, aber in der Philosophie und Praxis sowie in den Zielsetzungen bestehen große Unterschiede.

Tibetische Meister nehmen es sehr wichtig, dass ihre Schüler alle drei Hauptformen des Buddhismus praktizieren – Theravada, Mahayana und Vajrayana. Im Theravada-Teil nimmt man Zuflucht zu den Drei Kostbarkeiten, übt sich im sittlichen Verhalten und entwickelt den Entschluss zur Freiheit. Der nächste Zielpunkt ist Bodhichitta, die altruistische Intention, zum Wohl aller Lebewesen Erleuchtung zu finden, und das ist die Mahayana-Ausrichtung. Theravada und Mahayana wirken zusammen, wenn es darum geht, die wesenhafte Ich-Losigkeit aller Dinge zu erkennen. Wer bis hierher gelangt ist, kann eine tantrische Einweihung oder »Ermächtigung« bekommen.

Die tantrische Einweihung

Eine Einweihung oder Ermächtigung wird von einem qualifizierten spirituellen Meister vorgenommen. Während der Zeremonie erläutert der Meister, wie zu meditieren ist, und der Schüler wendet diese Vorgaben sofort an und meditiert. Bloße Anwesenheit oder das Trinken von heiligem Wasser machen die Zeremonie noch nicht zur Einweihung. Man muss die Anweisungen des Meisters hier und jetzt befolgen und meditieren. Bei manchen Einweihungen werden nur die Bodhisattva-Gelübde abgelegt, andere erfordern darüber hinaus die tantrischen Gelübde.

Manche denken, Einweihungen würden als eine Art Segen gegeben und Belehrungen zu den drei Grundprinzipien des Pfades – dem Entschluss zur Freiheit, der altruistischen Intention und der Weisheit, welche die Leerheit aller Dinge realisiert – stellten höhere Unterweisungen dar. Wer einer Initiation magische Segenskraft beimisst, wird vor allem darauf aus sein, geweihtes Wasser zu trinken und mit Ritualgegenständen am Kopf berührt zu werden. Das jedoch ist eine entstellte Sicht des Vajrayana.

Die drei Prinzipien des Pfades sind buddhistische Grundlehren, die jeder hören und praktizieren kann. Sie bilden das Fundament, sie geben uns die Motivation und das Dharma-Verständnis, die notwendig sind, um Initiationen bekommen zu können.

Mitunter wird ein Meister die Einweihung in der Form einer Segnung geben, damit die Menschen eine karmische Beziehung zum Vajrayana knüpfen können. Doch auch während dieser Zeremonie gilt das Gebot der meditativen Konzentration.

Eine Einweihung soll die Saat der künftigen Erleuchtung ausbringen, zugleich aber in die Meditationspraxis einer bestimmten Manifestation des Buddha einführen und in diesem Sinne zu dieser Praxis »ermächtigen«. Deshalb bedarf es hier einer ernsthaften, respektvollen Haltung. Anschließend bittet der Schüler den Meister um Belehrung zu den Gelübden und Verpflichtungserklärungen, an die er sich im Weiteren nach bestem Vermögen halten wird.

Außerdem kann man sich zu den Details der eigentlichen Praxis – des *Sadhana* zu dieser Buddha-Gestalt – unterweisen lassen. Der Meister wird die Philosophie des Vajrayana darlegen und dann erläutern, wie die Meditation über diesen Buddha oder diese Gottheit durchzuführen ist. Man wird den besten Nutzen aus der Praxis ziehen, wenn man sich an die Anweisungen hält.

Manche Leute sammeln Einweihungen wie Medaillen, die man sich ans Revers steckt. Unter Freunden schneiden sie mit ihren vielen Segnungen durch heilige Meister und mit den vielen erhaltenen Einweihungen auf. Aber sie sparen sich die täglichen Meditationen über all diese Buddha-Manifestationen, und sie achten nicht besonders auf das, was sie bei der Arbeit oder zu Hause tun, sagen und denken.

Solche Leute machen aus verschiedenen Gründen keine großen Fortschritte in ihrer Praxis. Erstens geht es ihnen um etwas ganz Weltliches, nämlich Ansehen. Die richtige Motivation zur Dharma-Praxis sieht etwas anders aus: sich auf künftige Leben vorzubereiten, Befreiung vom zyklischen Dasein, Erleuchtung finden, damit man allen anderen helfen kann. Wer es ernst meint, prahlt nicht mit seiner Praxis. Solange man nicht erleuchtet ist, gibt es nichts zum Prahlen, und ist man erleuchtet, mag man nicht mehr prahlen.

Zweitens achten solche Leute in ihrem Alltag nicht auf Ursache und Wirkung, weshalb sie ständig Voraussetzungen für unerfreuliche Wiedergeburten schaffen. Um echte Fortschritte zu machen, muss man vor allem nach ethischen Prinzipien leben und freundlich zu anderen sein.

Drittens widmen sie sich nicht wirklich der Praxis, zu der sie ermächtigt worden sind. Keine Bemühungen, keine Fortschritte. Ernsthafte Schüler halten sich ganz ohne Aufheben einfach an die Anweisungen ihres Meisters und gelangen so zu tiefen Einsichten.

Meditation über buddhistische Gottheiten

Weshalb gibt es im Vajrayana so viele Buddhas oder Gottheiten? Alle Buddhas sind von gleicher Verwirklichung. Für uns jedoch nehmen sie verschiedene Erscheinungsformen an, um uns bestimmte Aspekte ihres erwachten Bewusstseins deutlich vor Augen zu führen.

Das ist zum Beispiel bei Avalokiteshvara (tib. Chenresig, chin. Kuan-Yin, jap. Kannon) das Mitgefühl oder Erbarmen. Ikonographisch wird diese Buddha-Gestalt vielfach mit tausend Armen dargestellt, Symbol dafür, dass er auf jede nur erdenkliche Weise helfen möchte. Manjushri wird in tiefem Gelb dargestellt, und diese Farbe steht für das Strahlen der Weisheit. Er hält außerdem das Schwert der Weisheit, Zeichen der Notwendigkeit, alles zu durchtrennen, was als Verdunkelung die Erleuchtung überlagert. Eine bestimmte Form der Tara, einer weiblichen Buddha-Gestalt, wird grün dargestellt. Diese Farbe erinnert an Frühling und Sommer und steht für das Aufstrebende, für Wachstum und Erfolg in der spirituellen Praxis.

Bei tantrischen Meditationen arbeitet man mit der Vorstellungskraft. Unser Geist ist von erstaunlicher Visualisations- und

Imaginationskraft. Das spielt zum Beispiel eine Rolle, wenn wir uns ärgern oder an etwas hängen oder stolz auf etwas sind, denn hier stellen wir uns vor, wie wir jemandem ordentlich Bescheid sagen oder mit der Person zusammen sind, an der wir hängen. Im Vajrayana wird diese Imaginationskraft gezielt so eingesetzt, dass sie uns der Erleuchtung näher bringen kann.

Am Beginn der tantrischen Praxis meditiert man über die Leerheit, über das Fehlen einer festgefügten persönlichen Identität. Jetzt stellt man sich vor, dass sich die Weisheit in dieser weiten Leere als eine Buddha-Gestalt manifestiert, zum Beispiel als Avalokiteshvara. Wenn wir jetzt gleichzeitig über das Erscheinen unserer selbst als Avalokiteshvara und über die Leerheit von innewohnendem Sein meditieren, schaffen wir die Bedingungen, die notwendig sind, um Körper und Geist eines Buddha zu erlangen.

Die Identifikation mit Avalokiteshvara hebt uns aus unseren Minderwertigkeitsgefühlen heraus. Wir identifizieren uns mit einem Ideal – mit dem Buddha, der wir werden können –, und dadurch nehmen wir dessen Charakterzüge an, sodass wir künftig liebevoller und mitfühlender mit anderen umgehen können.

Während man sich so in der reinen Form einer Buddha-Gestalt visualisiert, werden Mantras rezitiert. Ein Mantra ist einem Buddha zugeordnet und besteht aus einer festen Abfolge von Silben. Es enthält die Essenz dieses erleuchteten Bewusstseins. Mantrarezitation beruhigt den Geist und stärkt die Konzentration. Im Alltag plaudern wir oft achtlos oder machen uns Sorgen oder summen vor uns hin. Diese bereits vorhandene Neigung wandelt die Mantrarezitation in eine gezielte Praxis um, die unseren Geist ausrichtet und läutert.

Meditative Stille entwickelt man im Vajrayana durch die Meditation über das Bild seiner selbst als Gottheit oder über bestimmte Silben und Attribute, die an verschiedenen Stellen des Körpers der Gottheit visualisiert werden. Zu besonderer Einsicht in die Leerheit kommen wir dadurch, dass wir uns nicht nur zu Beginn der Meditation die Leerheit unserer selbst und der Gottheit vergegenwärtigen, sondern auch während der Meditation die Leerheit unserer selbst als Buddha.

Im tibetischen Buddhismus wird viel Wert darauf gelegt, dass man sich einen qualifizierten Lehrer sucht und sich dann getreulich an seine oder ihre Dharma-Unterweisungen hält. Das gilt besonders für alle, die sich der Vajrayana-Praxis widmen.

Der tibetische Buddhismus breitet sich in den Ländern des Westens aus. Den Menschen gefällt, dass er sie Schritt für Schritt bei der Entwicklung von Liebe, Mitgefühl und Altruismus anleitet und außerdem so ausführliche und präzise Lehren zur Realisation der Leerheit bietet. Vielen gefällt auch die Art und Weise, wie das Vajrayana Imagination und Transformation einsetzt. Doch einerlei, zu welcher Tradition sich jemand hingezogen fühlt, wichtig ist, dass wir bei unserer Praxis ernsthaft, ehrlich und demütig bleiben.

6 *Buddhistische Tempel und Dharma-Zentren: Was geschieht da?*

Die Gestalt des in heiterer Gelassenheit meditierend dasitzenden Buddha – das ist das Erste, was uns beim Betreten eines buddhistischen Tempels ins Auge fällt. Gleich löst sich etwas in uns, während wir die friedvolle Gestalt betrachten, denn wir finden diesen Ort der Stille auch in uns selbst. Wenn wir uns vor einer Buddhastatue verneigen oder Opfergaben auf den Altar legen, tun wir es nicht, um einen Bronzegötzen günstig zu stimmen. Wir finden vielmehr Anschluss an das in uns, was dem Buddha ähnlich ist, und wir ehren diesen Teil.

Ein buddhistischer Tempel ist dazu da, uns zu erinnern, bis zu welcher Höhe sich der Mensch entfalten und aufschwingen kann. Hier wird erlebbar, dass wir uns über alle Probleme und quälenden Gefühle in unserem Leben erheben können und dass alle Menschen – Freunde, Fremde und Feinde – vom gleichen ursprünglich reinen Buddha-Wesen sind. Wir lassen all das auf uns wirken, und wir spüren, wie unsere Stimmung sich hebt.

Wenn wir nicht in einer buddhistischen Kultur aufgewachsen sind, wird uns in einem buddhistischen Tempel manches fremdartig anmuten. Darüber hinaus unterscheiden sich die Tempel auch noch, je nachdem zu welcher buddhistischen Tradition sie gehören.

In Theravada-Tempeln wird der Buddha zumeist in der Meditationshaltung sitzend, mitunter auch liegend wie bei seinem Dahinscheiden (Parinirvana) dargestellt. Im Innenhof steht zur Erinnerung an die Erleuchtung Siddhartas in Bodhgaya häufig ein Bodhibaum. Vor dem Haupttempel ist manchmal eine Statue mit vier Gesichtern zu sehen. Es handelt sich aber nicht, wie viele Glauben, um einen Buddha mit vier Gesichtern, sondern um den viergesichtigen Brahma, der schon in vorbuddhistischer Zeit in den Kulturen Sri Lankas und Thailands beheimatet war.

In chinesischen Tempeln vor allem der Reines-Land-Schule treffen wir eine ganze Reihe von Buddhas an, zum Beispiel den Medizinbuddha, Verkörperung der Heilkraft aller Buddhas; Amitabha, der uns an sein reines Land Sukhavati denken lässt; Kuan-Yin (Avalokiteshvara) als Sinnbild des Erbarmens aller Buddhas; Manjushri, der Weisheitsaspekt der Buddhas, auf einem Löwen; oder Samantabhadra auf einem Elefanten, der für die Praxis und Entschlossenheit des Bodhisattva steht.

Auch wenn diese Buddhas und Bodhisattvas ikonographisch unterschiedlich dargestellt werden, sind sie doch von der gleichen Bewusstseinsebene, was ihre Weisheit, ihr Mitgefühl und so weiter angeht. Die Erleuchtung der Buddhas können wir nicht mit den äußeren Augen sehen, aber sie erscheinen in Gestalten, die ihren Bewusstseinsstand und ihre je eigene Art zu helfen zum Ausdruck bringen. Wir ein Kunstwerk die Gedanken und Gefühle des Künstlers äußerlich abbildet, so zeigt die Darstellungsart eines Buddha die besondere Ausrichtung seines erleuchteten Geistes und die Art und Weise, in der er hilft.

In chinesischen Tempeln können wir auch Darstellungen von grimmig dreinblickenden bärtigen Gestalten antreffen, die Dharma-Beschützer genannt werden. Dharma-Beschützer können Bodhisattvas oder auch Gottheiten des Volksglaubens sein, die sich dem Schutz des Dharma und seiner Anhänger verschrieben haben. Ihre Gestalten mahnen uns, den Dharma durch reine, von Nebenabsichten freie Praxis in uns selbst zu schützen.

In chinesischen Tempeln finden wir auch häufig einen Schrein mit den Ahnentafeln Verstorbener. Die Namen sind auf rotes Papier geschrieben, denn Rot ist in der chinesischen Kultur eine Glück verheißende Farbe. Verwandte und Freunde bringen Räucherwerk und Obst vor den Tafeln dar, Zeichen ihrer Segenswünsche für die Verstorbenen. Der Ahnenschrein ist nicht buddhistischen Ursprungs, sondern entstammt der chinesischen Kultur.

Japanische Tempel, vor allem die des Zen, zeichnen sich durch schlichte Altäre aus, während sie in tibetischen Tempeln meist sehr aufwändig gestaltet sind. Vielleicht hat das etwas mit der jeweiligen Landesnatur zu tun. So ist Tibet ein riesiges und sehr dünn besiedeltes Land mit Bergen und Hochebenen, wo der Blick oft über viele Kilometer keinen Halt findet. Da erscheint es einem ganz natürlich, dass die Tibeter farbenfrohe Tempel voller Buddhagestalten bauen.

Manche nehmen irrtümlich an, bei den wild dreinblickenden Gestalten in tibetischen Tempeln handle es sich um Dämonen. Weit gefehlt! Ganz im Sinne der Zielsetzung des Vajrayana, gewöhnliche Gefühlsregungen in göttliche Weisheit umzuwandeln, stehen diese Gestalten für Weisheit und Mitgefühl in ihrer »rasenden« Form, in der sie Unwissenheit und Selbstsucht zerschmettern, die Wurzeln allen Leidens.

Buddhisten sieht man oft bei Verneigungen oder Niederwerfungen vor den Buddhas und Bodhisattvas in einem Tempel. Das ist ein Zeichen der Verehrung, und nicht nur vor denen, die uns vorausgingen und schon Buddhas geworden sind, sondern auch vor dem Buddha, der wir selbst einmal sein werden.

Die Opfergaben von Kerzen, Obst, Räucherwerk, Wasser und anderem, die wir auf dem Altar sehen, sind ebenfalls Zeichen unserer Achtung und Bewunderung der Buddhaschaft. Die Buddhas ersuchen nicht um unsere Niederwerfungen und Opfergaben. Einem voll Erleuchteten fehlt kein Apfel zu seinem Glück. Aber wir erziehen unseren Geist durch das Opfer dazu, freudig zu geben. Wir opfern, weil *wir* es nötig haben. Um uns spirituell zu entwickeln, müssen wir etwas an unserem Haften und unserer Knausrigkeit tun.

So gut wie alles kann auf dem Altar geopfert werden, sofern es nicht auf eine für andere schädliche Weise beschafft wurde. Deshalb opfern wir kein Fleisch und nichts, was durch Übervorteilung von Kunden in unseren Besitz gelangt ist. Üblich sind Blumen, Lichter, Räucherwerk und Wasser. Jeder darf seine Gaben so drapieren, wie er es schön findet, und man opfert so viel oder so wenig, wie man möchte.

Wichtig ist aber, mit welcher Motivation wir opfern. Denken wir vor allem nicht, dass wir uns mit dem Buddha »gut stellen« und dafür Reichtum und Macht von ihm erwarten können. Erstens dürften Buddhas kaum bestechlich sein. Zweitens müssen wir selbst die Voraussetzungen für unser Glück schaffen, und das geschieht durch ethisches Handeln und die Erziehung unseres Herzens zu einem gütigen Herzen.

Deshalb erinnern wir uns vor dem Opfer daran, dass unsere Gaben allen zugute kommen und dem Fortschritt zu Freiheit und Erleuchtung dienen sollen. Durch solch ein Opfer erzeugen wir positives Potenzial, das nicht nur zeitlichen, sondern auch spirituellen Nutzen erbringt.

Was geschieht im Tempel?

Tempel sind Zentren religiöser und kultureller Aktivitäten. Die Menschen kommen zu jeder Tageszeit, um zu meditieren oder zu beten, aber es gibt auch tägliche Andachtsübungen mit gemeinschaftlichem rezitierenden Singen. Hierbei soll unser Geist in eine positive Richtung gelenkt werden. Wir vergegenwärtigen uns aber auch den Sinn der Worte, denn so können wir das Gesagte besser verstehen und in unserem Herzen verankern. Wegen dieser kontemplativen Haltung beim Singen sollte man vielleicht besser von »gesungener Meditation« sprechen.

Ablauf und Gepräge solcher Andachtsfeiern können bei den verschiedenen Traditionen und von Land zu Land unterschiedlich sein. In Theravada-Tempeln finden die Feiern auf Pali statt, in China, Vietnam und Tibet in der Landessprache. Seit der Ausbreitung des Buddhismus in den Westen sind natürlich weitere Sprachen hinzugekommen. Heute wird in Englisch, Spanisch und anderen Sprachen rezitiert, und diese Entwicklung wird sich wohl so fortsetzen, denn die meisten Menschen verstehen gern, was sie da rezitieren. Sicher werden sich die äußeren Formen des Buddhismus noch weiter der Kultur des jeweiligen neuen Heimatlandes angleichen.

Die Gesänge bei den Andachtsfeiern werden häufig von Glocken, Gongs und Trommeln begleitet. So haben die Teilnehmer eine Orientierung für den Ablauf der Gesänge, und zweitens sind die instrumentalen Klänge als ein »musikalisches Opfer« für die Erleuchteten gedacht.

In den Tempeln finden außerdem Unterweisungen und Meditationsveranstaltungen statt. Die Bedeutung der Dharma-Belehrungen kann gar nicht hoch genug veranschlagt werden, denn ohne sie wüssten wir nicht, wie unsere Praxis aussehen muss.

In asiatischen Ländern nehmen viele Laien den Dharma einfach als gegeben und gehen keiner besonderen Praxis nach; sie begnügen sich damit, den Tempel zu besuchen, zu opfern und an den Andachtsübungen teilzunehmen. Die Lehren sind ihrer Meinung nach für Mönche und Nonnen da, die ihr Leben der Dharma-Praxis geweiht haben.

Das ändert sich nun glücklicherweise, denn auch in Asien möchten immer mehr Laien die Lehren in ihrer ganzen Breite und Tiefe kennen lernen. Vor allem junge Leute möchten vom Dharma hören und ihn bei der Meditation und im Alltag praktizieren. Sie richten jetzt auch Sonntagsschulen für ihre Kinder ein und bringen ihnen nicht mehr nur im häuslichen Umfeld den Buddhismus nahe.

Westliche Menschen, ordiniert oder nicht, sind ganz begierig auf Dharma-Unterweisungen und nehmen dafür weite Wege in Kauf. Sie finden sich in Dharma-Zentren (buddhistischen Tempeln) zusammen, wo sie das Gelernte auch zusammen praktizieren können.

Manche Tempel rufen eigene soziale Einrichtungen ins Leben, zum Beispiel Schulen, Jugendzentren, Waisenhäuser, Kliniken und Altenheime. Seine Heiligkeit der Dalai Lama ruft zu weiteren Initiativen dieser Art auf, denn so meditieren wir nicht nur über Altruismus, sondern leben ihn auch.

Es wäre wunderbar, wenn Laienanhänger sich zu mehr solchen sozialen Initiativen durchringen könnten. Mönche und Nonnen sind auf diesem Gebiet noch nie sehr aktiv gewesen, weil sie sich nach den Worten des Buddha vor allem um ihre Praxis zu kümmern haben und nicht zu sehr von äußeren Aktivitäten ablenken lassen dürfen. Werden Studium und Praxis im Sangha vernachlässigt, können seine Mitglieder weder die Lehren weitergeben noch selbst einen tiefen Bewusstseinswandel erreichen.

Man braucht Zeit, um sich die Lehren des Buddha gründlich zu erarbeiten und sie korrekt zu praktizieren. Auch Laien streben das an, aber Familie und Arbeit lassen ihnen nicht genügend Zeit. Lernen, praktizieren und andere unterrichten, das ist der besondere Auftrag des Sangha. Er ist jedoch nicht auf den Sangha beschränkt, denn auch unter den Laien gibt es ausgezeichnete Lehrer und Praktizierende. Und wer als Sangha-Mitglied auch Sozial- und Erziehungsprojekte zu einem Bestandteil seiner Übung in Mitgefühl machen möchte, sollte es unbedingt tun.

7 *Buddhistische Feste und Riten: Feiertage, Geburt, Hochzeit und Tod*

Der Buddhismus orientiert sich am Mondkalender, weshalb die Vollmond- und Neumondtage stets besondere Anlässe darstellen. Viele Laien besuchen den Tempel, um an den rituellen Gesängen teilzunehmen, zu beten und durch Opfergaben ihr positives Potenzial zu vermehren. Manche legen für diesen Tag die acht Gelübde ab. In vielen chinesischen Tempeln wird an solchen Tagen eine vegetarische Mittagsmahlzeit angeboten.

Auf Voll- und Neumond fallen außerdem die Läuterungs- und Bekenntnistage für Mönche und Nonnen. Sie rezitieren und vergegenwärtigen sich ihre Gelübde und erneuern ihren Entschluss, sie rein zu bewahren.

Der wichtigste buddhistische Feiertag ist Vesak, der Tag, an dem der Buddha Erleuchtung fand. Dieses Fest wird am fünfzehnten Tag des vierten Mondmonats gefeiert, meist ist das der Mai oder Juni. Für diesen Tag legen viele die acht Gelübde ab und die Gläubigen strömen nur so zu den Andachtsübungen in die Tempel.

Manchen Traditionen zufolge fallen auch Geburt und Tod des Buddha auf dieses Datum, während andere den Geburtstag des Buddha am achten Tag des vierten Mondmonats feiern. An diesem Tag finden mancherorts Waschungen einer Buddhastatue mit duftendem Wasser statt, womit die Waschung des Buddha durch die Götter gleich nach seiner Geburt symbolisch nachvollzogen wird.

Sieben Wochen nach Vesak jährt sich die erste Lehrrede des Buddha – auch »Andrehen des Dharma-Rades« genannt. Hier wird des Tages gedacht, an dem er seinen fünf Gefährten in Sarnath von den vier edlen Wahrheiten sprach.

Im tibetischen Buddhismus werden vier besondere Ereignisse im Leben des Buddha als Festtage gefeiert. Die ersten beiden sind Vesak und das Andrehen des Dharma-Rades. Am fünfzehnten Tag des ersten Mondmonats feiert man den Tag, an dem der Buddha den Nichtgläubigen eine Demonstration übernatürlicher Kräfte gab und sie so für den buddhistischen Pfad gewann. Das vierte Fest wird eine Woche nach dem Ende der Regenzeit-Meditationsklausur gefeiert. Anlass ist die Rückkehr des Buddha in die Welt, nachdem er drei Monate lang im Reich der Götter gewesen war, um seine Mutter den Dharma zu lehren.

Seit den Tagen des Buddha gehen Mönche und Nonnen während der sommerlichen Regenzeit für drei Monate in Klausur. In Indien vermehren sich Insekten und anderes Getier besonders in dieser Zeit der Monsunregen. Damit sie nicht versehentlich zu Tode kamen, unterbrachen der Buddha und seine Anhänger für diese Zeit das Umherziehen und blieben an einem Ort.

Es ist für den Sangha eine zurückgezogene Zeit, in der die Mitglieder nicht einmal Geschenke wie Kleidung oder Schlafutensilien annehmen dürfen. Eine besondere Zeremonie bildet den Abschluss dieser Regenzeitklausur. Danach folgt die *Kathina*-Zeremonie, und hier wird der Sangha von der übrigen Bevölkerung mit neuen Gewändern versorgt, denn zum Ende der Regenzeit sind sie durch die anhaltende Feuchtigkeit unbrauchbar geworden.

Im chinesischen Buddhismus haben auch etliche Bodhisattvas ihre Festtage. Sie orientieren sich an Aussagen, die in den alten Texten über einen Bodhisattva gemacht werden – wann er geboren wurde, wann die altruistische Intention in ihm reif geworden war oder wann er anderen zu helfen gelobte.

Bei seiner Ausbreitung passte sich der Buddhismus stets den kulturellen Gegebenheiten seiner neuen Heimatländer an. Vielfach wurden die alten landestypischen Bräuche fortgesetzt, jedoch mit buddhistischem Anstrich. Ein Beispiel ist das Neujahrsfest nach dem Mondkalender, das es in vielen vorbuddhistischen Kulturen gab. In Tibet wurde das gewohnte Neujahrsfest um buddhistische Gebete erweitert, und die Menschen wurden angehalten, dem neuen Jahr einen Glück verheißenden Anfang zu geben und den Buddhas, Bodhisattvas und Dharma-Beschützern Opfergaben darzubringen.

Außerdem wurde zu Beginn des vierzehnten Jahrhunderts in Lhasa die Tradition des Monlam oder »Großen Gebetsfestes« ins Leben gerufen, das Sangha-Mitglieder und Laien aus ganz Tibet anzog. Der Dalai Lama und andere große Meister lehrten während dieser Zeit, und die Kandidaten für den Geshe-Titel disputierten. Leider haben die kommunistischen Besatzer Tibets das Monlam praktisch ganz unterdrückt, aber die Exiltibeter feiern es bis heute.

Hochzeit, Geburt und Tod

Für Kinder, die in buddhistischen Familien geboren werden, gibt es keine formelle »Taufe«. Die Eltern werden jedoch Opfer und Gebete darbringen und um besondere Rezitationen für ihr Neugeborenes bitten. Ist ein Kind alt genug, um den Dharma zu verstehen, kann es Zuflucht nehmen und damit »offiziell« Buddhist werden.

Im Buddhismus wird die Ehe als weltliche Angelegenheit gesehen. Der Buddha erlaubte seinen ordinierten Anhängern nicht einmal, Ehen anzubahnen oder Heiratszeremonien zu leiten. Das sollte ihnen die Einhaltung des Zölibats erleichtern und zudem verhindern, dass die Zeit für Studium und Meditation beschnitten wurde.

Buddhistische Laien können Eheschließungen vornehmen und sprechen im Laufe der Zeremonie die buddhistischen Grundüberzeugungen an. Nach einer solchen weltlichen Zeremonie sucht das Paar den Tempel auf, um zu opfern oder für eine Gebetszeremonie zu spenden, um damit positives Potenzial für eine glückliche Ehe zu schaffen. Bei ihrer Rezitations-Meditation (*Puja*) beten die Sangha-Mitglieder um ein glückliches Leben für die frisch Vermählten, ein Leben, das ihnen selbst und anderen zum Segen gereicht.

Auch in schwierigen Zeiten bitten die Menschen den Sangha um Sutra-Rezitationen, Pujas und Gebete. Man betet jedoch nicht zum Buddha als einem allmächtigen Gott, der die Probleme lösen soll. Buddhisten glauben, dass niemand allmächtig ist, auch nicht der Buddha. Gäbe es ein allmächtiges Wesen, hätte er oder sie doch gewiss alle Probleme der Welt längst gelöst.

Wir bitten den Buddha auch nicht wegen unserer Sünden um Gnade oder Straferlass. Buddhas sind von grenzenlosem Mitgefühl und tun niemandem je etwas an, nicht einmal um der »Gerechtigkeit« willen. Unser Leiden hat einzig und allein mit unserem eigenen destruktiven Handeln in diesem oder früheren Leben zu tun.

Für Sutra-Lektüre, Pujas und Opfer in schwierigen Zeiten gibt es zwei Gründe. Erstens werden damit die Abdrücke unseres negativen Handelns bereinigt, sodass sie in der Zukunft nicht ausreifen. Darüber hinaus wird jedoch auf diese Weise positives Potenzial geschaffen, aus dem Glück entstehen kann. Solche Zeremonien können in Tempeln oder Klöstern, aber auch im Haus des Bittstellers abgehalten werden.

Wenn jemand stirbt, wird der Sangha häufig um Pujas für den Sterbenden oder Toten gebeten. Bei den rezitierten Texten kann es sich um Anweisungen für den Sterbenden oder Toten handeln, die ihn auf den Weg zu einer guten Wiedergeburt bringen. Andere schaffen positives Potenzial, das allen Lebewesen, vor allem jedoch dem Toten oder Sterbenden, zugeeignet wird.

In asiatischen Ländern bittet man im Allgemeinen Mönche und Nonnen um solche Zeremonien, aber sie können auch von Laien geleitet werden. In westlichen Dharma-Zentren arbeiten meist Sangha-Mitglieder und Laien zusammen. Niemand sollte denken: »Ich bin Laie und kann keine Puja leiten.« Und niemand sollte denken, dass er dafür den Sangha anheuert und selbst untätig bleibt. Für Menschen, denen wir uns nahe fühlen, zu beten, Dharma-Texte zu lesen, zu opfern oder Pujas abzuhalten ist für uns selbst und diese Menschen äußerst segensreich.

Es gibt zahlreiche buddhistische Feste der unterschiedlichsten Art. Wir haben hier nur eine kleine Auswahl betrachtet. Besuchen Sie an Feiertagen doch ruhig einmal buddhistische Tempel, Klöster oder Dharma-Zentren. Fragen Sie die aktiv Beteiligten nach der Bedeutung der Zeremonien und Feiertage. Übrigens müssen Sie sich bei einem solchen Besuch keinen Übungen anschließen, die Sie nicht kennen, Verneigungen zum Beispiel. Im Buddhismus herrscht ein Geist des offenen Fragens und des Verständnisses. Machen wir uns diese Aufgeschlossenheit einfach zunutze.

FÜNFTER TEIL

Buddhismus heute

Im einundzwanzigsten Jahrhundert steht der Buddhismus vor zwei Herausforderungen. Die erste liegt in den vielen falschen Vorstellungen vom Buddhismus. So gibt es Menschen, die im Buddhismus eine Art Ahnenkult sehen, während andere meinen, er habe mit Wahrsagerei zu tun. Hier müssen wir Klarheit schaffen, um die Lehren des Buddha richtig verstehen zu können.
Außerdem ist Eintracht zwischen den Religionen äußerst wichtig für den Weltfrieden. Der Buddhismus ist für Toleranz und für seine Wertschätzung anderer Religionen bekannt, dennoch bleiben Buddhisten ihrem Weg treu. Wie ist das zu erklären?

1 *Buddhismus und Aberglaube: Geister, Wahrsagerei und übernatürliche Kräfte*

In den Lehren des Buddha geht es um geistige Entwicklung. Der eigentliche Weg zur Erleuchtung besteht in der Erfahrung und Erkenntnis der Leerheit. Das ist unabhängig von Zeit und Ort so. Aber das äußere Erscheinungsbild des Buddhismus kann von Land zu Land ein anderes sein, denn seine Riten und Rituale gehen eine Verbindung mit den dort vorgefundenen Formen ein.

Manchmal hat die Verschmelzung des Buddhismus mit indigener Kultur dazu geführt, dass zwischen buddhistischer und nicht buddhistischer Praxis nicht mehr klar zu trennen ist. Im Sangha kennt man die Unterschiede natürlich und kann die buddhistische Praxis auf hohem Niveau halten, doch in der übrigen Bevölkerung vermischt sich so manches.

So gibt es Tempel, die sich buddhistisch nennen, in denen wir die Buddhastatue jedoch von chinesischen Gottheiten flankiert sehen. Man ist sich nicht ganz sicher, worin denn nun der Unterschied zwischen Buddhas und Bodhisattvas einerseits und den ursprünglichen Gottheiten des Landes andererseits besteht, also betet man lieber alle an. Manches von dem, was in solchen Tempeln geschieht – Trance, Wahrsagerei und dergleichen – kann nicht als buddhistisch bezeichnet werden. Es ist einfach Brauchtum, volkstümlicher Taoismus oder Ahnenverehrung.

Was wir für Verstorbene tun können

In vielen asiatischen Ländern, in denen auch der Buddhismus zu Hause ist, gibt es den Brauch, für verstorbene Verwandte papierene Nachbildungen von Artikeln des täglichen Lebensbedarfs oder Geld zu verbrennen. Dem Volksglauben zufolge wird man nach dem Tod in einer Geisterwelt wiedergeboren, die unserer Menschenwelt sehr ähnlich ist. Auch hier gibt es Häuser, Kleidung, Kreditkarten und was man sonst noch so braucht. Die zurückgebliebenen Angehörigen möchten sich liebevoll und fürsorglich zeigen und die Verstorbenen mit allem Nötigen versehen. Gleichzeitig möchten sie auch verhindern, dass die Geister Verstorbener sich vernachlässigt fühlen und unangenehm werden. Deshalb verbrennt man papierene Nachbildungen von Häusern, Kleidung und Ähnlichem als Opfergaben für die Verstorbenen. Auf diesem Wege, so der Glaube, werden die Dinge in die Geisterwelt transferiert, und deren Bewohner können sich daran erfreuen.

Doch das ist Ahnenverehrung und nicht Buddhismus. Nach buddhistischer Auffassung werden wir nach dem Tod nicht in einer Geisterwelt wiedergeboren, sondern treten in einen Zwischenzustand (tib. *Bardo*) ein, um anschließend in einem neuen Körper wiedergeboren zu werden. Der Zwischenzustand kann nur einen Augenblick oder bis zu neunundvierzig Tage dauern, doch dann folgt unausweichlich die Wiedergeburt. Wesen im Zwischenzustand können nicht mit uns kommunizieren und wir nicht mit ihnen. Nur andere Wesen im Zwischenzustand können ihresgleichen wahrnehmen. Die einzige Ausnahme sind hellsichtige Menschen, die ihre Fähigkeiten durch Meditation erworben haben.

Nach dem Zwischenzustand wird man in einem der sechs Bereiche des zyklischen Daseins wiedergeboren – im Bereich der Götter, der Halbgötter, der Menschen, der Tiere, der hungrigen Geister oder der Höllenwesen. Manche, aber nicht alle, werden als Geister wiedergeboren und gehören dann dem Reich der hungrigen Geister an. Jede Wiedergeburt in einem der Bereiche ist zeitlich begrenzt, und wo wir jeweils wiedergeboren werden, hängt von unserem früheren Handeln, von unserem Karma ab.

Unsere verstorbenen Verwandten werden das zur Verfügung

haben, was in dem Bereich, in dem sie wiedergeboren werden, nötig ist. Wenn Oma vor einem Jahr gestorben ist, wird sie inzwischen wiedergeboren sein. Wurde sie als Mensch wiedergeboren, dann ist sie jetzt ein kleines Baby. Sie (vielleicht auch er, denn man kann im neuen Leben ein anderes Geschlecht haben als im vorigen) ist bei ihren neuen Eltern untergebracht und wird von ihnen ernährt. Durch das Verbrennen von Papierkleidern bekommt Oma keine neue Babykleidung.

Dass verstorbene Verwandte uns fehlen, ist verständlich, aber von dem Versuch einer Kontaktaufnahme durch ein Medium kann nur abgeraten werden. Dem Buddha war es von Anfang an wichtig, die Vergänglichkeit des Lebens hervorzuheben. Unser Geist wird eher Frieden finden, wenn wir den Tod unserer Lieben annehmen.

Verstorbenen Verwandten oder Freunden helfen zu wollen, ist natürlich ein guter Wunsch, und der Buddhismus bietet uns Möglichkeiten dazu. Wir können den Nachlass des Verstorbenen einer wohltätigen oder religiösen Einrichtung oder den Praktizierenden zukommen lassen. Außerdem gibt es besondere Gebete und Übungen, und wir können auch den Sangha um solche Gebete bitten. Alles daraus erwachsende positive Potenzial eignen wir dem Verstorbenen zu.

Unser gutes Karma können wir einem anderen nicht »überweisen« wie Geld von unserem Konto, denn die karmischen Folgen unseres Handelns betreffen nur uns selbst. Aber wir können unser positives Potenzial dem Wohlergehen Verstorbener widmen und damit die Chance vergrößern, dass deren früher erzeugtes positives Karma reif wird. Die guten karmischen Abdrücke im Geist-Strom sind wie Samen im Ackerboden. Unsere Gebete und die Widmung des positiven Potenzials sind wie Regen und Dünger, die die Saat aufgehen lassen.

Wenn wir unseren Eltern zu einer guten Wiedergeburt verhelfen möchten, erklären wir ihnen am besten den aus buddhistischer Sicht sichersten Weg: schon in diesem Leben konstruktiv handeln und destruktives Handeln vermeiden. Überzeugen wir unsere Familie vom Nutzen der Großzügigkeit und Geduld gegenüber anderen. Bitten wir unsere Angehörigen, niemals unseretwegen die Unwahrheit zu sagen oder andere zu täuschen, um mehr Geld für die Familie herauszuschlagen. So sammeln sie gute karmische Prägungen an und müssen weniger schlechte in künftige Leben mitnehmen.

Ullambana und das Fest des siebten Monats

In manchen asiatischen Ländern besteht Unklarheit über die Bedeutung, die das Fest des Siebten Monats hat. Es handelt sich um einen nicht buddhistischen, der Ahnenverehrung gewidmeter Feiertag, den man in Taiwan, Singapur, Malaysia und anderen Ländern begeht. Er wird oft mit dem buddhistischen Ullambanafest verwechselt, das auf den fünfzehnten Tag desselben Monats fällt. Zu der Vermischung kam es, weil beide Feste im siebten Mondmonat stattfinden und dem Zweck dienen, etwas für verstorbene Angehörige zu tun. Sie unterscheiden sich jedoch in ihrem geistigen Hintergrund und in der Ausführung.

Beim volkstümlichen Fest der Ahnenverehrung bringt man im siebten Mondmonat Speisen und Räucherwerk vor den Ahnentafeln oder Bildnissen verstorbener Verwandter dar. Außerdem werden symbolisches Papiergeld, Papierhäuser und dergleichen verbrannt, und man hofft, dass die Ahnen diese Dinge erhalten und verwenden können. Dem Volksglauben nach werden die Höllenbewohner für einen Monat beurlaubt und treiben sich in der Menschenwelt herum. Man opfert ihnen, damit sie versorgt und zufrieden sind und niemandem Schaden zufügen.

Aber wie schon gesagt, nicht alle Verstorbenen werden als Geister wiedergeboren, und die Brandopfer erreichen sie nicht. Außerdem gehören Geister zum Bereich der hungrigen Geister und nicht zum Höllenbereich. Und nach buddhistischer Auffassung erhalten die, welche für eine begrenzte Zeit in unerfreulichen Bereichen wie dem Höllenreich wiedergeboren werden, keinen Urlaub, um sich in der Menschenwelt umzutun.

Das buddhistische Ullambanafest am fünfzehnten Tag des siebten Monats geht auf das *Ullambana-Sutra* des chinesischen Kanons zurück. Es erzählt die Geschichte von Maudgalyayana, einem der Hauptschüler des Buddha, der mittels seiner Hellsichtigkeit erkannte, dass seine Mutter im Reich der hungrigen Geister wiedergeboren war. Liebevoll brachte er ihr zu essen, doch sie versteckte die Gaben, weil sie nicht mit anderen teilen wollte. Aber als sie ihre Schätze genießen wollte, war alles verdorben. Traurig überlegte Maudgalyayana, wie er seiner Mutter noch helfen könne, aber es fiel ihm nichts ein.

Er bat den Buddha um Rat, und dieser empfahl ihm, vor dem versammelten Sangha Opfergaben von Speisen und anderen Dingen des täglichen Bedarfs darzubringen. Außerdem sollte er die Mitglieder des Sangha bitten, mit ihm zu meditieren, und alles so erzeugte positive Potenzial sollte dem Wohl seiner Mutter zugedacht werden. Das tat Maudgalyayana am fünfzehnten Tag des siebten Monats, und tatsächlich konnte so erreicht werden, dass von seiner Mutter in früheren Zeiten erzeugtes positives Potenzial reif wurde. Ihr Leben als hungriger Geist endete, und sie wurde unter günstigeren Umständen wiedergeboren.

Deshalb feiern viele chinesische und japanische Buddhisten das Ullambana mit Opfergaben an den Sangha, verbunden mit der Bitte um Gebete und Meditationen, deren positives Potenzial dann verstorbenen Verwandten und Freunden gewidmet wird. Hier zeigt sich, dass sich das Ullambana nach Ablauf und Inhalt deutlich vom nicht buddhistischen Fest des siebten Monats unterscheidet.

Geister und Götter

Nach buddhistischer Auffassung kann man vorübergehend als Geist wiedergeboren werden, wenn entsprechende Taten vorausgingen. Geister gibt es aber nicht in allen sechs Daseinsbereichen, sondern überwiegend im Reich der hungrigen Geister, seltener im Reich der Götter oder *Devas*. Geister und Götter können sich durch Medien mitteilen.

Wenn ein Medium in Trance geht, wird sein oder ihr eigenes Bewusstsein vorübergehend suspendiert, sodass der Geist oder Gott durch den Körper dieser Person sprechen kann. Geister können wohlgesonnen oder feindselig sein, wie es auch bei Menschen der Fall ist. Jedenfalls sind Geister und Götter keine »jenseitigen« Wesen, denn sie unterliegen wie alle Wesen in den sechs Daseinsbereichen Geburt und Tod. Ihnen fehlen die vollkommene Weisheit und das vollkommene Mitgefühl der Buddhas. Manche Geister und Götter verfügen über begrenzte Hellsichtigkeit, weshalb ihre Voraussagen manchmal zutreffen und manchmal nicht. Sie können sich als verstorbener Verwandter oder als Bodhisattva ausgeben, doch das beweist nicht, dass sie es wirklich sind.

Das Befragen von Geistern und Göttern durch Medien ist ein kulturelles Phänomen. Der Buddha hat es nirgendwo als zur Dharma-Praxis gehörend bezeichnet. Er lehrte den Pfad zur Erleuchtung und forderte uns auf, selbst die Weisheit heranzubilden, mit der wir unsere eigenen Entscheidungen treffen können. Wir müssen uns selbst Klarheit verschaffen, ob ein geplantes Handeln ethisch einwandfrei ist oder nicht. Stehen wirklich Liebe und Güte dahinter oder ist es eher Zorn, Anhaftung oder Verblendung?

In manchen Kulturen befürchten Menschen, dass Geister ihnen etwas antun könnten. Das können Geister jedoch nur, wenn der Mensch selbst die Voraussetzungen dafür geschaffen hat, indem er anderen in diesem oder einem früheren Leben Schaden zufügte. Furcht vor Geistern ist überflüssig. Schlimmer noch: Angst vor eingebildeten Bedrohungen öffnet dem Unheil Tür und Tor. Denn selbst wenn echte Geister einem nichts anhaben können, die Angst erzeugt eingebildete Geister, die es sehr wohl können.

Träume von Verstorbenen bedeuten nicht, dass sie gegenwärtig sind. Höchstwahrscheinlich sind sie ein Produkt unserer Fantasie. Wenn wir von einem Apfel träumen, ist ja auch kein realer Apfel da. Und träumen wir von einem verstorbenen Verwandten, ist nicht die reale Person zugegen.

Wer sich vor Geistern fürchtet oder von ihnen heimgesucht wird, nimmt am besten Zuflucht und besinnt sich auf das Mitgefühl. Wenn wir uns den Buddha vorstellen und von Herzen zu Buddha, Dharma und Sangha Zuflucht nehmen, können Geister uns nichts tun, und die Angst wird bald verschwinden.

Geister sind empfindungsfähige Wesen wie wir und wie wir möchten sie glücklich und frei von Leiden sein. Haben wir uns das klar gemacht, werden wir Mitgefühl empfinden und ihnen wünschen, dass sie nicht leiden müssen. In Güte und Mitgefühl werden wir uns gar nicht erst ängstigen, denn wir nehmen andere, in diesem Fall die Geister, wichtiger als uns selbst. Wie die meisten Menschen niemandem Schaden zufügen, der mit ihnen fühlt, tun auch Geister keinem etwas, der ihnen Gutes wünscht.

Manche Buddhisten opfern bestimmten Geistern, um sie glücklich zu machen und zu verhindern, dass sie Schaden anrichten. Mitunter bitten sie auch um Rat und Hilfe in schwierigen Fragen des Lebens. Man muss sich aber vorsehen, dass man sich nicht am Ende ganz auf diese Wesen verlässt. Auch sie haben ihre Grenzen und sind wie wir im zyklischen Dasein gefangen. Auch wenn sie hier und da helfen, sie können uns nicht zur Erleuchtung führen. Es wäre falsch, uns mit ihnen gut zu stellen und dabei unsere buddhistische Praxis zu vernachlässigen.

Praktizieren wir lieber die Lehren des Buddha, wie sie in den vier edlen Wahrheiten dargelegt sind. Gehen wir lieber den allmählichen Weg zur Erleuchtung, anstatt uns mit letztlich diesseitigen Geistern einzulassen. Geister können wie alle anderen Wesen Empfänger unseres Mitgefühls sein.

Geomantie und Wahrsagerei

Geomantie – die richtige, das heißt Glück und Wohlstand versprechende Platzierung von Gebäuden, Möbelstücken, Grabstätten und so weiter – gehört zu den uralten Künsten ostasiatischer Kulturen. Sie ist nicht Bestandteil des Buddhismus, wenngleich manche chinesische Buddhisten diese Kunst üben. Buddhisten spielen auch Schach, aber deswegen muss Schach nicht Buddhismus sein. Mit der Geomantie steht es ähnlich, sie ist vorbuddhistisches Kulturgut.

Buddhisten wie Nichtbuddhisten gehen zu Wahrsagern, aber das macht die Wahrsagerei nicht zur buddhistischen Praxis. Wahrsager, Medien, Astrologen und Tarotkartenleger sind bei vielen beliebt, aber geben wir lieber nicht zu viel auf deren Voraussagen. Wie seine Heiligkeit der Dalai Lama sagt: »Wir kennen die Zukunft erst, wenn sie eintritt.«

Ganz ungehörig ist es, ordinierte Buddhisten nach den Lottozahlen zu fragen. Ähnliches gilt für Glücksräder, die vor einer Buddhastatue gedreht werden, zumal der Buddha ausdrücklich von Glücksspielen abgeraten hat.

Hellseherei

Manch einer ist so fasziniert von übernatürlichen Kräften, dass sie ihm zum eigentlichen Ziel der spirituellen Praxis werden. Aber es geht im Dharma überhaupt nicht um Hellseherei, sondern um Erleuchtung zum Nutzen anderer.

Gewöhnliche Hellsichtigkeit kann verschiedene Gründe haben. Sie kann karmische Ursprünge haben, also auf die Taten und Gebete eines früheren Lebens zurückzuführen sein. Solche Hellsichtigkeit kann unzuverlässig sein und geht beim Tod verloren.

Echte und zuverlässige Hellsichtigkeit erlangt man durch meditative Konzentration. Hier tritt Hellsichtigkeit als natürliche Begleiterscheinung der Meditation auf und wird nicht eigens kultiviert.

Von der Motivation eines Menschen hängt es ab, ob seine übernatürlichen Kräfte segensreich sind oder nicht. Wer nach Ruhm und Opfergaben schielt, hat ganz weltliche Motive. Wer sich auf seine Hellsichtigkeit viel einbildet, läuft Gefahr, dass er nur sein Ego weiter aufbaut, anstatt es abzuschwächen. Vielleicht missbraucht er sogar seine Kräfte und bringt Unglück über sich und andere. Wer solche Kräfte klug nutzen möchte, kann das nur von einer Position der Liebe und des Mitgefühls für alle Lebewesen aus.

Der Buddha verbot seinen Schülern, mit ihren Errungenschaften zu prahlen oder sie gar zur Schau zu stellen. Wem es um Spiritualität zu tun ist, der braucht so etwas nicht. Er wird lieber unauffällig dienen, anstatt Aufmerksamkeit und Bewunderung auf sich zu ziehen.

Hellsichtigkeit ist nichts Besonderes. Wir alle haben sie in irgendeinem Leben einmal besessen. Aber sie kann nicht viel bewirkt haben, denn wir werden nach wie vor im zyklischen Dasein wiedergeboren, unsere geistigen Trübungen und unser Karma setzen sich durch.

Nur der Weg zur Erleuchtung bringt für uns selbst und andere dauerhaften Nutzen. Ergreifen wir also die große Chance dieses Lebens, um den Dharma zu studieren und zu praktizieren. Die beste »magische Kraft« sind das freundliche Herz und ein Gefühl der Verantwortung für das Wohl aller – und sie sind seltener und wertvoller als alle Kräfte der Hellsichtigkeit.

Wenn es uns wirklich darum geht, zum Wohl aller Lebewesen Erleuchtung zu finden, müssen wir den vom Buddha dargelegten Weg von Brauchtum, Aberglauben und Irrwegen unterscheiden können. Dazu lauschen wir den Belehrungen fähiger Meister und erwägen sie sorgsam, um dann Fragen zu stellen, die unsere Zweifel ausräumen. Durch Praxis des richtigen Weges werden wir Erleuchtung finden können.

2 *Einklang der Religionen: vom Nutzen der Vielfalt*

Die Unterweisungen, die ich bei meinem ersten Meditationskurs hörte, haben mein Leben von Grund auf geändert. Aber sie beeindruckten mich nicht deshalb, weil es sich um buddhistische Lehren handelte, sondern weil sie mir einleuchteten. Es war mir einerlei, wer da sprach und wie seine Religion hieß; ich war nur darauf aus, den Gehalt der Lehren und ihre Bedeutung für meinen Alltag zu erfassen.

Damals kannte ich die Begriffe »Mahayana« und »Theravada« noch nicht und hätte mir auch nichts aus solchen Kenntnissen gemacht. Nyingma, Kagyu, Gelug, Sakya – alle diese Namen sagten mir nichts, und Zen, Reines Land und Vajrayana hatte ich zwar schon gehört, aber es waren ebenfalls bloße Namen. Bis heute gerate ich in Verlegenheit, wenn ich gefragt werde, welcher buddhistischen Tradition ich mich zugehörig fühle, denn letzten Endes bin ich ja auch einfach nur ein Mensch, der einen Weg zum Glück sucht und sein Leben irgendwie auch für andere sinnvoll machen möchte.

Namen und Bezeichnungen errichten nur zu oft Barrieren zwischen den Menschen. Wir klammern uns an die Namen, anstatt die Sache selbst auf ihren Sinn und Zweck hin zu befragen. Und wir beurteilen andere aufgrund solcher Namen, anstatt uns dafür zu interessieren, wer sie sind und was sie tatsächlich glauben. Wir haben eine vage Vorstellung davon, was irgendein Name bedeutet, und dann scheren wir alle, die sich diesem Namen zuordnen lassen, über einen Kamm. Begriffe werden Korsetts, und wir denken: »Wenn du ein Theravadin bist, hörst du dir Mahayana-Lehren gar nicht erst an.« »Wenn du ein Christ bist, kannst du kein Buddhist sein.« »Du bist entweder ein religiös eingestellter oder ein wissenschaftlich denkender Mensch.«

»Ich bin dies und du bist das« – haben wir es uns einmal so zurechtgelegt, geht der Streit los. Das geschieht unter Buddhisten ebenso wie zwischen Buddhisten und Angehörigen anderer Religionen. Zum Glück sind noch keine Kriege im Namen des Buddha oder zur Verteidigung oder Ausbreitung des Buddhismus geführt worden. Aber schädlich ist natürlich auch jedes engstirnige Gruppendenken, da es nicht nur unsere eigene spirituelle Entwicklung behindert, sondern auch Spannungen zwischen den Menschen erzeugt.

Wie kann das Gruppendenken unser Fortkommen behindern? Im Buddhismus geht es in allererster Linie um die Entwicklung von Weisheit und Mitgefühl. Sind wir jedoch völlig mit unserer Religion identifiziert, fassen wir andere Glaubensüberzeugungen gern als persönlichen Affront auf. Dann ist es nicht mehr weit bis zu bösen Worten, mit denen wir unseren eigenen Glauben verteidigen und die Überzeugungen anderer attackieren. Dann sind wir nicht mehr Wahrheitssucher, sondern verteidigen unsere Religion, weil es halt unsere Religion ist.

Solche mit Zorn aufgeladene Verblendung hinterlässt negative karmische Abdrücke in unserem Geist-Strom. Diese verdunkeln unseren Geist und lassen nicht zu, dass Weisheit entsteht. Im Übrigen ist Zorn das Gegenteil von Mitgefühl. Im Zorn hat der Wunsch, alle anderen Wesen mögen frei von Leiden sein, keinen Platz. Das Gruppendenken steht uns auf dem Weg zu Weisheit und Mitgefühl im Wege; es bringt uns der Erleuchtung nicht näher, sondern entfernt uns eher noch von ihr.

Eintracht zwischen den buddhistischen Traditionen

Wenn wir uns den Pfad zur Erleuchtung im Überblick vergegenwärtigt haben, kann uns nicht verborgen bleiben, dass es sich bei allen Unterweisungen des Buddha um Anregungen für seine

Schüler handelt, denen sie entnehmen können, wie die Praxis auf jeder Entwicklungsstufe am besten zu gestalten ist. Es steht uns nicht zu, eine dieser Lehren außer Acht zu lassen oder zu bekritteln, denn alle sind in irgendeinem Stadium unserer Entwicklung relevant. Wenn wir an den Lehren des Buddha etwas auszusetzen finden, ohne sie praktisch zu erproben, weisen wir Ansätze von uns, die uns zu bedeutenden Einsichten führen könnten.

Damit kann natürlich nicht gemeint sein, dass wir alle Lehren des Buddha jetzt praktizieren sollten. Das Buddha-Wort ist von unermesslicher Reichweite und Tiefe, und wir können uns ihm nur allmählich annähern. Wir praktizieren das, was unserer Neigung und unserem gegenwärtigen Stand entspricht. Es besteht keinerlei Druck, alles jetzt gleich zu tun. Langsam entwickeln wir uns und können immer weitere Bereiche der Lehre in unsere Praxis aufnehmen. Wenn wir manches jetzt noch auslassen, weil es einstweilen über unseren Horizont geht, ist das etwas ganz anderes als Kritik an den Lehren.

Außerdem möchten wir ja immer gern die Besten sein. Aber was heißt das hier? Kinderbücher sind für Kinder am besten, Erwachsenenbücher für Erwachsene. Weder Kinderbücher noch Erwachsenenbücher sind per se die besten. Wenn jemand nur Deutsch kann, sind deutsche Bücher für ihn die besten, und für einen Chinesen, der keine Fremdsprache beherrscht, sind es ohne Zweifel chinesische Bücher. Es gibt »das Beste« nicht als etwas überall und für jeden Gültiges.

Wir sind eben nicht alle gleich, das ist der entscheidende Punkt. Uns schmeckt dieses Gericht am besten, einem anderen jenes – beide sind nahrhaft und lebenserhaltend. Einer fühlt sich vom Theravada angesprochen, ein anderer vom Mahayana – beide Traditionen dienen der Entwicklung unserer selbst und bringen uns auf dem Pfad weiter. Genauso ist es bei Buddhisten und Nichtbuddhisten: Solange eine Philosophie uns anhält, anderen nicht zu schaden, sondern nach bestem Vermögen zu helfen, kann sie nur richtig sein.

Es ist nicht gut, an anderen buddhistischen Traditionen herumzukritteln, nur weil sich ihre Praxis von unserer unterscheidet. So gibt es Menschen, denen Andacht, Ritual und Gebet eine Inspiration sind. Andere finden daran keinen Geschmack und ziehen die stille Meditation vor. Wir sind nicht alle gleich, und das wäre auch nicht der Idealzustand. Ist es nicht wunderbar, dass es so viele buddhistische Traditionen gibt und jeder das finden kann, was ihm entspricht und seine Entwicklung fördert?

Sparen wir uns auch abfällige Worte über Lehren des Buddha, von denen wir uns nicht angesprochen fühlen. Die Unterweisungen des Buddha waren stets auf die geistigen Voraussetzungen seiner Zuhörer abgestimmt. So legte er zum Beispiel die Lehre der Ich-Losigkeit je nach Zuhörerschaft unterschiedlich dar. Daraus sind vier Hauptschulen des buddhistischen Denkens entstanden, die sich alle auf verschiedene Sutras berufen und jede ihre eigene Sicht der Ich-Losigkeit formuliert haben.

Achten wir keine dieser Anschauungen oder Schulen gering, denn jede ist für bestimmte Menschen auf bestimmten Entwicklungsstufen geeignet. Nutzlos sind überhebliche Gedanken wie dieser: »Ich habe mich gleich der höchsten Anschauung verschrieben. Mit den anderen brauche ich mich gar nicht erst zu befassen.« Die großen Meister erkannten sehr wohl, dass wir den tiefsten Sinn der Ich-Losigkeit erst erfassen können, wenn wir uns über alle heranführenden, vorläufigen Formulierungen dieser Lehre allmählich herangetastet haben.

Die Vielfalt der Anschauungen kann ja auch sehr anregend wirken, denn hier stellt sich uns die Frage: »Was ist eigentlich die letztgültige Sicht? Wie liegen die Dinge wirklich?« Um das herauszufinden, müssen wir uns alle Möglichkeiten intensiv vergegenwärtigen. So nimmt unsere Weisheit zu. Die Leerheit wird nicht dadurch erfasst, dass wir irgendein Dogma herbeten. Sie will verstanden sein, und dazu müssen wir die verschiedenen Anschauungen klar durchdacht haben.

Halten wir anderen Traditionen nicht vor, dass sie andere Ausdrücke verwenden als wir. Ein und dasselbe Wort kann in verschiedenen Traditionen unterschiedlich ausgelegt werden. Wo wir das vergessen und Texte anderer Traditionen studieren, werden wir den Begriffen vielleicht unsere Definitionen unterlegen und damit ihre Bedeutung im Kontext entstellen. Dann kommen uns diese Lehren natürlich seltsam vor. Haben wir uns dagegen gründlich informiert, werden wir die verschiedenen Lesarten des Begriffs richtig einordnen können und erkennen, dass die verschiedenen Traditionen auf das Gleiche hinauswollen.

Im Hinblick auf die unterschiedlichen Begriffe, die in den vier Schulen des tibetischen Buddhismus für die letzten Stadien des Pfades verwendet werden, sagt Seine Heiligkeit der Dalai Lama in *Kindness, Clarity, and Insight* (*Logik der Liebe*): »Erheben wir uns über das Gruppendenken, finden wir vieles, was zu tiefen Einsichten anregt, sobald uns klar wird, wie diese Schulen alle auf denselben Grundgedanken abzielen.«

Die tantrischen Gelübde ebenso wie die Bodhisattva-Gelübde lassen keinen Zweifel daran, dass keine der Lehren des Buddha gering zu schätzen ist. Im *Sutra von der durchgängigen Verflochtenheit aller Dinge* heißt es:

> Höre, Manjushri: Manche der vom Tathagata [Buddha] gesprochenen erleuchteten Worte für gut und andere für schlecht zu befinden heißt den Dharma verwerfen. Zu sagen: Dies ist vernünftig und jenes nicht … dies wurde für Bodhisattvas und jenes für Hörer gesprochen … [oder] dies sei etwas, worin Bodhisattvas sich schulen müssen – auch das heißt den Dharma verwerfen.

Buddhismus und andere Religionen

Die großen Gestalten einer jeden Religion haben ihr spirituellen Erfahrungen mitzuteilen getrachtet, damit andere auch etwas davon hätten. Aber diese anderen klammern sich dann häufig an bestimmte Namen und Anschauungen und bekämpfen andere, nur weil sie die Dinge anders sehen oder ihre Religion einen anderen Namen hat. Unzählig die Menschen, die im Laufe der Geschichte im Namen der Religion getötet wurden. Ganz sicher ist keiner der großen Religionsstifter glücklich über das viele Blut, das in seinem Namen vergossen wurde.

Die großen Heiligen haften nicht an Namen, denn ihnen geht es um Sinn, Eintracht und Liebe. Keiner von ihnen muss beweisen, dass er Recht hat und sein Weg der einzige ist. Die meisten haben ein einfaches Leben geführt und das Glück in sich selbst gefunden. Es war ihnen nicht um Lob, Reichtum, Macht und Glorie zu tun. Feindseliges Sektendenken und Vorurteil sind nicht die Sache der Heiligen irgendeiner Religion, denn sie möchten, dass ihre Anhänger in Frieden mit allen anderen leben.

Allen Religionen sind bestimmte Grundzüge gemeinsam. Sie erkennen, dass materielle Entwicklung allein nicht zum Glück führt und dass es ein größeres als das über die Sinne vermitteltes Glück gibt. Alle Religionen möchten den Menschen zu Geduld, Liebe und Achtung füreinander verhelfen, zu gegenseitigem Wohlwollen, das sie zum Dienst am größeren Gemeinwohl inspiriert. Zu diesem Zweck benennen alle Glaubensrichtungen ethische Werte, nach denen wir unser Verhalten ausrichten können. In dem zitierten Werk schreibt Seine Heiligkeit der Dalai Lama:

> Alle religiöse Praxis geht von den gleichen Motiven aus: Liebe, Ernsthaftigkeit, Wahrhaftigkeit. Praktisch alle tief religiösen Menschen leben nach dem Prinzip der Genügsamkeit. Und die Lehren der Toleranz, der Liebe und des Mitgefühls finden wir überall. Es geht um das Wohlergehen der Menschheit, und jedes System trachtet auf seine ganz eigene Weise, den Menschen besser zu machen. Legen wir zu viel Wert auf *unsere* Philosophie, Religion oder Theorie, haften wir also zu sehr daran und versuchen sie anderen aufzudrängen, so wird es Schwierigkeiten geben. Letztlich begründeten alle großen

Lehrer wie Gautama Buddha, Jesus Christus oder Mohammed ihre neuen Lehren in der Absicht, ihren Mitmenschen zu helfen. Sie wollten nichts für sich selbst herausschlagen und sie wollten bestimmt nicht Zank und Unruhe in der Welt verbreiten.

Sich vor dem Buddha verneigen, buddhistische Gebete sprechen, einen Altar mit einer Buddhastatue besitzen – das macht noch keinen Buddhisten. Weisheit und Mitgefühl sind das, was den Buddhismus eigentlich ausmacht, und es bedarf keiner buddhistischen Terminologie, um Weisheit und Mitgefühl zu bekunden oder mit anderen zu teilen. Ethische Disziplin und Liebe sind das Herzstück christlicher, hinduistischer, jüdischer und islamischer Lehren – universale Werte.

Aus philosophischer Sicht gibt es freilich Unterschiede. Manche Religionen glauben an einen Schöpfergott, in anderen wie zum Beispiel dem Buddhismus ist dies nicht der Fall. Es wäre naiv, ein überall gleiches religiöses Denken anzunehmen. Es mag sein, dass dem alles gleich ist, der zu tiefer spiritueller Erfahrung und Einsicht gekommen ist. Vielleicht stimmen die mystischen Erfahrungen der Heiligen aller Religionen letztlich überein, doch bei den Worten und Begriffen, in denen sie zum Ausdruck kommen, sind deutliche Unterschiede zu erkennen. Worte haben ihre Grenzen; sie sind nicht die Wirklichkeit selbst, nur der Versuch, sie abzubilden. So ist die Erfahrung vielleicht die gleiche, aber die Beschreibungen unterscheiden sich.

Für uns gewöhnliche Menschen können Worte auf die Erfahrung hindeuten. Deshalb müssen wir die verschiedenen Philosophien genau betrachten und die finden, die uns am meisten inspiriert, uns geistig zu läutern und unsere guten Anlagen zu entwickeln. Wozu schlecht über Menschen denken, denen eine andere Philosophie mehr sagt? Natürlich können wir über Philosophie diskutieren und Widersprüche oder Stärken aufzeigen, aber es darf nie darauf hinauslaufen, dass jemand seiner Überzeugung wegen geringschätzig behandelt wird.

Unterschiede der Denkweise sind aus buddhistischer Sicht wünschenswert, denn die Menschen sehen die Dinge nun einmal unterschiedlich. Wir befinden uns auf verschiedenen Stufen, wir haben unterschiedliche Interessen und Neigungen. Wie gut, dass es so viele Religionen gibt, denn so kann jeder das finden, was seinem Wesen entspricht. Wäre es nicht furchtbar, wenn wir uns alle in dieselbe Form zwängen und alle das Gleiche denken müssten? Es wäre auch gar nicht möglich. Seine Heiligkeit sagt:

Ich denke, dass Glaubensunterschiede gut sind. So viele unterschiedliche Darstellungen des Weges – welch ein Reichtum! Angesichts der Tatsache, dass es so viele Arten von Menschen mit unterschiedlichsten Anlagen und Neigungen gibt, ist das eine Hilfe.

Interreligiöser Dialog

In Europa, Nordamerika und Australien nimmt der Dialog zwischen den Religionen zu. Wenn der Dalai Lama Europa besucht, ist er zu Gast im Vatikan. Als Seine Heiligkeit 1985 eine Rede in der Westminster Abbey hielt, sprach zur Einführung ein hoher Geistlicher der Episcopalian Church. Tibetische Mönche und Nonnen haben katholische Klöster in Amerika besucht; katholische Mönche und Nonnen amerikanischer Klöster haben sich in buddhistischen Klöstern Japans aufgehalten. Innerhalb des Buddhismus gibt es internationale Konferenzen und Seminare, an denen Vertreter aller buddhistischen Traditionen teilnehmen. Und es gibt viele weitere Beispiele.

So wichtig es für den Weltfrieden ist, dass sich die Hauptvertreter der großen Religionen treffen und voneinander lernen, ganz sicher ist es ebenfalls wichtig, dass die vielen Anhänger dieser Religionen einander begegnen und sich austauschen. Das Gespräch zwischen den Religionen gibt uns nicht nur die Chance, miteinander zu meditieren und so zusammen im inneren Frieden zu sein, es verhindert auch Aberglauben, falsche Vorstellungen und Angst vor anderen religiösen Gruppierungen.

Ich selbst habe viel Gewinn aus Gesprächen mit Menschen anderer Glaubensrichtungen gezogen. Ich verstehe jetzt besser, wie der menschliche Geist arbeitet und wie man sich Menschen so mitteilen kann, dass sie verstehen. Mein eigenes Denken wird flexibler und kann hinter den Worten, die gebraucht werden, den Sinn erfassen. Und ich habe manche sehr brauchbare Anregung für meinen eigenen Weg bekommen. Eine seit über fünfzig Jahren ordinierte katholische Nonne erzählte mir von den verschiedenen Entwicklungsstadien ihres religiösen Weges und von den Hindernissen, die sie zu überwinden hatte. Ich sah hier viele Übereinstimmungen mit der buddhistischen Praxis, und das machte mir, der jüngeren Nonne, Mut, die schwierigen Abschnitte der Praxis einfach tapfer durchzustehen.

Ein anderes Mal sprach ich mit einer baptistischen Pastorin, und wir verglichen unsere Erfahrungen als Frauen in der Religion. Es war ein sehr ergiebiges und anregendes Gespräch. Im Gespräch mit einem Rabbi stellte ich erstaunt fest, das manche alten jüdischen Andachtspraktiken durchaus mit denen des Buddhismus vergleichbar sind. Bei der Lektüre eines Buches über christliche Kontemplation fielen mir Ähnlichkeiten mit dem so genannten Guru-Yoga des tibetischen Buddhismus auf. Solche Erlebnisse haben meinen Sinn für die Vielfalt und Einheit religiösen Denkens geschärft.

Wertschätzung für andere Religionen und Überzeugungen schwächt nicht unsere Bindung an die eigene Religion. Wenn wir den Sinn hinter den Worten und das gemeinsame Ziel hinter den äußerlichen Unterschieden erkennen, werden unsere Weisheit und unser Mitgefühl vielmehr wachsen und unser Glaube an die Drei Kostbarkeiten wird zunehmen.

Glossar

Abdruck, Prägung: Restenergie, die nach einer vollzogenen Handlung im Geist-Strom zurückbleibt. Sobald sie ausreift, wirkt sie sich auf unsere Erfahrung aus.

Altruistische Intention (Bodhichitta): Die »Erleuchtungs-Gesinnung«, die darauf aus ist, zum Wohl aller Lebewesen Erleuchtung zu finden.

Arhat: Jemand, der Befreiung gefunden hat und daher nicht mehr dem zyklischen Dasein unterliegt.

Aufhören: Das vollständige Löschen einer Verdunkelung, zum Beispiel des Zorns, sodass sie nie wieder auftreten kann. Sind alle Trübungen des Geistes bereinigt, erlangen wir Nirvana.

Befreiung: Freiheit vom zyklischen Dasein.

Besondere Einsicht (Vipassana, Vipashyana): Die alle Phänomene klar unterscheidende Weisheit. In Verbindung mit meditativer Stille erlaubt sie uns die analytische Betrachtung des Meditationsobjekts, während wir gleichzeitig vollkommen darauf gesammelt bleiben. Sie baut unsere Unwissenheit ab.

Bhikshu (Bhikkhu), Bhikshuni (Bhikkhuni): Ein Mönch beziehungsweise eine Nonne mit voller Ordination.

Bodhisattva: Jemand, der die spontane altruistische Intention entwickelt hat.

Buddha: Jemand, der alle Verunreinigungen bereinigt und alle guten Anlagen entwickelt hat. »Der Buddha« bezieht sich meist auf den Buddha Shakyamuni, der vor 2500 Jahren in Indien lebte.

Buddha-Gestalt: Eine Manifestation oder Erscheinungsform des Buddha. Eine buddhistische Gottheit.

Buddha-Wesen (Buddha-Potenzial): Die in unserem Geist vorhandenen Anlagen, die es jedem von uns ermöglichen, Erleuchtung zu finden.

Dharma: Unsere die Leerheit erkennende Weisheit und zugleich die Abwesenheit des Leidens und der Ursachen des Leidens, die diese Weisheit mit sich bringt. Ganz allgemein ist mit »Dharma« auch die Lehre des Buddha gemeint.

Drei Kostbarkeiten: Auch »Dreifaches Juwel« genannt, bezeichnet Buddha, Dharma und Sangha.

Einsam Verwirklichter: Anhänger/-in des Buddha, der oder die in Zeiten, in denen kein Buddha in der Welt erscheint, nach Arhatschaft strebt und das Nirvana erlangt.

Einweihung: siehe Ermächtigung.

Entschluss zur Freiheit: Eine Haltung, in der wir aller Problemen und Leiden ledig werden und Befreiung finden möchten.

Entstehen in Abhängigkeit: Die Tatsache, dass die Existenz aller Phänomene sowohl von ihren Bestandteilen als auch von dem Geist abhängt, der sich ein Bild von ihnen macht und sie benennt. Die Existenz vieler Phänomene – zum Beispiel unseres Körpers oder eines Tisches – hängt außerdem von Ursachen und Bedingungen ab.

Erleuchtung (Buddhaschaft): Der Stand eines Buddha, das heißt eines Menschen, der alle Verdunkelungen für immer aus seinem Geist-Strom verbannt und seine guten Eigenschaften sowie seine Weisheit in vollkommener Weise entwickelt hat. Erleuchtung oder Buddhaschaft ist mehr als Befreiung.

Ermächtigung, Einweihung, Initiation: Im Vajrayana-Buddhismus eine Zeremonie, bei welcher der Schüler »ermächtigt« wird, über eine bestimmte Manifestation des Buddha zu meditieren.

Geist: Der erfahrende, kognitive Anteil der Person. Der Geist ist nicht stofflich, besteht also nicht aus Atomen und ist daher nicht über die fünf Sinne wahrnehmbar.

Geist-Strom: Das Kontinuum des Geistes von Inkarnation zu Inkarnation.

Hörer: Anhänger des Buddha, der die Arhatschaft anstrebt. So genannt, weil er die Lehre des Buddha hört und dann anderen vermittelt.

Ich-Losigkeit: Das Nichtvorhandensein einer bloß fantasierten Existenzweise.

Innewohnendes oder eigenständiges Sein: Die Annahme von etwas in Wahrheit nicht Existierendem, das wir auf Personen und Dinge projizieren, nämlich dass sie aus sich selbst existieren, unabhängig von Ursachen und Bedingungen, von ihren Bestandteilen und vom Geist, der sie benennt.

Karma: Unser von Absicht geleitetes Handeln. Unsere Taten hinterlassen Abdrücke in unserem Geist-Strom, und diese Abdrücke gestalten unsere Erfahrung in der Zukunft oder in weiteren Inkarnationen.

Leerheit, Leere: Das Fehlen von eigenständigem oder innewohnendem Sein. Das ist letztlich die Natur oder Wirklichkeit aller Lebewesen und Phänomene.

Leid (Dukkha): Alles Unbefriedigende. Gemeint sind nicht nur körperlicher oder seelischer Schmerz, sondern alle problematischen und unbefriedigenden Umstände.

Liebe: Der Wunsch, dass allen Lebewesen Glück und die Ursachen des Glücks zuteil werden mögen.

Mahayana: Die buddhistische Tradition, der zufolge alle Lebewesen Erleuchtung finden können. Ganz besonderer Wert wird auf Mitgefühl und die altruistische Intention gelegt.

Mantra: Eine Abfolge von Silben, die von einem Buddha geweiht wurde und die Essenz des gesamten Erleuchtungsweges zum Ausdruck bringt. Mantras werden zur Konzentration und Läuterung des Geistes rezitiert.

Meditation: Durch Meditation gewöhnen wir uns eine positive Grundhaltung an und machen uns mit der richtigen Sicht der Dinge vertraut.

Meditative Stille: Die Fähigkeit, vollkommen gesammelt und mit flexiblem, folgsamem und gelassenem Geist beim Meditationsobjekt zu bleiben. Auch »ruhiges Verweilen« genannt.

Mitgefühl: Der Wunsch, alle Lebewesen mögen frei vom Leiden und seinen Ursachen sein.

Nirvana: Das Aufhören des Leidens und seiner Ursachen.

Positives Potenzial: Durch positives Handeln geschaffene Prägungen, die zu künftigem Glück führen werden. Manchmal auch als »Verdienst« oder »gutes Karma« übersetzt.

Reines Land: Eine Mahayana-Tradition mit der Ausrichtung auf Wiedergeburt in einem reinen Land. Ein reines Land ist eine von einem Buddha oder Bodhisattva geschaffene Sphäre, wo die Bedingungen für Dharma-Praxis und Erleuchtung besonders günstig sind.

Samsara: Das zyklische Dasein.

Sangha: Zum Sangha zählen alle, die unmittelbar, also jenseits der Verstandeserkenntnis, zu tiefer Erfahrung der Leerheit kommen. In einem allgemeineren Sinne bezeichnet Sangha die Gemeinschaften der ordinierten Mönche und Nonnen. Mitunter verweist dieser Begriff auch auf den Buddhismus insgesamt.

Sutra: Ein Text, der eine Unterweisung des Buddha enthält. Alle buddhistischen Traditionen berufen sich auf Sutras.

Tantra: Alter Text zur Vajrayana-Praxis. Auch als Ausdruck für diese Praxis selbst gebraucht.

Theravada: Die Schule der Älteren. Eine in Südostasien und Sri Lanka verbreitete buddhistische Tradition.

Tiefe Einsicht, Erkenntnis, Realisation: Klares, tiefes und richtiges Verstehen dessen, was der Buddha lehrte. Es kann sich um verstandesmäßiges Begreifen oder um unmittelbare Erfahrung handeln. Unmittelbare tiefe Einsicht auf den höheren Stufen der Schulung tilgt alle Verdunkelungen des Geistes für immer.

Trübungen: Negative Grundeinstellungen oder Gefühlsregungen wie Unwissenheit, Anhaftung, Zorn, Stolz, Eifersucht und Verwirrung, die unseren inneren Frieden stören und uns zu einem für andere schädlichen Handeln verleiten.

Vajrayana: Eine in Tibet und Japan verbreitete Tradition des Mahayana-Buddhismus.

Verdunkelungen: Trübungen und Karma, die eine Wiedergeburt im zyklischen Dasein bewirken. Sind diese Verdunkelungen beseitigt, wird man ein Arhat.

Verdunkelungen der Erkenntnis: Geistige Trübungen, die uns nicht erlauben, alle Dinge so wahrzunehmen, wie sie wirklich sind. Sind sowohl die karmischen Verdunkelungen als auch die Verdunkelungen der Erkenntnis beseitigt, wird man ein voll erleuchteter Buddha.

Weisheit, welche die Wirklichkeit (die Leerheit) erkennt: Richtiges Erfassen der Existenzweise aller Personen und Phänomene. Der Geist, der erkennt, dass alles ohne innewohnendes Sein ist.

Weltliche Gottheiten und Geister: Wesen, die im Bereich der Götter oder als machtvolle Geister geboren werden. Da sie unter dem Einfluss von Trübungen und Karma noch im zyklischen Dasein wiedergeboren werden, sind ihre Kräfte begrenzt und nur vorübergehend vorhanden.

Zen (Ch'an): Eine in China und Japan verbreitete Mahayana-Tradition.

Zufluchtnahme: Unsere spirituelle Entwicklung vertrauensvoll der Anleitung durch Buddha, Dharma und Sangha unterstellen.

Zyklisches Dasein: Zwangsläufige Wiedergeburt unter dem Einfluss von Trübungen und karmischen Prägungen.

Weiterführende Literatur

Berzin, Alexander. *Zwischen Freiheit und Unterwerfung: Chancen und Gefahren spiritueller Lehrer-Schüler-Beziehungen.* Berlin: Theseus, 2002.

Buddhadasa Bhikkhu. *Heartwood of the Bodhi Tree: The Buddha's Teaching on Voidness.* Boston: Wisdom Publications, 1994.

–. *Mindfulness with Breathing.* Boston: Wisdom Publications, 1996.

Chodron, Thubten. *Blossoms of the Dharma: Living as a Buddhist Nun.* Berkeley: North Atlantic Books, 2000.

–. *Buddhismus: Antworten auf die häufigsten Fragen.* Freiburg u. a.: Herder, 2003.

–. *Open Heart, Clear Mind.* Ithaca, N. Y.: Snow Lion Publications, 1990.

–. *Working with Anger.* Ithaca, N. Y.: Snow Lion Publications, 2001.

Dalai Lama. *Kindness, Clarity, and Insight.* Ithaca, N. Y.: Snow Lion Publications, 1984. (*Logik der Liebe: aus den Lehren des tibetanischen Buddhismus für den Westen.* München: Goldmann, 1989.)

–. *Die Vorträge in Harvard.* Grafing: Aquamarin, 1991.

Dhammananda, K. *How to Live Without Fear and Worry.* Kuala Lumpur: Buddhist Missonary Society, 1989.

–. *What Buddhists Believe.* Kuala Lumpur: Buddhist Missionary Society, 1987.

–. (Hg.). *The Dhammapada.* Kuala Lumpur: Sasana Abhiwurdhi Wardhana Society, 1988.

Dharmarakshita. *The Wheel of Sharp Weapons.* Dharamsala: Library of Tibetan Works and Archives, 1981.

Eppsteiner, Fred (Hg.). *The Path of Compassion.* Berkeley: Parallax Press, 1988.

Gampopa. *Juwelenschmuck der geistigen Befreiung.* München: Diederichs, 1989.

Goldstein, Joseph. *Vipassana-Meditation: die Entfaltung der Bewusstseinsklarheit.* Berlin: Schickler, 1978.

Jampa Tegchok, Geshe. *Transforming the Heart: The Buddhist Way to Joy and Courage.* Ithaca, N. Y.: Snow Lion Publications, 1999.

Kapleau, Philip (Hg.). *Die drei Pfeiler des Zen: Lehre, Übung, Erleuchtung.* München: Barth, 2000.

Khema, Ayya. *Die Ewigkeit ist jetzt: Buddhas Lehre lebensnah erfahren und inneren Frieden finden.* Bern u. a.: Barth, 1998.

Khyentse Rinpoche, Dilgo. *Die sieben tibetischen Geistesübungen: das Herzstück buddhistischer Praxis.* Bern u. a.: Barth, 1996.

McDonald, Kathleen. *Wege zur Meditation: eine praktische Anleitung.* Jägerndorf: Diamant, 1986.

Nhat Hanh, Thich. *Innerer Friede, äußerer Friede.* Berlin: Theseus, 2001.

Nyanaponika Thera. *The Heart of Buddhist Meditation.* London: Rider, 1962.

–. *Geistestraining durch Achtsamkeit: die buddhistische Satipatthana-Methode.* Stammbach: Beyerlein und Steinschulte, 2000.

Rabten, Geshe, und Geshe Dhargyey. *Advice from a Spiritual Friend.* Boston: Wisdom Publications, 1986.

Schumann, Hans Wolfgang. *Der historische Buddha: Leben und Lehre des Gotama.* Kreuzlingen; München: Hugendubel, 2004.

Sonam Rinchen, Geshe. *The Thirty-seven Practices of Bodhisattvas,* übersetzt und herausgegeben von Ruth Sonam. Ithaca, N. Y.: Snow Lion Publications, 1996.

Sparham, Gareth (Übers.). *The Tibetan Dhammapada.* Boston: Wisdom Publications, 1983.

Stevenson, Ian. *Cases of the Reincarnation Type,* 4 Bde. Charlottesville: University of Virginia Press, 1975.

Story, Francis. *Rebirth as Doctrine and Experience.* Kandy: Buddhist Publication Society, 1975.

Suzuki, D. T. *Die große Befreiung: Einführung in den Zen-Buddhismus.* Bern u. a.: Barth, 1999.

Suzuki, Shunryu. *Zen-Geist, Anfänger-Geist.* Berlin: Theseus, 1996.

Thubten Yeshe, Lama. *Wege zur Glückseligkeit: Einführung in Tantra.* Arnstorf: Diamant, 1993.

Thubten Zopa Rinpoche. *Herzensrat eines tibetischen Meisters: erste Schritte zum wahren Glück.* Arnstorf: Diamant, 1994.

–. *Probleme umwandeln: wie du glücklich sein kannst, wenn du es nicht bist.* Arnstorf: Diamant, 1993.

Trungpa, Chögyam. *Spirituellen Materialismus durchschneiden.* Küsnacht: Theseus, 1989.

Tsomo, Karma Lekshe (Hg.). *Töchter des Buddha: Leben und Alltag spiritueller Frauen im Buddhismus heute.* München: Diederichs, 1991.

Tsongkhapa, Je. *The Three Principal Aspects of the Path.* Howell, New Jersey: Mahayana Sutra and Tantra Press, 1988.

Wangchen, Geshe. *Awakening the Mind of Enlightenment.* Boston: Wisdom Publications, 1988.

Warder, A. K. *Indian Buddhism.* Delhi: Motilal Banarsidass, 1980.

Willis, Janice D. (Hg.). *Feminine Ground: Essays on Women and Tibet.* Ithaca, N. Y.: Snow Lion Publications, 1987.

Wu Yin, Bhikshuni. *Choosing Simplicity: A Commentary on the Bhikshuni Pratimoksha.* Ithaca, N. Y.: Snow Lion Publications, 2001.